La France
contemporaine

Fifth Edition

La France
contemporaine

William F. Edmiston
University of South Carolina,
Emeritus

Annie Duménil
University of South Carolina,
Emeritus

CENGAGE
Learning·

Australia • Brazil • Mexico • Singapore • United Kingdom • United States

CENGAGE
Learning®

**La France contemporaine,
Fifth Edition**
**William F. Edmiston, Annie
Duménil**

Product Director: Beth Kramer

Senior Product Manager:
Martine Edwards

Managing Developer:
Katie Wade

Associate Content Developer:
Gregory Madan

Product Assistant: Jacob Schott

Managing Media Developer:
Patrick Brand

Marketing Director:
Michelle Williams

Marketing Manager:
Jennifer Castillo

Marketing Coordinator:
Amy McGregor

IP Analyst: Jessica Elias

IP Project Manager: Farah Fard

Manufacturing Manager:
Betsy Donaghey

Art and Design Direction,
Production Management,
and Composition:
Lumina Datamatics, Inc.

Cover Image:
© Luciano Mortula/
Shutterstock.com

For product information and
technology assistance, contact us at **Cengage Learning
Customer & Sales Support, 1-800-354-9706**

For permission to use material from this text or product, submit all requests online at **www.cengage.com/permissions.**
Further permissions questions can be e-mailed to
permissionrequest@cengage.com.

Library of Congress Control Number: 2014950778

ISBN: 978-1-305-25108-3

Cengage Learning
20 Channel Center Street
Boston, MA 02210
USA

Cengage Learning products are represented in Canada by Nelson Education, Ltd.

For your course and learning solutions, visit **www.cengage.com.**

Purchase any of our products at your local college store or at our preferred online store **www.cengagebrain.com.**

Printed in the United States of America
Print Number: 01   Print Year: 2014

Table des matières

Repères chronologiques

Histoire ancienne

L'époque gauloise (jusqu'au Ier siècle avant J.-C.)

- Le territoire qui sera la France est habité par des tribus celtiques que les Romains vont appeler «les Gaulois». Ch. 4.

- «Massilia» (Marseille) est une colonie fondée par les Grecs (VIe siècle avant J.-C.). Ch. 3.

- «Provincia» (la Provence) d'abord, puis toute la Gaule est annexée par les Romains (Ier siècle avant J.-C.). A la bataille d'Alésia, Vercingétorix, le chef des Gaulois, est vaincu par Jules César et ses armées romaines (52 avant J.-C.). Ch. 3.

L'époque gallo-romaine (du Ier siècle avant J.-C. jusqu'au Ve siècle)

- La Gaule est une province de l'Empire romain. La construction romaine des amphithéâtres, des aqueducs et des arènes à Nîmes, à Arles, à Orange, à Lyon et à Lutèce (Paris) date de cette époque. Ch. 2, 3.

- Saint-Denis convertit les habitants de Paris au christianisme à la fin du Ier siècle. St. Martin, évêque de Tours, prêche le christianisme, devenu la religion dominante de la Gaule (IVe siècle). Ch. 3, 12.

- Face à l'avancée d'Attila sur Paris, Sainte-Geneviève encourage les Parisiens à rester dans la ville et à prier Dieu pour sa protection. (Ve siècle). Ch. 2.

L'époque franque (du Ve jusqu'au Xe siècle)

- La Gaule romaine est envahie par les Francs (tribus germaniques), qui établissent une monarchie. Les rois francs de cette époque s'appellent les Mérovingiens (Ve siècle). Le nom de la France vient du nom de la tribu des Francs. Ch. 4.

- Clovis, premier roi chrétien de France, est baptisé à Reims (496). Il établit sa capitale à Paris (508). «Clovis» est la source linguistique de «Louis», qui sera le nom de beaucoup de rois de France. Ch. 2, 3, 12.

- Charlemagne, roi des Francs, est sacré empereur du Saint-Empire romain par le pape (800). Institution du principe de la monarchie de droit divin. Les successeurs de Charlemagne s'appellent les Carolingiens. Ch. 12.

- Le roi de France signe un traité avec les Vikings, dont le chef, Rollon, devient duc de Normandie (911). Ch. 3.

L'époque féodale (du Xe jusqu'au XIVe siècle)

- Hugues Capet fonde une dynastie qui va unifier la France (987). Les Capétiens vont augmenter le prestige et le pouvoir de la monarchie au cours du Moyen Age. Ch. 3.

- Conquête de l'Angleterre par Guillaume, duc de Normandie (1066). Ch. 3.

- Philippe-Auguste reconnaît l'Université de Paris (1200). Le domaine royal est énormément élargi sous son règne et la construction des grandes cathédrales gothiques commence. Ch. 2, 3, 14.

- Le Languedoc (pays de la «langue d'oc») est rattaché à la France après la Croisade contre les Albigeois (XIIIe siècle). Philippe le Bel établit la papauté française à Avignon (XlVe siècle). Ch. 3.

La dynastie des Valois (XlVe, XVe et XVIe siècles)

- Philippe de Valois devient roi de par la loi salique, qui interdit aux femmes tous droits à la couronne. Cette loi écarte du trône une princesse française mariée au roi d'Angleterre. Ceci aboutit à un conflit avec les Anglais: la Guerre de Cent Ans (1337–1453). Ch. 3.

- Charles VII est sacré à Reims grâce à Jeanne d'Arc, qui chasse les Anglais du nord de la France (1429). Ch. 3.

- L'Ordonnance de Villers-Cotterêts (1539) établit le français comme langue officielle du royaume. Ch. 4.

- Le début de la Réforme protestante entraîne une série de guerres de religion entre catholiques et huguenots (XVIe siècle). Ch. 12.

La dynastie des Bourbon (XVIIe et XVIIIe siècles)

- Henri IV abjure la religion protestante pour devenir roi de France: «Paris vaut bien une messe» (1593). Il promulgue l'Edit de Nantes (1598), qui accorde aux protestants le droit de pratiquer leur religion en France. Ch. 12.

- Louis XIV établit le principe de la monarchie absolue: «L'Etat, c'est moi» (1661). Il fait construire le château de Versailles, qui sera la résidence royale jusqu'à la Révolution. Louis XIV révoque l'Edit de Nantes (1685). Ch. 2, 7, 12.

- Pendant cette première époque colonialiste, des explorateurs français fondent des colonies au Canada, en Louisiane, en Haïti et en Guyane. A la fin de la Guerre de Sept Ans (1756–1763), la France perd le Canada, qui devient une colonie anglaise. Ch. 4.

- Les colons américains se révoltent contre les Anglais et déclarent l'indépendance des Etats-Unis d'Amérique (1776). Grâce aux efforts de Benjamin Franklin qui plaide leur cause à Versailles, le gouvernement royal de Louis XVI décide d'aider les Américains avec des ressources financières et militaires (1778). Introduction.

- Début de la Révolution: Louis XVI convoque les Etats-Généraux à Versailles. Les représentants du Tiers Etat se constituent en Assemblée nationale et refusent de quitter Versailles. La foule parisienne attaque la Bastille. L'Assemblée nationale vote l'abolition des privilèges et proclame la Déclaration des droits de l'homme et du citoyen (1789). Ch. 6.

- Les anciennes provinces sont remplacées par les départements (1790). Ch. 3.

- Fin de l'Ancien Régime: Louis XVI et Marie-Antoinette sont arrêtés, jugés et condamnés à mort (1792). Ils seront guillotinés en 1793. Ch. 6.

Histoire moderne

Ière République (1792–1799)

- La Convention abolit la monarchie et proclame la République (1792, An I du nouveau calendrier républicain). La Convention adopte le drapeau tricolore et le calendrier républicain, ainsi que le système métrique des poids et des mesures. L'influence de Robespierre et des Jacobins mène à la Terreur et il y a de nombreuses exécutions. La Convention tente de déchristianiser la France et d'introduire le culte de l'Etre suprême. La réaction du 9 Thermidor (27 juillet): Robespierre est renversé et guillotiné (An II, 1793–1794). Ch. 6, 12.

- Le Directoire, régime plus bourgeois que républicain, est un gouvernement de cinq hommes qui vise à empêcher la dictature. A cette époque, Napoléon Bonaparte remporte de nombreuses victoires à la tête des armées françaises (1795–1799). Ch. 6.

Consulat et Empire (1799–1814)

- Le 18 Brumaire (9 novembre), les partisans de Napoléon font un coup d'état et le proclament premier consul (An VIII, 1799). Il signe un concordat avec le pape et restaure le culte catholique en France (1801). Napoléon vend la Louisiane aux Etats-Unis (1803). Napoléon se proclame empereur et se sacre lui-même à Notre-Dame (1804). Le calendrier républicain est abandonné (fin 1805). Napoléon organise l'administration préfectorale, codifie toutes les lois et établit un système d'éducation nationale. Il étend son empire sur une bonne partie de l'Europe. Sa «Grande Armée» remporte de brillantes victoires, mais elle subit aussi des défaites désastreuses. Après la retraite de Russie, Napoléon est obligé d'abdiquer et de s'exiler (1814). Ch. 6, 7, 12, 14.

Restauration de la monarchie (1814–1848)

- La France devient une monarchie constitutionnelle sous Louis XVIII, frère de Louis XVI (1814–1824). Les Cent-Jours: Napoléon revient en France et organise une armée pour reprendre le pouvoir, mais il est vaincu définitivement à Waterloo (Belgique) et s'exile de nouveau (1815). Ch. 6.

- Règne de Louis XVIII (1814–1824) et Charles X (1824–1830). Celui-ci cherche à rétablir la monarchie absolue et le pouvoir de l'Eglise catholique. Sa politique réactionnaire provoque une insurrection à Paris. Charles X est obligé d'abdiquer en faveur de son cousin (1830). Ch. 6.

- Louis-Philippe, soutenu par les bourgeois, devient le «roi des Français» (1830–1848). Ch. 6.

- La conquête de l'Algérie marque le début de la deuxième époque colonialiste (1830). Ch. 4.

- La loi Guizot crée une école primaire pour garçons dans chaque commune (1833). Ch. 14.

- Le gouvernement d'Adolphe Thiers fait entourer Paris de nouvelles fortifications (1840–1844). Ch. 2.

- Le développement d'un prolétariat s'accompagne de graves problèmes sociaux et de tensions avec la bourgeoisie, culminant dans la première véritable révolution sociale, en 1848. Louis-Philippe abdique et la République est proclamée. Ch. 6.

IIe République (1848–1852)

- Mise en application des doctrines socialistes: liberté de la presse, suffrage universel (masculin), droit au travail, droit à l'éducation, etc. Opposition bourgeoise à ces réformes. Ch. 6.

- Louis-Napoléon, neveu de Bonaparte, est élu le premier président de la République (1848). En 1851, il organise un coup d'état, prononce la dissolution de l'Assemblée et gouverne tout seul. En 1852, il se fait proclamer empereur Napoléon III. Ch. 6.

Second Empire (1852–70)

- Georges Haussmann, préfet de la Seine, fait agrandir et embellir Paris. Ch. 2.

- Des conflits entre Napoléon III et Bismarck entraînent la guerre franco-prussienne, la défaite de la France et l'occupation de Paris. Napoléon III est fait prisonnier à Sedan. Il abdique et s'exile. La République est proclamée à Paris. A la suite de cette guerre, la Prusse annexe l'Alsace et une partie de la Lorraine (la Moselle), régions où habitaient un million et demi de Français (1870). Ch. 3, 4, 6.

IIIe République (1870–1940)

- A cette époque, la France devient profondément républicaine et démocrate. Révolution industrielle et exode rural: l'importance de la classe ouvrière et du mouvement syndical provoque une série de mesures sociales. Ch. 6, 10.

- L'expansion coloniale continue en Afrique et en Indochine, dotant la France d'un immense empire. Ch. 4, 13.

- Les lois scolaires de Jules Ferry (1881–1882). Ch. 14.

- Création de la Confédération Générale du Travail (1894). Ch. 10.

- L'affaire Dreyfus et la campagne contre les «mauvais Français» (1898). Ch. 12.

- Séparation de l'Eglise et de l'Etat, fin du Concordat (1905). Ch. 12.

- La Première Guerre mondiale (1914–1918) est désastreuse pour la France. Après la défaite de l'Allemagne, l'Alsace-Lorraine est restituée à la France. Ch. 3, 4.

- Le Front Populaire: gouvernement socialiste de Léon Blum (1936–1938). Ch. 10.

- Deuxième Guerre mondiale: la France est envahie par les Allemands en 1940. Ch. 6.

Occupation/Régime de Vichy (1940–1944)

- La moitié nord de la France est occupée par les Nazis. Les parlementaires français en exil à Vichy accordent le pouvoir au maréchal Philippe Pétain, qui devient le chef de l'Etat français. Politique de collaboration et de soumission totale à la politique allemande. Ch. 6.

- Le général Charles de Gaulle, à Londres, lance l'appel du 18 juin pour encourager les Français à continuer la lutte (1940). Ch. 6, 15.

- La Résistance est organisée par Jean Moulin, aidé par le Parti Communiste français (1943). Ch. 6, 8.

- Après la Libération, un gouvernement provisoire est présidé par le général de Gaulle. Un référendum populaire adopte la Constitution de la IVe République, et les femmes votent pour la première fois (1946). Ch. 6, 9.

IVe République (1946–1958)

- S'opposant au régime parlementaire de la nouvelle Constitution, Charles de Gaulle donne sa démission (1946) et se retire de la vie politique. Ch. 6.

- Sur le plan économique, la France et l'Allemagne posent les premiers fondements d'une organisation qui deviendra le Marché commun, et plus tard la Communauté économique européenne (1950). Le traité de Rome crée «l'Europe des Six» (1957). Ch. 5.

- La France s'engage dans des guerres coloniales: en Indochine (1945–1954) et en Algérie (1954–1961). Cette dernière provoque des crises ministérielles à Paris. En 1958, les officiers de l'armée française en Algérie se révoltent contre le Gouvernement et réclament le retour au pouvoir du général de Gaulle. Le Parlement accorde les pleins pouvoirs à celui-ci pour six mois pour préparer une nouvelle constitution, qui sera approuvée par référendum populaire (1958). Ch. 6, 13.

Ve République (1958 jusqu'à nos jours)

- De Gaulle est élu président de la République pour sept ans par un collège électoral (1958). Il demande aux Français de se prononcer par référendum sur le problème algérien et ceux-ci votent pour l'indépendance (1961). Par les accords d'Evian, l'Algérie devient indépendante. Un million de «pieds noirs» (Français d'Algérie) sont rapatriés (1962). De Gaulle continue une politique de décolonisation en Afrique, créant la Communauté française avec seize anciennes colonies nouvellement indépendantes. Ch. 6, 13.

- Sur le plan militaire, le président de Gaulle se fraie un chemin entre les politiques des grandes «super-puissances»: la France se retire de l'Organisation du Traité de l'Atlantique Nord (l'OTAN) et poursuit le développement de sa propre force de frappe nucléaire. Introduction.

- De Gaulle demande au peuple français de changer la Constitution pour renforcer le pouvoir exécutif. Un référendum populaire autorise l'élection directe du président de la République au suffrage universel (1962). De Gaulle est réélu président en 1965, mais au suffrage universel pour la première fois. Ch. 6, 8.

- Le département de la Seine-et-Oise est découpé pour former les départements de la «petite couronne» et de la «grande couronne» (1964). Ch. 2.

- Les évènements de mai 68: une manifestation estudiantine se transforme en une grève générale et nationale, avec dix millions de grévistes réclamant des réformes sociales. De Gaulle nomme un nouveau Gouvernement mais lui-même survit à cette crise (1968). Ch. 6, 14.

- Dans un référendum sur la création de parlements régionaux, le vote négatif des Français est interprété par le président de Gaulle comme un manque de confiance en sa politique et il donne sa démission. Georges Pompidou est élu à la Présidence (1969). Ch. 6.

- Les départements sont regroupés en Régions (1973). Ch. 3.

- Le traité de Bruxelles crée «l'Europe des Neuf» (1973). Ch. 5.

- Le président Pompidou meurt d'un cancer. Valéry Giscard d'Estaing est élu à la Présidence (1974). Ch. 6.

- L'âge de la majorité est abaissé à 18 ans (1974). Ch. 8.

- Paris obtient le statut de commune. Election de Jacques Chirac à la mairie de Paris (1977). Ch. 2.

- Première élection du Parlement européen (1979). Ch. 5, 8.

- A la fin de son premier mandat, le président Giscard d'Estaing se représente aux élections présidentielles, mais il est battu par François Mitterrand (1981). Avec Mitterrand, la gauche arrive au pouvoir pour la première fois depuis 1956. Ch. 6.

Les Années Mitterrand (1981–95)

1981   Première élection de François Mitterrand à la Présidence de la
République. Ch. 6.
Gouvernement de Pierre Mauroy, 1981–1984. Ch. 6.
Inauguration du TGV (train à grande vitesse). Ch. 16.
Abolition de la peine de mort. Ch. 7.
Régularisation des immigrés clandestins. Ch. 13.
Autorisation des radios «libres» locales, fin du monopole de l'Etat
sur la radiodiffusion. Ch. 15.
Adhésion de la Grèce à la Communauté économique européenne
(les Dix). Ch. 5.

1982   Loi Defferre: début (Acte I) de la décentralisation administrative. Ch. 7.
Loi sur le remboursement de l'IVG (interruption volontaire de
grossesse) par la Sécurité sociale. Ch. 9.
Lois Auroux: la semaine de travail de 39 heures, la cinquième
semaine de congés payés. Ch. 10.
Loi établissant la retraite à partir de 60 ans. Ch. 11.

1983   Loi Roudy: l'égalité professionnelle entre hommes et femmes. Ch. 10.
Lancement du programme du Minitel. Ch. 16.

1984   Manifestations pour défendre l'école libre. Ch. 14
Gouvernement de Laurent Fabius (1984–1986). Ch. 6.
Succès du Front National aux élections européennes. Ch. 8, 13.

1986   Gouvernement de Jacques Chirac (1986–1988), première
«cohabitation». Ch. 8.
Loi Pasqua: autorisation de l'expulsion des immigrés jugés menaçants
vis-à-vis de l'ordre public. Ch. 13.
Manifestations des étudiants contre le projet de loi Devaquet. Ch. 14.
Adhésion de l'Espagne et du Portugal à la CEE (les Douze). Ch. 5.
Premier Sommet de la Francophonie à Versailles. Ch. 4.
Suppression du monopole de l'Etat sur la télédiffusion. Ch. 15.

1988   Deuxième élection de Mitterrand à la Présidence de la République.
Ch. 6.
Gouvernement de Michel Rocard (1988–1991). Ch. 8.
Création du RMI (Revenu minimum d'insertion). Ch. 10.

1989   Premier débat sur le voile islamique à l'école. Ch. 12.

1990   Création de la CSG (Contribution sociale généralisée). Ch. 11.

1991   Première guerre du Golfe persique. Opération Vigipirate mise en
place. Ch. 7.
Gouvernement d'Edith Cresson (1991–92). Ch. 8, 9.
Le Traité de Maastricht crée l'Union européenne. Ch. 5.

1992 Ouverture de Disneyland-Paris. Ch. 2.
Gouvernement de Pierre Bérégovoy (1992–1993). Ch. 8.

1993 Gouvernement d'Edouard Balladur (1993–1995), deuxième «cohabi-tation». Ch. 8.

1994 Nouvelles lois Pasqua: limitation des droits des étrangers en France et élimination du double droit du sol pour les Algériens. Ch. 13.
Manifestations contre la révision de la loi Falloux. Ch. 14.
Inauguration du tunnel sous la Manche. Ch. 3.
Négociations du GATT («Global Agreement on Tariffs and Trade»). Ch. 4, 16.
Loi Toubon sur la défense de la langue française. Ch. 4.

1995 Mitterrand ne se représente pas aux élections présidentielles. Lionel Jospin, candidat de gauche, est battu par le candidat de droite, Jacques Chirac. Ch. 6.

Les Années Chirac (1995–2007)

1995   Première élection de Jacques Chirac à la Présidence de la République. Ch. 6.

Gouvernement d'Alain Juppé (1995–1997). Ch. 6, 8.

Adhésion de l'Autriche, de la Finlande et de la Suède à l'Union européenne (les Quinze). Entrée en vigueur de la convention de Schengen. Ch. 5.

Election de Jean Tibéri à la mairie de Paris. Ch. 2.

Grèves générales en réaction au plan Juppé (réforme de la Sécurité sociale), les plus importantes depuis mai 1968. Ch. 10.

1996   Opération Vigipirate remise en place après des attaques terroristes dans certaines villes françaises. Ch. 7.

Occupation de l'église Saint-Bernard de la Chapelle par des immigrés clandestins. Ch. 13.

Création de la CRDS (Contribution au remboursement de la dette sociale). Ch. 11.

1997   La loi Debré-Pasqua sur l'immigration augmente les restrictions sur l'entrée et le séjour en France. Ch. 13.

Dissolution de l'Assemblée nationale, élections législatives anticipées, victoire de la gauche. Ch. 8.

Gouvernement de Lionel Jospin, troisième «cohabitation» (1997–2002). Ch. 8.

1998   La loi Chevènement sur l'immigration renforce le droit du sol. Ch. 13.

A Bruxelles, onze pays membres de l'UE s'entendent pour lancer l'euro (monnaie unique) en 1999. Ch. 5.

Inauguration du nouveau Stade de France, victoire de la France à la Coupe du Monde de football. Ch. 10, 13.

1999   Entrée officielle de l'euro dans les bourses des pays membres. Ch. 5.

Médecins Sans Frontières reçoit le prix Nobel de la Paix. Ch. 16.

Loi sur le Pacte civil de solidarité (PACS). Ch. 9.

La Charte européenne des langues régionales et minoritaires est jugée contraire à la Constitution par le Conseil constitutionnel. Ch. 4.

2000   Création de la Couverture maladie universelle (CMU). Ch. 11.

Fin de la conscription militaire, début des inscriptions pour la Journée défense et citoyenneté (JDC). Ch. 7.

Référendum sur la réduction du mandat présidentiel de sept ans à cinq ans. Ch. 6, 8.

Loi sur la limitation du cumul des mandats électoraux. Ch. 8.

Loi sur la parité dans les élections. Ch. 8.

Initiative nationale d'information sur la contraception. Ch. 9.

Les lois Aubry fixent la semaine de travail à 35 heures. Ch. 10.

L'Organisation mondiale de la santé déclare que la France a le meilleur système de santé au monde. Ch. 11.

2001   Les ressortissants des pays membres de l'UE résidant en France sont autorisés à voter aux élections municipales pour la première fois. Ch. 13.

La loi sur la parité est appliquée pour la première fois; 30 femmes sont élues maires de grandes villes. Ch. 8.

Bertrand Delanoë est élu maire de Paris. Ch. 2.

2002   L'euro remplace le franc français dans la vie quotidienne. Ch. 5.

Deuxième élection de Jacques Chirac à la Présidence de la République (pour cinq ans). Ch. 6, 8.

Victoire de la droite dans les élections législatives. Ch. 8.

Gouvernement de Jean-Pierre Raffarin (2002–2005). Ch. 8.

Nouveau congé paternité pour les pères de famille. Ch. 11.

Attaque contre un pétrolier français par un groupe d'extrémistes islamiques. Introduction, Ch. 7.

2003   Opposition de la France et de l'Allemagne à la guerre contre l'Irak. Introduction.

L'organisation décentralisée de la République est inscrite dans la Constitution. Ch. 7.

Institution du référendum d'initiative locale. Ch. 7.

Première réforme de la branche retraite de la Sécurité sociale. Ch. 11.

La loi Sarkozy sur l'immigration établit la création d'un fichier d'empreintes digitales pour tous les demandeurs de visa. Ch. 13.

2004   Adhésion de dix nouveaux pays membres à l'Union européenne. Ch. 5.

Un changement législatif rapproche les régimes fiscaux du PACS et du mariage. Ch. 9.

Mise en place de la Charte de l'égalité entre les hommes et les femmes. Ch. 9.

Loi interdisant le port de signes religieux dans les écoles. Ch. 12.

2005   Référendum sur la Constitution européenne. Vote négatif des Français. Démission du gouvernement Raffarin. Ch. 5.

Gouvernement de Dominique de Villepin (2005–2007), dont le ministre de l'Intérieur est Nicolas Sarkozy. Ch. 2, 13.

Emeutes dans les banlieues, les agitations les plus violentes depuis mai 1968. Ch. 2.

Disparition de la notion de filiation légitime ou illégitime du Code civil. Ch. 9.

Premier vol de l'avion «Superjumbo», l'Airbus A380, à l'aéroport de Toulouse. Ch. 16.

2006   La seconde loi Sarkozy sur «l'immigration choisie» limite
l'immigration pour motif familial. Ch. 13.

La totalité des universités françaises adoptent le système LMD,
introduit progressivement depuis 2002. Ch. 14.

La presse gratuite dépasse la presse payante en ce qui concerne la
diffusion. Ch. 14.

Bertrand Delanoë, maire de Paris, initie le programme «PARVI» ou
«Paris ville numérique». Ch. 16.

2007   Adhésion de la Roumanie et de la Bulgarie à l'Union européenne.
Ch. 5.

Chirac ne se représente pas aux élections présidentielles. Ségolène
Royal, candidate de gauche, est battue par le candidat de droite,
Nicolas Sarkozy. Ch. 8.

Les Années Sarkozy (2007–2012)

2007   Election de Nicolas Sarkozy à la Présidence de la République. Ch. 6, 8.

Victoire de la droite dans les élections législatives. Les députées élues représentent plus de 16% de l'Assemblée nationale (contre 12% en 2002). Ch. 8.

Gouvernement de François Fillon (2007–2012). Ch. 6, 8.

Nouvelle campagne d'information sur la contraception. Ch. 9.

La loi en faveur du travail, de l'emploi et du pouvoir d'achat (TEPA) assouplit la semaine de travail de 35 heures. Ch. 10, 11.

La loi Hortefeux a pour but de durcir les règles d'entrée et de séjour des étrangers sur le sol français et de lutter contre l'immigration clandestine. Ch. 13.

La loi Pécresse réforme les universités pour leur donner plus d'autonomie dans les domaines budgétaire et de gestion de leurs ressources humaines (entrée en vigueur en 2013). Ch. 14.

Deuxième réforme de la branche retraite de la Sécurité sociale. Ch. 11.

2008   Réforme de la Constitution de la Ve République. Ch. 4, 6, 8.

Ratification du traité «modificatif» de Lisbonne par le Parlement français. Ch. 5.

Dans les élections municipales, la droite perd un certain nombre de villes importantes. La proportion des femmes élues dans les grandes communes atteint une quasi-parité (48,5% des sièges). Ch. 8.

Dans les élections cantonales, la gauche continue à contrôler une majorité des départements. Ch. 8.

Lancement par le gouvernement Fillon d'une campagne contre la violence conjugale. Ch. 9.

Le premier volet du projet de loi du Grenelle Environnement est adopté par l'Assemblée nationale. Ch. 16.

Un plan de sauvetage des banques françaises est adopté. Ch. 5.

Le traité de Lisbonne est ratifié par les pays membres de l'Union européenne (entrée en vigueur en 2009). Ch. 5

Entrée en vigueur de l'écotaxe «bonus-malus» sur les véhicules. Ch. 16.

2009   Une réforme de l'audiovisuel supprime toute publicité après 20 heures sur les chaînes publiques de France-Télévisions. Ch. 15.

Le Ministère de l'Environnement annonce le nouveau «éco-prêt» à taux zéro. Ch. 16.

Les lois Grenelle formalisent les engagements du Grenelle Environnement. Ch. 16

Généralisation du Revenu de solidarité active (RSA), qui remplace le RMI. Ch. 10.

Intégration de la France dans le commandement intégré de l'OTAN. Introduction.

2010   Début de la crise dans la zone euro. Ch. 5.

La dette publique de la France dépasse les 80% du produit intérieur brut (PIB), mais le président Sarkozy s'oppose à un plan de rigueur sévère en France et en Allemagne. Ch. 5.

Acte II de la décentralisation. Ch. 7.

2011   Mayotte devient un département d'outre-mer. Ch. 3.

Le passage de la télévision analogique à la télé numérique est achevé. Ch. 15.

2012   Nicolas Sarkozy se représente aux élections présidentielles, mais il est battu par François Hollande, candidat du Parti socialiste. Ch. 6.

Les Années Hollande (2012-)

2012   Dans les élections législatives, le Parti socialiste obtient une majorité absolue à l'Assemblée nationale. Ch. 6.

Gouvernement de Jean-Marc Ayrault (2010-2014). Premier gouvernement dans l'histoire de la République française à respecter une stricte parité (17 hommes, 17 femmes). Ch. 8.

Abrogation de la loi TEPA sur la semaine de travail de 35 heures. Ch. 10, 11.

Fin du service Minitel. Ch. 16.

Nouvelle loi sur le harcèlement sexuel dans la vie professionnelle. Ch. 9.

Débats à l'Assemblée nationale sur le mariage des couples de même sexe. Premières manifestions du groupe «la Manif pour tous». Ch. 9.

2013   Adoption de la loi Taubira («le mariage pour tous») autorisant le mariage des couples de même sexe. La loi est validée par le Conseil constitutionnel par la suite. Ch. 9.

Premier mariage d'un couple de même sexe en France, à Montpellier. Ch. 9

Loi sur le cumul des mandats, mettant fin à la tradition député-maire. Ch. 8.

Emeutes à Trappes. Ch. 2.

Troisième réforme récente de la branche retraite de la Sécurité sociale. Ch. 11.

Acte III de la décentralisation. Ch. 7.

Adhésion de la Croatie à l'Union européenne. Ch. 5.

Réforme du calendrier scolaire. Ch. 14.

L'annonce d'une écotaxe poids lourds déclenche une vague de protestation. Ch. 16.

2014   Visite officielle du président Hollande aux Etats-Unis. Introduction.

Grande défaite de la gauche dans les élections municipales. Hollande forme un nouveau gouvernement. Ch. 8.

Gouvernement de Manuel Valls (2014-). Ch. 8.

Anne Hidalgo, candidate de gauche, est élue maire de Paris, la première femme à occuper ce poste. Ch. 2.

La France
contemporaine

Introduction

La France et les Etats-Unis

Depuis le XVIIIe siècle, époque de la Déclaration d'indépendance et de la naissance des Etats-Unis, les Français s'intéressent aux Américains. Les philosophes français du Siècle des Lumières avaient élaboré, dans leurs écrits, un idéal démocratique auquel la France devait aspirer et ils ont regardé avec admiration l'inscription de cet idéal dans la nouvelle république américaine. En 1778, le philosophe Denis Diderot a écrit: «Après des siècles d'une oppression générale, puisse la révolution qui vient de s'opérer au-delà des mers, en offrant à tous les habitants de l'Europe un asile contre le fanatisme et la tyrannie, instruire ceux qui gouvernent les hommes sur le légitime usage de leur autorité!». A bien des égards, les Etats-Unis doivent leur indépendance à la France. Le peuple français a réagi avec enthousiasme à la nouvelle que les colonies américaines avaient déclaré leur indépendance de l'Angleterre, et bien des Français voyaient cette révolte comme une lutte au nom de la Liberté. De nombreux volontaires français sont partis immédiatement pour se battre en faveur de cette noble cause. Le plus célèbre de ceux-ci, le jeune marquis de La Fayette, officier militaire, s'est battu contre les Anglais aux côtés du général George Washington. La Fayette est devenu le symbole de l'amitié de la France pour la nouvelle nation. En même temps, Benjamin Franklin a persuadé la monarchie française (le roi Louis XVI) d'aider les colonies américaines à se libérer de la monarchie britannique (le roi George III). L'alliance franco-américaine a été signée en 1778. C'est l'intervention massive des forces françaises — une flotte, une armée et une subvention financière énorme — qui a permis aux colons américains de triompher du puissant Empire britannique.

En ce qui concerne les relations franco-américaines au cours du XIXe siècle, il faut mentionner deux grands évènements, la vente de la Louisiane et le don de la Statue de la liberté. En 1803, le président Thomas Jefferson a proposé d'acheter la Louisiane à la France. La Louisiane était un territoire immense qui couvrait toute la vallée du Mississippi et celle du Missouri. Comme Napoléon ne voulait pas que la Louisiane tombe entre les mains des Anglais, il a préféré la vendre aux Américains. Cet achat a effectivement doublé la superficie des Etats-Unis. Vers la fin du XIXe siècle, le peuple français a offert un magnifique cadeau au peuple américain pour symboliser l'amitié franco-américaine: la Statue de la liberté. Création d'une collaboration entre l'ingénieur Gustave Eiffel et le sculpteur Frédéric-Auguste Bartholdi, elle a été financée par des fonds privés. La statue a été érigée d'abord dans un atelier à Paris en 1884. Ensuite, elle a été démontée, mise en caisses et transportée par bateau à New York en 1885. Aujourd'hui, la Statue de la liberté se dresse dans le port de New York pour accueillir les visiteurs et les immigrés des autres pays du monde.

Au XXe siècle, les Américains se sont battus aux côtés des Français dans deux grands conflits. En 1917, pendant la Première Guerre mondiale, le général John Pershing, commandant des forces américaines, est arrivé en France pour aider les Français à repousser les Allemands de leur territoire. Conscient de rendre un service à la France, Pershing aurait proclamé: «La Fayette, nous voici». En 1940, la France a été vaincue et occupée par les Nazis. Après l'attaque japonaise contre le territoire américain fin 1941, les Etats-Unis sont entrés en guerre aux côtés de la France libre, de l'Angleterre et de l'Union soviétique. Le 6 juin 1944, les armées américaines, britanniques et canadiennes ont débarqué sur les plages de Normandie, provoquant une bataille sanglante qui a marqué le début de la Libération. Il y a près de 10 000 soldats américains enterrés dans le cimetière militaire américain à Omaha Beach (Calvados, Basse-Normandie). En 1994, un demi-siècle plus tard, il y a eu des cérémonies organisées en France pour commémorer la mort héroïque de ces libérateurs et les présidents François Mitterrand et Bill Clinton y ont assisté. (Le 6 juin 2014, vingt chefs d'Etat et de gouvernement sont venus en Normandie pour marquer le 70e anniversaire du Débarquement allié.) Avant la fin de l'année 1944, l'armée américaine, accompagnée des forces britanniques et françaises, a réussi à libérer Paris des forces occupantes. Les soldats américains ont été accueillis à bras ouverts par les Parisiens et de nos jours, il y a encore des Français qui expriment leur reconnaissance envers leurs libérateurs américains.

Après la Libération et la fin de la Deuxième Guerre mondiale, le Plan Marshall, une initiative coûteuse pour les Etats-Unis, a permis aux Français et aux autres Européens de reconstruire leurs pays et de mener une vie décente. Le président Charles de Gaulle (1958–1969) a pu paraître anti-américain car il voulait voir la France, non comme un pays satellite des Etats-Unis (tels les pays du bloc soviétique) mais comme un allié indépendant. Cependant, de Gaulle a fait preuve de solidarité envers le président John Kennedy lors des menaces soviétiques, la crise de Berlin (1961) et l'affaire des missiles soviétiques à Cuba (1962). Malgré leur désir de rester indépendants vis-à-vis des deux superpuissances (les Etats-Unis et l'Union soviétique), un grand nombre de Français reconnaissent que l'Europe de l'Ouest a pu vivre dans la paix et la prospérité pendant la Guerre froide (1945–1989) grâce à l'engagement militaire américain sur le territoire européen.

Un grand nombre de Français admirent les Etats-Unis qui comme la France sont un pays producteur du point de vue économique et une démocratie qui fait preuve d'une stabilité politique. Toutefois, beaucoup de Français critiquent l'insuffisance de protection sociale aux Etats-Unis, la préoccupation avec les communautés religieuses et ethniques, et l'indifférence de la part des Américains envers tout ce qui se passe au-delà de leurs frontières. Un sentiment d'antiaméricanisme virulent se manifeste parfois en France, surtout aux moments où les Etats-Unis entrent en conflit militaire d'une façon unilatérale, sans le soutien des alliés européens ou l'approbation des Nations Unies (par exemple, au moment des attaques contre la Libye en 1986 et de la guerre contre l'Irak en 2003). De même, un sentiment antifrançais se manifeste aux Etats-Unis chaque fois que la politique internationale française diffère de la position diplomatique américaine (pour reprendre les mêmes exemples, quand la France a refusé de participer aux attaques contre la Libye et à la guerre contre l'Irak). Dans ces moments-là, les Américains reprochent à la France d'être une fausse amie, un prétendu allié à qui on ne peut pas toujours faire confiance. Des deux côtés de l'Atlantique, les sentiments antiaméricains et antifrançais s'expriment souvent d'une manière qui ne tient pas compte des vérités historiques. Pourtant, le sentiment nettement proaméricain chez les Français est indéniable, surtout quand il s'agit du peuple américain plutôt que du gouvernement de Washington. Le 11 septembre 2001, les villes de New York et Washington ont été attaquées par des terroristes islamiques, avec des conséquences désastreuses. Le lendemain des attaques, les gros titres du quotidien français *Le Monde* ont proclamé: «Nous sommes tous Américains». Une énorme vague de solidarité envers les Américains et de condoléances pour les victimes a dominé la vie quotidienne en France pendant les mois suivants. Le président Jacques Chirac a été le premier chef d'Etat à visiter le site des attaques à New York. La France avait connu, elle aussi, le terrorisme sur son territoire et le gouvernement français a immédiatement prêté son soutien militaire au gouvernement américain dans la guerre contre le terrorisme en Afghanistan. En 2002, un paquebot français a été attaqué par des extrémistes islamiques et le groupe militant Al Qaeda a déclaré cet acte «un message pour la France». Solidaire avec les Etats-Unis dans la chasse aux terroristes, la France s'est pourtant rangée en 2003 du côté de l'Allemagne, du Canada, de la Chine et de la Russie pour s'opposer à la guerre contre l'Irak. Un sondage Ifop effectué en 2008 a révélé qu'une majorité des Français déclaraient apprécier beaucoup ou assez les Etats-Unis. L'antiaméricanisme est en recul, si l'on compare avec les sondages réalisés au début de la guerre en Irak.

En revanche, le sentiment profrançais chez les Américains est également évident. La France est le seul grand pays européen à n'avoir jamais fait la guerre contre les Etats-Unis. Pourtant, l'amitié franco-américaine a toujours connu des hauts et des bas. Cette amitié, ancienne de plus de deux siècles, est fondée sur un héritage intellectuel partagé, un sentiment parallèle de la civilisation et une vision commune d'un monde où la démocratie est primordiale. D'après un sondage Harris Interactive effectué en 2005, la France est considérée comme un pays amical ou un proche allié par 73% des Américains sondés. La France a fini en quatrième position, après trois pays anglophones (le Canada, le Royaume-Uni et l'Australie). Pourtant, le même sondage effectué en 2010 a révélé que seulement 46% des Américains déclaraient avoir une vue positive de la France. Un sondage Gallup réalisé en 2012 a révélé que 75% des Américains avaient une attitude positive envers la France. Avant son élection à la présidence de la République en 2007, Nicolas Sarkozy s'est prononcé «un ami des Etats-Unis», une position qui lui a mérité le titre «Sarko l'Américain» dans les médias français. Dans un discours devant le Congrès américain à Washington en 2007, le président Sarkozy a annoncé son projet de réintégrer la France dans le commandement intégré de l'Organisation du traité de l'Atlantique

Nord (OTAN), un projet qui s'est réalisé en 2009. En 2008, le candidat à la présidence, Barack Obama, a rencontré le président Sarkozy à Paris. Après cette rencontre, le président de la République a déclaré devant la presse: «Obama? C'est mon copain» (source: *Le Figaro*). En 2013, John Kerry, le secrétaire d'Etat américain, a appelé la France «our oldest ally». En 2014, François Hollande, le président de la République française, a fait une visite officielle aux Etats-Unis. Dans une conférence de presse avec Obama, Hollande a dit, en se référant aux deux pays: «Allies we were at the time of Jefferson and La Fayette, allies we are today». Dans un discours prononcé à l'ambassade de France à Washington, le président Hollande a dit, toujours parlant des deux pays: «Nous partageons des valeurs communes. Nous sommes attachés à la liberté».

La France et l'Europe

La France physique

● L'Hexagone

Quand les Français apprennent la géographie de leur pays à l'école, on leur dit que la France a la forme d'un hexagone, parce qu'elle a six «côtés». Cette forme géométrique est tellement assimilée à la culture française que les médias emploient le terme «Hexagone» ainsi que l'adjectif «hexagonal» comme synonymes de «la France» et de «français». Par exemple, «les fleuves de l'Hexagone», «le territoire hexagonal». La forme régulière de cet hexagone est vue comme un avantage. Cinq côtés sur six sont des frontières naturelles: (1) la Manche, qui sépare la France de la Grande-Bretagne, (2) la côte atlantique, (3) les Pyrénées, qui séparent la France de l'Espagne, (4) la Méditerranée et (5) les Alpes, le Jura et le Rhin, qui séparent la France de l'Italie, de la Suisse et de l'Allemagne. Seule la sixième frontière, celle du nord-est, qui sépare la France de la Belgique, du Luxembourg et de l'Allemagne, est artificielle, dans la mesure où il n'y a pas de barrières naturelles. Ces cinq frontières sont également vues comme un avantage pour la France parce que, historiquement, elles l'ont protégée contre d'éventuelles invasions ennemies. Ainsi, quand les Allemands ont envahi la France en 1940, ils sont passés par la Belgique, la frontière la plus facile à franchir. Un autre avantage géographique est l'équilibre, presque égal, entre les frontières terrestres (2 800 kilomètres, ou 1680 *miles*) et les frontières maritimes (2700 km, ou 1620 *miles*). C'est-à-dire que la France, à la différence de la Suisse, a largement accès à la mer, et à la différence des îles britanniques, elle est rattachée au continent européen. Le diamètre de l'Hexagone est à peu près de 1000 km (ou 600 *miles*, la distance approximative entre la ville de Washington et Atlanta, entre Philadelphie et Indianapolis ou entre Los Angeles et Salt Lake City). Aucun point en France n'est situé à plus de 500 km (300 *miles*) de la mer. Par sa superficie, la France est le plus grand pays de l'Europe occidentale. Elle a à peu près la même superficie que l'Etat du Texas.

En ce qui concerne sa latitude, elle est située entre le 42e et le 51e parallèle nord. En comparaison, la ville de New York se trouve au 41e parallèle, ce qui fait que toute la France se trouve plus proche du pôle Nord que New York. Paris, au 49e parallèle, est encore plus au nord que la ville de Québec.

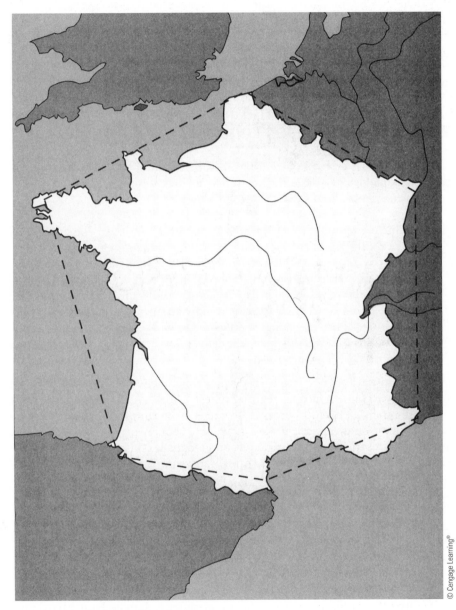

La France a la forme d'un hexagone.

Le relief

La France a une grande variété topographique. Les écoliers français apprennent que la topographie de leur pays ressemble à un amphithéâtre, dans la mesure où il y a une partie plate, la «scène», et puis des «rangs» de plus en plus élevés. Le Bassin parisien (autour de Paris) et le Bassin aquitain (dans le sud-ouest) constituent la «scène». Formant un demi-cercle autour de ces pays plats, il y a le premier «rang» de montagnes, c'est-à-dire le Massif central, les Cévennes, le Jura, le Morvan, les Vosges et les Ardennes. Enfin, il y a les «galeries» de l'amphithéâtre, les chaînes de montagnes les plus élevées, les Pyrénées au sud-ouest et les Alpes au sud-est.

Les fleuves et les rivières

La France est arrosée par cinq grands fleuves, dont l'utilité n'est pas la même. Chaque fleuve a des affluents qui s'appellent des rivières. Une rivière se jette dans un fleuve, tandis que les fleuves se jettent dans la mer.

1. **La Seine** est la voie fluviale la plus importante, parce qu'elle est la plus régulière. Elle prend sa source sur le plateau de Langres, en Bourgogne, et après être passée par Paris et Rouen, elle se jette dans la Manche, près du Havre. La Seine est très navigable, et son estuaire permet aux grands bateaux de remonter jusqu'à Rouen. Grâce à la Seine, Paris est une ville portuaire importante. C'est la Seine qui divise Paris entre la rive gauche et la rive droite (les rives «gauche» et «droite», dans chaque ville, sont déterminées par le sens d'écoulement du fleuve). Les affluents principaux de la Seine sont l'Oise, la Marne et l'Yonne.

2. **La Loire** est le fleuve le plus long de France (1 000 km, ou 600 *miles*), mais c'est aussi le moins régulier. C'est-à-dire qu'en été les eaux sont basses, mais en hiver les crues deviennent menaçantes. Pas assez profonde pour la navigation, la Loire est navigable seulement à partir de Nantes, dans l'estuaire. La Loire prend sa source dans le Massif central et se jette dans l'Atlantique. Ses affluents principaux sont le Cher, l'Indre, la Vienne et l'Allier.

3. **La Garonne** est un fleuve au débit très violent jusqu'à Bordeaux, où elle se jette dans l'estuaire qui s'appelle la Gironde, faisant de Bordeaux une ville portuaire. Prenant sa source dans les Pyrénées, la Garonne a des crues violentes qui produisent beaucoup d'électricité. Elle sert aussi à l'irrigation agricole. Les affluents principaux de la Garonne sont le Tarn, le Lot et la Dordogne.

4. **Le Rhône** prend sa source en Suisse et se jette dans le lac Léman, puis en ressort pour continuer les deux tiers de son cours en France. Après avoir traversé Lyon, il descend la vallée du Rhône pour se jeter dans la

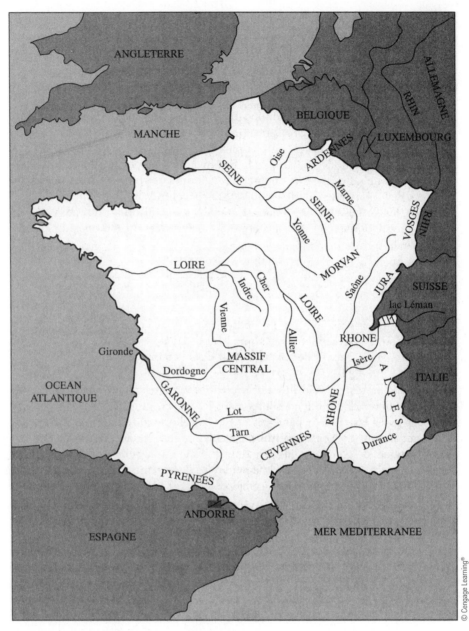

La France physique

Méditerranée, près de Marseille. De nombreux barrages et des centrales hydro-électriques et nucléaires transforment le Rhône en une source d'énergie importante. Il est navigable par endroits et il sert aussi à l'irrigation. Ses affluents principaux sont la Saône, l'Isère et la Durance.

5. **Le Rhin,** l'un des principaux fleuves d'Europe, prend sa source dans les Alpes suisses, forme une partie de la frontière française avec l'Allemagne et puis se jette dans la mer du Nord. Comme la Garonne et le Rhône, le Rhin est une source importante d'énergie électrique. D'un point de vue commercial, le Rhin représente la voie navigable intérieure la plus importante du monde.

⬡ Le climat

Tout comme la topographie, le climat de la France est très varié. En fait, il y a quatre types de climat dans le pays:

1. **Le climat atlantique** se trouve dans l'ouest de la France et sur les côtes de la Manche. Là, on trouve un hiver doux et un été frais et pluvieux avec des pluies abondantes en toutes saisons. La ville-type est Brest:

   température moyenne en janvier: 6°C (43°F)
   température moyenne en juillet: 15°C (60°F)
   jours de pluie par an: 240
   jours de gel par an: 15

2. **Le climat continental** se trouve dans les régions les plus éloignées de la mer (le centre et l'est). Ce climat est caractérisé par un hiver froid et un été assez chaud. La ville-type est Strasbourg.

   température moyenne en janvier: 0°C (32°F)
   température moyenne en juillet: 20°C (68°F)
   jours de pluie par an: 190
   jours de gel par an: 95

   Paris se trouve en zone de transition entre le climat continental et le climat atlantique.

3. **Le climat méditerranéen** se trouve dans le sud-est de la France, le long de la côte de la Méditerranée et en Corse. Ici, l'hiver est doux et court et l'été est chaud et sec, ce qui explique pourquoi la Côte d'Azur est le lieu de prédilection des estivants français et européens. La ville-type est Nice:

   température moyenne en janvier: 8°C (47°F)
   température moyenne en juillet: 23°C (73°F)
   jours de pluie par an: 60
   jours de gel par an: 13

   Mais le ciel bleu de la Côte d'Azur n'est pas toujours synonyme de beau temps: le mistral est un vent violent qui descend la vallée du Rhône et souffle sur la côte en hiver et au printemps. Froid, sec et très violent, le mistral est parfois destructeur. («mistral» signifie «maître» en occitan, la langue historique de cette région.)

4. Enfin, il y a **le climat montagnard** des hautes élévations (les Pyrénées, les Alpes et le Massif central). Ces régions sont caractérisées par un été court avec beaucoup de pluie et par un hiver long et neigeux. La ville-type est Grenoble.

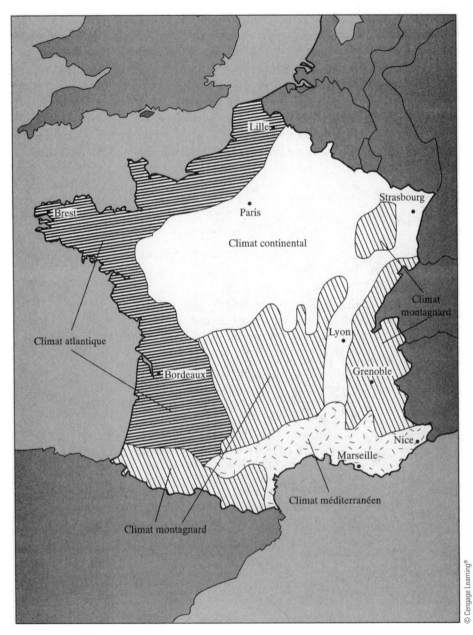

Les climats de la France

        température moyenne en janvier: 2°C (35°F)
        température moyenne en juillet: 12°C (54°F)
        jours de pluie par an: 140
        jours de gel par an: 80

Dans l'ensemble, la France est le pays d'Europe qui a le climat le plus tempéré.

● Mise au point: Celsius et Fahrenheit

A mesure que la température monte ou descend de cinq degrés sur l'échelle Celsius, elle monte ou descend de neuf degrés sur l'échelle Fahrenheit. Les Etats-Unis sont un des rares pays du monde à se servir de l'échelle Fahrenheit.

Celsius	Fahrenheit	Celsius	Fahrenheit
35°	95°	5°	41°
30°	86°	0°	32°
25°	77°	−5°	23°
20°	68°	−10°	14°
15°	59°	−15°	5°
10°	50°	−20°	−4°

I. Répondez aux questions suivantes.

1. Quel est le fleuve le plus long de France?
2. Quelle est la voie fluviale la plus importante?
3. Quels fleuves sont très importants pour l'énergie hydro-électrique?
4. Quelles sont les chaînes de montagnes les plus élevées?
5. Dans quel climat trouve-t-on des pluies abondantes en toutes saisons?
6. Comment s'appelle le vent très violent qui descend la vallée du Rhône?
7. Comment s'appelle l'estuaire de la Garonne?
8. Où se jette la Seine?
9. Quelle chaîne de montagnes se trouve au centre de la France?
10. Citez quelques aspects géographiques de la France qui sont considérés comme des avantages par les Français.

II. Etes-vous d'accord? Sinon, justifiez vos réponses.

1. En hiver, il fait généralement plus froid dans l'est de la France que dans l'ouest.
2. En général, il pleut plus souvent à Nice qu'à Strasbourg.
3. On voit souvent de grands bateaux sur la Loire.
4. De tous les pays de l'Europe occidentale, la France a la plus grande superficie.
5. Les frontières naturelles de la France sont des montagnes, des fleuves et des mers.
6. Dans l'ensemble, la France bénéficie d'un climat tempéré.

III. Choisissez la meilleure réponse.

1. Les fleuves qui ne prennent pas leur source en France sont
   a. la Seine et le Rhône
   b. le Rhin et le Rhône
   c. la Garonne et le Rhône
   d. la Loire et le Rhône
2. Le climat le plus extrême en France est
   a. le climat continental
   b. le climat atlantique
   c. le climat méditerranéen
   d. le climat montagnard
3. La France a la forme d'un
   a. octogone
   b. pentagone
   c. hexagone
   d. hectagone
4. La superficie de la France peut être comparée à celle
   a. du Kansas
   b. du Texas
   c. de la Californie
   d. de l'Indiana

IV. Discussion.

1. D'après vous, la géographie d'un pays est-elle reflétée dans sa culture?

2. Quels avantages ou désavantages voyez-vous à la géographie de votre pays?

3. La géographie d'un pays peut-elle être séparée de son histoire?

4. Pensez-vous que le réchauffement climatique pourrait influencer la géographie de votre pays?

5. Y a-t-il des régions en France dont le climat se rapproche de celui de votre pays?

V. Vos recherches sur Internet.

Afin de faciliter vos recherches et de répondre à ces questions, consultez le site du livre sur www.cengagebrain.com.

1. En quoi consiste le patrimoine naturel de la France? L'attrait de ses paysages? La beauté de ses villages?

2. Les parcs naturels de la France font également partie de ses richesses. Combien de parcs nationaux la France a-t-elle? Citez-en quelques-uns.

3. Quelles possibilités de loisirs les montagnes ou les plages en France offrent-elles?

4. L'histoire de la France vous intéresse-t-elle? Cherchez quelques exemples de son patrimoine historique.

5. Combien de touristes visitent la France chaque année? Où vont-ils? De quels pays viennent-ils?

Paris et la vie urbaine

Paris, ville tentaculaire

Avec plus de 12 millions d'habitants dans son agglomération — plus d'habitants que dans toute la Belgique ou toute la Suisse — Paris est la deuxième ville d'Europe, après Londres. Près d'un Français sur cinq habite la région parisienne, c'est-à-dire la ville de Paris et l'agglomération qui l'entoure. Pour trouver un équivalent aux Etats-Unis, il faudrait réunir les villes de Boston, New York, Philadelphie, Baltimore et Washington, avec toutes leurs agglomérations, afin de pouvoir dire qu'un Américain sur cinq habite dans cette région. Aucune ville américaine n'a la même importance dans la vie américaine que Paris dans la vie française. Paris est non seulement la capitale politique et de loin la plus grande ville de France, mais c'est aussi la capitale culturelle du pays: à Paris se trouvent les musées les plus riches en acquisitions, les grandes maisons d'édition, les studios de cinéma et de télévision et le centre de la vie artistique, théâtrale et musicale. Paris est le plus grand centre industriel et commercial (de nombreuses entreprises mondiales et européennes y ont leur siège), et le plus grand centre universitaire de France (un quart des étudiants français font leurs études à Paris). Paris est aussi le centre du réseau de transports: les chemins de fer, les autoroutes et les routes aériennes rayonnent en structure d'étoile dans toute la France à partir de Paris. La vie est chère à Paris, mais les salaires sont plus élevés qu'en province (la «province» signifie le reste de la France). Pour toutes ces raisons, Paris est une ville «tentaculaire», c'est-à-dire une ville qui touche à tous les domaines et qui attire les gens de tous les coins de France. En effet, 70% des Parisiens sont nés en province, mais ils sont venus s'installer à Paris pour trouver du travail ou pour se lancer dans une carrière. On voit donc que la France, par rapport aux Etats-Unis, est un pays extrêmement centralisé dans la mesure où la ville de Paris représente le «centre» du pays. Pour comprendre cette centralisation, il faut remonter dans son histoire.

● Un peu d'histoire

Paris n'a pas toujours été la capitale de la France. Au premier siècle avant Jésus-Christ, quand les Romains ont pris possession de l'île de la Cité, située au milieu de la Seine, ils ont trouvé cette petite île habitée par une tribu celtique qui s'appelait les Parisii. Jules César a baptisé cette petite ville «Lutèce». Nous ne savons pas exactement quand le nom de «Lutèce» a disparu, mais à la fin du Ve siècle, la ville était déjà connue sous le nom de «Paris», d'après les Parisii, disparus depuis longtemps.

Au Ve siècle, la Gaule a été envahie par de nombreuses tribus germaniques. En 450, une tribu asiatique, les Huns, sous la direction d'Attila, avançait sur Paris, et les habitants de la ville étaient terrifiés. Une jeune fille qui s'appelait Geneviève a encouragé les Parisiens à rester dans la ville et à prier Dieu pour sa protection. Attila a changé de route et n'est pas venu à Paris. Les Parisiens ont alors crié au miracle et ont attribué la sauvegarde de la ville à leur héroïne, Geneviève. Par la suite, Geneviève a été canonisée par l'Eglise, et aujourd'hui Sainte Geneviève est la sainte patronne de la ville de Paris.

Les Huns ne sont pas restés en Gaule, mais les Francs, une autre tribu, s'y sont installés et y ont établi un royaume qu'ils ont appelé la France. En 508, Clovis, roi des Francs, a fait de Paris la capitale de son royaume. Mais Paris a été délaissé au VIIIe siècle par Charlemagne. Celui-ci, dont l'empire s'étendait sur une bonne partie de l'Europe occidentale, a fixé sa capitale à Aix-la-Chapelle (actuellement Aachen, en Allemagne). Paris est redevenu la capitale de la France en 987, sous Hugues Capet, et voilà plus de mille ans que le centre du pouvoir politique se trouve dans cette ville. L'histoire de Paris se confondra désormais avec celle de la France.

C'est au Moyen Age, sous les Capétiens, que Paris va devenir une ville vraiment importante. Quand Philippe-Auguste a fait construire une enceinte autour de la ville en 1200, elle consistait en trois parties: (1) au nord de la Seine, sur la rive droite, se trouvait la ville marchande; (2) au sud de la Seine, la rive gauche était le quartier de l'université (où les étudiants parlaient latin, d'où le nom de Quartier latin) et (3) l'île de la Cité, le centre politique, où se trouvaient les sièges des deux grandes puissances du royaume: à l'extrémité orientale de l'île, la cathédrale Notre-Dame (représentant l'Eglise), et à l'extrémité occidentale, le Palais royal (représentant la monarchie). Le Louvre était à l'origine une forteresse faisant partie de l'enceinte construite par Philippe-Auguste pour protéger la ville. Au siècle suivant, comme la ville grandissait, le roi Charles V a fait construire une nouvelle enceinte sur la rive droite, dont la forteresse était la Bastille. Mais Charles V a quitté le Palais royal pour s'installer dans le Marais, le plus ancien quartier de la rive droite. Plus tard, les rois Valois et Bourbon ont complètement délaissé la capitale, préférant résider au château de Fontainebleau (au sud de Paris) et, encore plus loin de Paris, sur les bords de la Loire. Au XVIIe siècle, Louis XIV a fait construire le château de Versailles, au sud-ouest de Paris, et celui-ci restera la résidence royale jusqu'à la Révolution.

L'Ile de la Cité est le centre de Paris.

A l'époque de la Révolution (1789), Paris comptait 700 000 habitants et était de loin la plus grande et la plus importante ville d'Europe. En 1840, Adolphe Thiers a fait entourer Paris d'une enceinte fortifiée, dite les fortifications de Thiers, qui marque les limites actuelles de la ville. Cette enceinte avait des portes qui donnaient accès à la ville. Les noms de ces portes — porte d'Orléans, porte de Clignancourt, porte de Clichy, entre autres—ont été conservés aujourd'hui dans les noms des stations de métro qui se trouvent sur les limites de Paris. Mais c'est sous le Second Empire que Paris va changer radicalement d'aspect: Napoléon III a chargé le préfet de Paris, le baron Haussmann, d'embellir la capitale. Haussmann, cet «architecte de Paris», a facilité la circulation en dégageant les carrefours et en créant de grands boulevards bordés d'arbres. Il a amélioré le réseau d'égouts souterrains. Il a fait éclairer les rues au gaz, remplacer les pavés par de l'asphalte, démolir les vieux quartiers et aménager des espaces verts comme le bois de Boulogne. En un mot, il a créé la plus belle ville du monde, et une des plus modernes. Malheureusement, il a aussi fait disparaître beaucoup de quartiers historiques, surtout dans l'île de la Cité. Cette «haussmannisation» de Paris avait aussi une motivation politique: le préfet avait été chargé de détruire les quartiers qui avaient nourri les révoltes et les révolutions depuis 1789. A la fin du Second Empire, Paris comptait 1,7 million d'habitants.

Le tournant du XXe siècle, 1900, a vu l'ouverture de la première ligne du réseau ferroviaire métropolitain («le métro»). Voilà le phénomène qui a le plus contribué à l'explosion de la population parisienne. Grâce au métro, il allait

© pisaphotography/Shutterstock.com

Le métro fait partie de la vie quotidienne à Paris.

être désormais possible de traverser Paris rapidement et de se rendre au travail plus facilement. En 1910, Paris avait la même population qu'aujourd'hui: 2,6 millions d'habitants *intra muros* (cela veut dire «à l'intérieur des murs» en latin). Les «murs» n'existent plus: les fortifications de Thiers ont été démolies en 1919, après la Première Guerre mondiale. Mais l'expression *intra muros* subsiste pour désigner les limites de la ville. Ce qui a énormément augmenté depuis, c'est Paris *extra muros,* c'est-à-dire la banlieue parisienne. Grâce en partie au prolongement du métro au-delà des «portes» de la ville, et surtout au Réseau express régional (RER), qui relie Paris avec une bonne partie de l'Ile-de-France, la vaste agglomération parisienne continue à grandir.

A l'époque de la Révolution (1790), la France a été divisée en unités administratives qui s'appellent des départements. L'explosion de la population en région parisienne au XXe siècle a entraîné la création de nouveaux départements. Avant 1964, Paris était entouré par un grand département, la Seine-et-Oise, qui comprenait, avec la Seine-et-Marne, toute la population de la banlieue. En 1964, ce département a été découpé pour former la «petite couronne» et la «grande couronne»: la petite couronne est composée de trois nouveaux départements qui entourent Paris (la Seine-Saint-Denis, le Val-de-Marne et les Hauts-de-Seine), c'est-à-dire la proche banlieue; la grande couronne, ce sont les quatre départements, plus grands, qui entourent la petite couronne (le Val d'Oise, les Yvelines, l'Essonne et la Seine-et-Marne), c'est-à-dire la grande banlieue. Avec le département de la Seine (Paris), huit départements constituent la région parisienne. Depuis la création des Régions en 1973, la région parisienne s'appelle l'Ile-de-France, d'après le territoire royal au Moyen Age. Les habitants de l'Ile-de-France ont été baptisés les «Franciliens» par les médias.

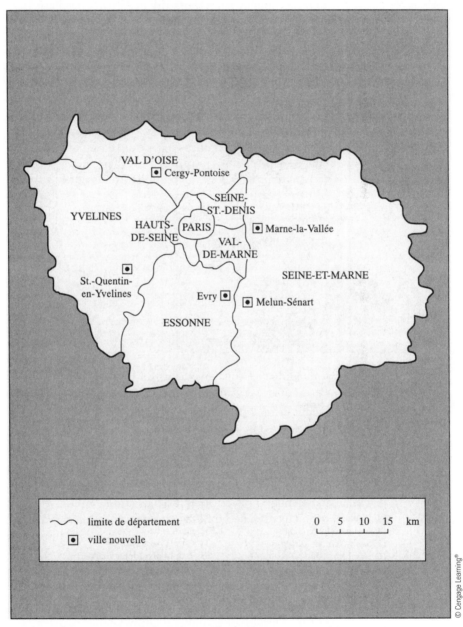

Les huit départements de la Région Ile-de-France

TABLEAU: Histoire de Paris

300 avant J.-C.	Les Parisii s'installent sur les îles de la Seine.
52 avant J.-C.	Jules César prend possession de Lutèce (25 000 habitants).
IVe siècle	Lutèce s'appelle Paris (nom tiré de la tribu des Parisii).
450	Geneviève et les Parisiens prient Dieu de protéger la ville contre Attila.
508	Clovis, roi des Francs, fait de Paris la capitale du royaume.
987	Délaissé par Charlemagne, Paris redevient la capitale sous Hugues Capet. Paris est la capitale de la France depuis plus de mille ans.
1200	Philippe-Auguste entoure Paris d'une enceinte: rive gauche (université), rive droite (ville marchande), cité (centre politique). Le Louvre, une forteresse, fait partie de cette enceinte.
1360	Enceinte élargie sur la rive droite par Charles V. La Bastille en fait partie. Charles V quitte le Palais royal pour s'installer dans le Marais.
XVe-XVIe siècles	Les rois résident à Fontainebleau et sur les bords de la Loire en été.
XVIIe siècle	Louis XIV fait construire le château de Versailles.
1789	A l'époque de la Révolution, Paris compte 700 000 habitants.
1840	Fortifications d'Adolphe Thiers (limites actuelles de Paris, démolies en 1919).
1870	Embelli par les aménagements du baron Haussmann, Paris compte 1,7 million d'habitants.
1900	Début de la construction du métro.
1910	Même population qu'aujourd'hui: 2,6 millions *intra muros*.
1964	Région parisienne découpée, création de la petite couronne et de la grande couronne.
années 1970	Mesures prises pour décongestionner la région parisienne: transfert des Halles en banlieue; construction de la Défense, du boulevard périphérique, du RER, des villes nouvelles.
1977	Nouveau statut: Paris est à la fois une commune et un département. Le préfet de Paris est nommé par le Gouvernement; le maire de Paris est élu pour six ans.
années 1980	Grands Travaux de François Mitterrand: Pyramide du Louvre, Opéra-Bastille, musée d'Orsay, Grande Arche de la Défense, parc de La Villette, Bibliothèque nationale de France.

Paris est un département (la Seine) depuis la Révolution, mais c'est aussi une commune (une municipalité). Cependant, à la différence des autres communes, Paris n'a pas eu de maire pendant la IIIe République (1870-1940), la IVe (1946-1958), ni pendant les premières années de la Ve (1958-1977). Les hommes politiques croyaient qu'un maire de la capitale, élu directement par les habitants, aurait trop de pouvoir et représenterait une menace pour le Gouvernement national. Mais en 1977, Paris a acquis un statut municipal comme toutes les autres villes de France, grandes et petites. En tant que département, Paris est dirigé par un préfet, nommé par le Gouvernement. En tant que commune, la ville a aussi un maire, élu par les habitants pour six ans. Jacques Chirac, homme politique de droite (conservateur), a été élu maire de Paris en 1977. Maire de Paris très populaire, Chirac a été réélu deux fois, en 1983 et en 1989. Jean Tiberi, du même parti politique que Chirac, a servi en tant que maire de Paris entre 1995 et 2001. Aux élections municipales de 2001, Bertrand Delanoë, candidat de gauche (socialiste), a été élu maire, mettant fin au contrôle de Paris par la droite pendant 24 ans. Delanoë a été réélu en 2008 (les élections municipales ayant été repoussées d'un an à cause des élections présidentielles de 2007). En 2014, Anne Hidalgo, candidate de gauche, a été élue maire de Paris, la première femme à occuper ce poste.

Les quartiers et les monuments

Aujourd'hui, Paris se compose de 20 arrondissements (quartiers), disposés en spirale à partir du centre-ville. Chaque arrondissement a un numéro et chacun a un caractère particulier (les premiers numéros correspondent aux quartiers les plus anciens). En parcourant les arrondissements, nous pourrons mentionner les monuments les plus célèbres qui confèrent un aspect distinct à la capitale.

Les arrondissements 1–4 Les quatre premiers arrondissements correspondent au vieux Paris et recouvrent les îles de la Seine et la partie la plus ancienne de la rive droite. Sur le côté ouest de l'île de la Cité (1er arrondissement) se trouvent deux institutions administratives, la préfecture de Paris et le palais de justice. Le palais de justice (appelé le palais royal jusqu'à la Révolution) était la résidence des premiers rois capétiens. Une partie du palais, la Conciergerie, servait de prison (Marie-Antoinette et Robespierre y ont été internés à l'époque de la Révolution). On peut aussi y visiter la Sainte-Chapelle, construite au XIIIe siècle par Saint-Louis et célèbre pour ses beaux vitraux. Le pont Neuf, achevé par Henri IV, traverse la Seine et relie l'île de la Cité au quartier du Louvre, sur la rive droite. Originellement une forteresse, le Louvre est devenu progressivement un palais au cours de l'Ancien Régime, à mesure que les rois successifs le faisaient agrandir et rénover. A l'époque de la Révolution, le Louvre est passé du statut de palais royal à celui de musée, devenant ainsi le premier musée national d'Europe. Avec des galeries qui couvrent dix-sept kilomètres, le Louvre est actuellement le plus grand musée du monde et peut-être le plus célèbre.

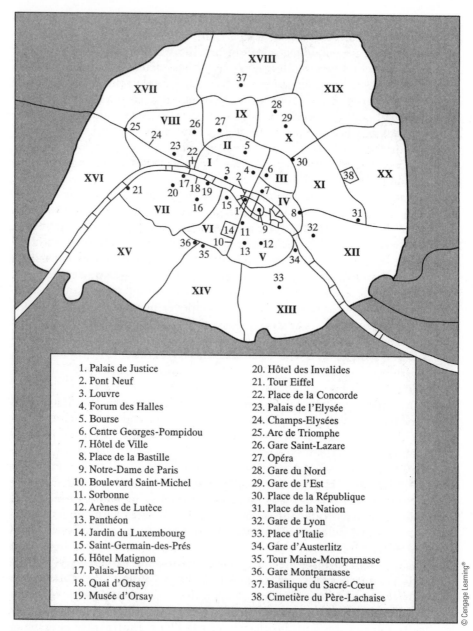

Les monuments de Paris

L'Etat français poursuit une longue tradition, instaurée par Louis XIV au XVIIe siècle, selon laquelle l'Etat encourage, favorise et protège les arts et la culture. L'Etat a pour mission la conservation du patrimoine national. Les rénovations du Louvre ont fait partie de cette mission: dans les années 1980, le président François Mitterrand a fait construire la fameuse pyramide en verre, qui sert de nouvelle entrée au musée et qui a provoqué de nombreuses controverses.

Les 2e et 3e arrondissements correspondent à la vieille ville marchande de la rive droite. La Bourse, centre des affaires commerciales et bancaires, se trouvait dans le 2e jusqu'en 1998. Dans le 3e, on peut visiter l'ultra-moderne Centre Georges-Pompidou, dit aussi Centre Beaubourg: c'est une énorme construction en acier et en verre, qui date des années 1970 et qui contraste avec l'aspect ancien du quartier. Il abrite, entre autres, une bibliothèque publique et un musée d'art moderne.

Le 4e arrondissement comprend le Marais, sur la rive droite, ainsi que l'île Saint-Louis et le côté est de l'île de la Cité. Aujourd'hui en pleine rénovation, le Marais abrite le quartier juif le plus ancien de Paris. On y trouve des hôtels particuliers qui appartenaient à l'aristocratie des XVIIe et XVIIIe siècles. Le magnifique hôtel de ville, la mairie de la ville de Paris, s'y trouve aussi. A l'est, la limite du 4e arrondissement est marquée par la place de la Bastille, site de la prison royale démolie à l'époque de la Révolution. Aujourd'hui, cette place est dominée par la colonne de Juillet au centre et par l'Opéra Bastille, construit pendant les années 1980. La petite île Saint-Louis, dépourvue de grands boulevards et de stations de métro, est un des quartiers les plus calmes de la capitale. Sur l'extrémité est de l'île de la Cité se dresse la grandiose cathédrale Notre-Dame de Paris, la première grande cathédrale gothique et un des monuments les plus célèbres de la ville. Elle date des XIIe et XIIIe siècles, et elle marque le centre géographique de Paris (voir Galerie de photos, n° 1).

Les arrondissements 5–7   Les 5e, 6e et 7e arrondissements comprennent les quartiers les plus anciens de la rive gauche. Le 5e, qui s'appelle aussi le Quartier latin, se caractérise par la présence d'universités, de nombreuses librairies et de signes de la vie étudiante. Le Quartier latin est traversé par le boulevard Saint-Michel. On y trouve la vieille Sorbonne, symbole de l'université de Paris. Dans le 5e, on trouve également les arènes de Lutèce, vestige de l'époque gallo-romaine, qui servent de nos jours à des concerts. En haut de la montagne Sainte-Geneviève se dresse le Panthéon. Ancienne église construite au XVIIIe siècle, le Panthéon est devenu sous la Révolution, un mausolée des grands hommes de la patrie. Il abrite les tombes de Voltaire, de Rousseau, de Hugo et de Zola parmi d'autres. En 1995, les cendres de Marie Curie, la célèbre chercheuse scientifique, ont été transférées au Panthéon sous les ordres du président Mitterrand.

Dans le 6e, il y a le palais du Luxembourg, avec ses magnifiques jardins qui constituent un des grands espaces verts de Paris. Autrefois une résidence royale, le palais du Luxembourg abrite maintenant le Sénat. Dans le 6e, on trouve aussi l'église romane de Saint-Germain-des-Prés, qui date du XIe siècle et qui est donc plus ancienne que la cathédrale Notre-Dame.

Le 7e est un arrondissement voué aux affaires d'Etat. D'abord, c'est le quartier des ambassades et des ministères. Ensuite, il y a l'hôtel Matignon, résidence du premier ministre. Enfin, on y trouve aussi le palais Bourbon, siège de l'Assemblée nationale. Dans les années 1980, la vieille gare d'Orsay a été transformée en un beau musée, le musée d'Orsay, qui abrite des trésors de l'art du XIXe siècle, et qui reçoit plus de trois millions de visiteurs par an (voir Galerie de photos, n° 2). Mais le 7e arrondissement contient deux autres monuments qui sont encore plus connus des touristes. L'hôtel des Invalides a été construit par Louis XIV comme hôpital militaire, mais il est devenu célèbre parce qu'il renferme le tombeau de Napoléon Bonaparte. A l'extrémité ouest du 7e, près de la Seine, se dresse la tour Eiffel, haute de 300 mètres. La tour a été construite par Gustave Eiffel pour l'Exposition universelle de Paris de 1889, qui fêtait le centenaire de la Révolution. Cette tour, détestée par beaucoup de Parisiens de l'époque, est devenue le symbole de Paris et même de la France. Elle attire des millions de visiteurs chaque année.

Les arrondissements 8–11   Les 8e, 9e, 10e et 11e arrondissements forment un arc autour du vieux Paris sur la rive droite et ils contiennent les quartiers de l'industrie et du commerce. En face de la Seine, dans le 8e, il y a l'immense place de la Concorde, la plus grande place de Paris et la plus encombrée aux heures de pointe. Cette place s'appelait place Louis XV jusqu'à la Révolution et c'est là que se dressait la guillotine pendant la Terreur. Aujourd'hui, elle est dominée par un obélisque égyptien provenant du temple de Louxor et offert à la France au XIXe siècle. Vieux de 33 siècles, cet obélisque est de loin le monument le plus ancien à Paris. Près de la Concorde, on trouve le palais de l'Elysée, la résidence officielle des présidents depuis le début de la IIIe République. La belle et célèbre avenue des Champs-Elysées, caractérisée par son commerce de luxe et par sa vie animée, surtout la nuit, relie la Concorde à la place Charles-de-Gaulle. Sur cette place, anciennement nommée place de l'Etoile à cause des douze boulevards qui rayonnent autour d'elle, se dresse l'Arc de Triomphe. Construit par Napoléon pour fêter ses victoires militaires, l'Arc de Triomphe abrite la tombe du Soldat inconnu depuis la fin de la Première Guerre mondiale et il a servi de scène cérémoniale pour la libération de Paris en 1944 (voir Galerie de photos, n° 3). Dans le 8e arrondissement se trouve également une des six grandes gares de Paris, la gare Saint-Lazare, qui dessert le nord-ouest de la France.

C'est dans les 9e et 10e arrondissements qu'on trouve les grands boulevards, réalisations du baron Haussmann. Dans le 9e se trouve l'Opéra Garnier, le plus grand théâtre du monde, construit par Napoléon III. Dans le 10e se trouvent la gare du Nord et la gare de l'Est. La place de la République et la place de la Nation, sites de nombreuses manifestations politiques au fil des années, sont dans le 11e.

Les arrondissements 12–20   Les arrondissements numérotés de 12 à 20 sont les plus grands de la ville. Ce sont des quartiers résidentiels, bordés par le boulevard périphérique qui entoure Paris. Contenant peu de monuments, ces arrondissements sont moins connus des touristes. La gare de Lyon, la plus grande gare de France, se trouve dans le 12e et dessert le sud-est. Elle relie la capitale aux grandes villes de Lyon et de Marseille. Le 13e comprend le quartier chinois de Paris, les grands ensembles de la place d'Italie et la gare d'Austerlitz,

Une terrasse de café parisienne

qui dessert le sud-ouest de la France. Le quartier Montparnasse se trouve dans le 14e. La tour Montparnasse, construite dans les années 1960 et mesurant 210 mètres, est un des plus grands ensembles immobiliers d'Europe. Le sommet de cette tour offre une vue panoramique splendide de la capitale. Dans le 15e, il y a la gare Montparnasse, qui dessert l'ouest de la France. Les 16e et 17e arrondissements sont célèbres en tant que quartiers bourgeois et riches, tranquilles et résidentiels. Le 18e, le 19e et le 20e sont, au contraire, des quartiers populaires et assez pauvres, où habitent un grand nombre d'immigrés. Cette opposition se prolonge dans les environs de Paris: la banlieue ouest se compose en général de quartiers plus aisés, tandis que les banlieues nord et est contiennent des quartiers ouvriers, modestes et populaires. Le quartier de Montmartre se trouve dans le 18e. Au sommet de la butte Montmartre, dominant la ville de Paris, est située la basilique du Sacré-Cœur, érigée à la fin du XIXe siècle. Le quartier populaire de Belleville se trouve dans le 19e. Dans le 20e, sur la colline de Ménilmontant, il y a le cimetière du Père-Lachaise, où sont enterrés de célèbres écrivains (Balzac, Beaumarchais, Colette, Daudet, La Fontaine, Molière, Musset, Proust), des artistes (David, Delacroix), des compositeurs (Bizet, Chopin, Rossini) et des hommes d'Etat (Haussmann, Thiers).

La ville de Paris a changé d'aspect sous la présidence de François Mitterrand, qui a fait effectuer certains «Grands Travaux» dans la capitale, dont, entre autres, le Grand Louvre avec sa nouvelle pyramide (voir Galerie de photos, n° 5), le musée d'Orsay, le parc de la Villette et la Bibliothèque nationale de France. Deux de ces grands travaux, l'Opéra Bastille et la Grande Arche de la Défense, ont été achevés en 1989, pour marquer le bicentenaire de la Révolution.

● Problèmes d'urbanisme

Aussi belle et agréable que soit la ville de Paris pour les touristes, la vie quotidienne dans la capitale n'est pas toujours facile. La croissance frénétique de la région parisienne—tous les gens qui «montent» à Paris— aggrave deux problèmes fondamentaux: celui du logement et celui du transport. Afin d'être plus près de leur lieu de travail et des distractions que leur offre Paris, certains préfèrent habiter en ville. Mais les logements sont petits et difficiles à trouver, et les loyers sont exorbitants. Même s'ils ont les moyens financiers, les Parisiens sont souvent condamnés à habiter dans les «cités» ou dans les «grands ensembles» formés de centaines d'appartements. S'ils n'ont pas les moyens, ils sont relégués aux HLM (habitations à loyer modéré), subventionnées par l'Etat mais dans lesquelles les conditions de vie ne sont pas toujours idéales. Pour avoir un pavillon avec un jardin, pour avoir un peu plus d'espace à un prix raisonnable, il faut habiter en banlieue. Voilà pourquoi la majorité des Parisiens, selon les sondages, pensent que c'est un avantage de vivre en banlieue. Mais les grands ensembles et les HLM s'étendent jusqu'en banlieue aussi. Ceux qui habitent en banlieue se trouvent souvent dans les «villes dortoirs», où l'on ne revient que le soir pour dormir et où les distractions et les commodités de la ville font défaut. Dans la grande banlieue, il y a plus d'espace et il est donc plus facile de trouver un logement. Tous ces banlieusards, pourtant, doivent faire face au problème du transport et au syndrome «métro-boulot-dodo» (transport, travail, sommeil). C'est-à-dire qu'ils doivent trouver le meilleur moyen pour se rendre tous les jours au travail à Paris (le Parisien moyen passe plus d'une heure par jour dans les transports entre son domicile et son lieu de travail). Tous les matins, il y a un million de voitures qui entrent dans Paris et il n'y a pas assez de parcs de stationnement pour les recevoir. Les transports en commun — le métro parisien, le RER, les autobus, les tramways et les trains de banlieue — facilitent plus de huit millions de déplacements quotidiens en Ile-de-France. L'excellence du système de transports publics ne suffit toujours pas à résoudre les problèmes provoqués par la congestion de la capitale.

Ainsi, dans le but de remédier à l'engorgement des transports en Ile-de-France et pour permettre aux Franciliens de se déplacer plus facilement, l'Etat projette la construction d'un «Nouveau Grand Paris» avec la mise en place, d'ici 2030, d'un métro automatique Grand Paris Express, pour lequel certaines lignes seront prolongées et d'autres construites, et qui comprendra 205 km de métro et 72 nouvelles gares. De même, dans le cadre de la politique de décentralisation, un projet de loi voté en juillet 2013 par l'Assemblée Nationale va permettre la création d'une métropole du Grand Paris, regroupant la ville elle-même et les départements de la petite couronne. Cependant, le logement et la circulation, sans parler de la pollution, continuent à poser d'énormes problèmes aux autorités municipales.

Panorama de l'ouest de Paris, avec la Défense au fond

La France, pays de citadins

Il y a un siècle et demi, la France était un pays agricole. La plupart des villes françaises, très anciennes, existaient déjà depuis des siècles, mais la plus grande partie de la population de la France était composée de paysans qui habitaient à la campagne et qui labouraient la terre. La révolution industrielle du XIXe siècle a commencé à changer l'aspect démographique du pays. De plus en plus de paysans ont quitté leurs terres pour aller s'installer dans les villes et travailler dans les usines. Ce phénomène s'appelle l'exode rural. En 1850, un Français sur quatre habitait dans les villes; aujourd'hui seulement un Français sur quatre habite à la campagne. L'exode rural, qui s'est accéléré après la Deuxième Guerre mondiale, a fait de la France un pays de citadins et de banlieusards. A part Paris, six villes ont une agglomération dont la population dépasse un million d'habitants: Lyon, Marseille-Aix, Toulouse, Lille-Roubaix-Tourcoing, Bordeaux, et Nice. Il y a une quarantaine de villes qui comptent plus de 200 000 habitants. La croissance accélérée des villes et surtout des banlieues a contribué, depuis une trentaine d'années, à un problème d'urbanisme jusqu'alors relativement inconnu en France: la violence urbaine. Les mauvaises conditions de vie dans certaines zones pauvres et surpeuplées de la banlieue ont créé des tensions sociales depuis les années 1980, provoquant des affrontements violents entre des bandes de jeunes et la police. En 2008, le 19e arrondissement en particulier a été marqué par des tensions et des conflits violents entre communautés religieuses et ethniques, entre des groupes de jeunes de confession juive d'un côté, noirs et d'origine nord-africaine de l'autre.

La «fracture sociale» dans la banlieue

La banlieue désigne toutes les communes qui entourent les grands centres urbains en France, à Paris comme dans les villes de province. Les banlieues de ces villes comprennent des quartiers «bourgeois» et affluents ainsi que des quartiers «populaires» et pauvres. La politique de réorganisation urbaine de Georges Haussmann avait déjà opposé les quartiers bourgeois, situés de façon générale dans l'ouest et le sud de Paris, aux quartiers populaires où habitaient les ouvriers, dans le nord et l'est de la ville. Cette opposition s'est prolongée dans la banlieue au fur et à mesure que celle-ci s'est développée. Il faut dire que les questions de la pauvreté, du chômage des jeunes et de la précarité du travail ne sont pas limitées aux banlieues. Mais le chômage et l'échec scolaire frappent surtout les enfants des classes populaires, notamment ceux issus de l'immigration postcoloniale et vivant dans les «zones urbaines sensibles» (ZUS). Sur 751 ZUS dispersées sur le territoire français avec 4,6 millions d'habitants, les 157 ZUS dans la région parisienne abritent 1,3 million de personnes, y compris beaucoup de jeunes Français de deuxième et de troisième générations, touchés par la pauvreté et par la précarité sociale. A ces stigmates s'ajoutent souvent ceux de l'appartenance ethnique et religieuse. Les grands ensembles et les cités de ces quartiers, construits après 1950, renferment aujourd'hui une population d'origine étrangère, surtout de l'Afrique du Nord et de l'Afrique subsaharienne.

La crise économique mondiale, déclenchée en 2008, a augmenté la «fracture sociale» entre les jeunes issus de l'immigration et le reste de la société française. Le taux des jeunes (18 à 24 ans) qui vivent sous le seuil de pauvreté a atteint 22,5% en 2009. Dans certaines ZUS le taux dépasse 40%, alors qu'il est de 13,5% pour l'ensemble de la population française. Les jeunes non diplômés, ou peu diplômés, sont les plus fragilisés. Ils sont souvent exclus du marché du travail, ce qui les expose à un risque d'exclusion sociale durable. Dans les ZUS, il y a souvent des conflits entre les jeunes et la police. Cette fracture sociale a engendré une colère qui a provoqué en 2005 des émeutes dans les banlieues de France, les plus violentes agitations depuis mai 1968.

Ainsi, les émeutes de fin octobre – début novembre 2005 ont été déclenchées par la nouvelle de la mort, à Clichy-sous-Bois (Seine-Saint-Denis, Ile-de-France), de deux adolescents français issus de l'immigration. Les deux garçons, poursuivis par la Police nationale, ont été électrocutés dans un transformateur EDF (Electricité de France), où ils s'étaient cachés pour échapper à un contrôle d'identité. Dès le soir de cet accident, il y a eu des mouvements dans les rues de Clichy, avec des attaques contre les forces de l'ordre. Nicolas Sarkozy, ministre de l'Intérieur à l'époque et donc chef de la Police nationale, a déployé plusieurs centaines d'agents de police à Clichy pour mettre fin aux actes criminels des habitants, ce qui a déclenché des émeutes encore plus violentes. Pendant le premier week-end des émeutes, environ 70 voitures et des poubelles ont été incendiées et les émeutiers ont lancé des pierres contre la police. Les policiers ont réagi avec des balles en caoutchouc et des bombes à gaz lacrymogène. Pendant quinze nuits, des milliers de jeunes Français sont descendus dans les rues pour manifester contre ce qu'ils ont vu comme la brutalité et le racisme de la police et contre le taux de chômage très élevé de leur quartier. Au cours de la première semaine de novembre, les actes de violence et de vandalisme se sont étendus à d'autres communes de la Seine-Saint-Denis, puis à d'autres départements de la région parisienne. D'autres émeutes ont ensuite eu lieu dans les banlieues des villes de province (Lyon, Marseille, Lille, Toulouse, Strasbourg, Rouen, Dijon, entre autres). La violence urbaine a éclaté dans les quartiers les plus défavorisés du pays, quartiers où l'on trouve un taux élevé de chômage, de délinquance et d'échec scolaire, et une grande densité de logements sociaux et de populations issues de l'immigration. Les émeutiers en province, manifestant une solidarité avec leurs homologues parisiens, ont mis le feu à des écoles, à des usines et surtout à des voitures. Le bilan: 10 000 voitures brûlées, 300 bâtiments incendiés (écoles, gymnases, commerces), 4 700 personnes arrêtées. Sur plus de 11 000 policiers qui avaient été mobilisés, 126 ont été blessés pendant ces affrontements.

Il y a eu des perspectives différentes sur les évènements qui ont déclenché toutes ces émeutes. Sarkozy a annoncé à la presse que les jeunes gens étaient en train de commettre des actes criminels quand la police les a découverts, et que la police n'était pas responsable de la mort de ces garçons. Beaucoup de ses compatriotes pensaient de même. Certains ont qualifié ces évènements de simples actes de voyous. Les habitants du quartier qui connaissaient les victimes ont témoigné que les garçons n'avaient pas l'intention de commettre des actes criminels et ont soutenu que la police avait poursuivi ces jeunes seulement à cause de leur origine immigrée. Bien d'autres ont vu dans cette manifestation une explosion de colère face à une situation profondément injuste et insupportable. A la différence de leurs parents et grands-parents, venus en France pour chercher une meilleure vie qu'ils n'avaient dans leur pays d'origine, les jeunes habitants des ZUS sont désœuvrés, désespérés et défiants. Ils sont nés en France, ils ont fait leurs études en France, où on leur a appris que tout le monde doit être traité de façon égale. Quand l'égalité des chances ne se réalise pas pour eux, leur colère éclate. Cette population se voit comme victime du racisme et de la discrimination sociale.

En novembre 2007, à Villiers-le-Bel (Val-d'Oise, Ile-de-France), il s'est produit des émeutes violentes contre la police pendant deux nuits, suite à la mort de deux adolescents qui ont été renversés et tués par une voiture de police. Plus de cent policiers ont été blessés dans ces agitations. Prenons Villiers-le-Bel comme un exemple de ZUS: un taux de chômage qui dépasse 21%; près d'un tiers des citoyens non-diplômés; une proportion de familles monoparentales (22%) près du double de la moyenne francilienne; les deux tiers des familles habitent un logement social (subventionné par l'Etat); et un citoyen sur deux a moins de 25 ans.

Un autre exemple d'émeutes urbaines s'est déroulé en juillet 2013, dans la ville de Trappes (Yvelines, Ile-de-France). Une femme a été contrôlée par la police dans la rue. Elle était intégralement voilée, c'est-à-dire qu'elle portait un niqab, voile intégral ne laissant apparaître qu'une fente pour les yeux (depuis 2011 la loi interdit la dissimulation du visage dans l'espace public). Elle était accompagnée de son mari, un Français de 21 ans converti à l'islam.

D'après la police, cet homme s'opposait au contrôle d'identité et il a agressé un des policiers. Il a été arrêté et amené au commissariat de police. Selon le Collectif contre l'islamophobie en France (CCIF), qui a été contacté par la femme voilée après l'incident, son mari s'est opposé à des provocations de la police et a été molesté. En tout cas, le lendemain de l'incident, un groupe d'une trentaine d'individus s'est présenté au commissariat pour réclamer la mise en liberté du jeune homme. Après le refus de la police, ils ont contacté d'autres habitants par les réseaux sociaux, et en peu de temps la foule avait atteint plusieurs centaines de personnes. Les manifestants ont lancé des pierres et incendié des poubelles. Les forces de l'ordre ont répondu par des bombes à gaz lacrymogène. Les tensions ont provoqué trois nuits de violence. En novembre 2013, l'homme a été condamné à trois mois de prison avec sursis et 1 000 euros d'amende, par le tribunal correctionnel de Versailles. En janvier 2014, sa femme a été condamnée à un mois de prison avec sursis et 150 euros d'amende.

Les émeutes urbaines deviennent un phénomène récurrent dans les villes françaises depuis les années 1980, sous des gouvernements de gauche comme de droite. Les noms de certaines villes de banlieue, surtout dans la région lyonnaise (Vaulx-en-Velin) et dans la région parisienne (Mantes-la-Jolie et Clichy-sous-Bois) sont devenus célèbres pour cette raison. Les habitants de ces quartiers disent avoir l'impression que rien n'a changé depuis les émeutes de 2005: le taux de chômage y est toujours deux fois plus élevé que la moyenne nationale. L'incident à Trappes est loin d'avoir eu la même ampleur que les émeutes de 2005. Toujours est-il que les émeutes qui éclatent régulièrement dans les quartiers sensibles reflètent un profond mal-être social dans la vie urbaine en France.

I. Paris historique.

1. Quelles sont les deux personnes qui ont choisi Paris comme capitale de la France?
2. Paris est la capitale de la France, sans interruption, depuis combien de temps?
3. Comment s'appelaient les premiers habitants de l'île de la Cité?
4. Qui est la sainte patronne de la ville de Paris? Pourquoi?
5. Qui a fait construire la première enceinte de Paris?
6. Quel musée actuel était à l'origine une forteresse construite par Philippe-Auguste?
7. Quel monument, faisant partie de l'enceinte de Charles V, a été détruit à l'époque de la Révolution?
8. Quel monument a été construit par Napoléon pour célébrer ses victoires militaires?
9. Qui a aménagé la place de l'Etoile, les grands boulevards et le Bois de Boulogne?
10. Qu'est-ce qui a le plus contribué à l'accroissement de l'agglomération parisienne au début du XXe siècle?

II. Paris actuel.

1. Citez quelques monuments célèbres qui se trouvent sur la rive gauche de la Seine.
2. Citez quelques monuments célèbres qui se trouvent sur la rive droite de la Seine.
3. Quels sont les arrondissements les plus riches de Paris?
4. Quels sont les arrondissements les plus ethniques?
5. En quoi consiste le «nouveau» statut de Paris depuis 1977?
6. Qu'est-ce que la petite couronne et la grande couronne?
7. Le réseau de transports à Paris et dans sa banlieue est-il efficace? Expliquez.
8. Qu'est-ce que la fracture sociale?
9. Que sont les ZUS? Quels problèmes s'y rattachent?
10. Qu'est-ce que le Grand Paris Express?

III. Etes-vous d'accord? Sinon, justifiez votre réponse.

1. Paris est le centre du réseau de transports français.
2. Beaucoup de Parisiens sont originaires de province.
3. Paris a toujours été la résidence principale des rois.
4. Les principaux problèmes de Paris sont le logement et la circulation.
5. Paris est la première ville d'Europe.
6. La dernière enceinte autour de Paris a été construite par Adolphe Thiers.
7. Paris ne fait pas partie de la petite couronne.
8. Aujourd'hui, la porte d'Orléans est une station de métro.
9. Les cendres de Napoléon reposent au Panthéon.
10. La Défense est un grand quartier résidentiel de Paris.

IV. Caractérisez brièvement les lieux ou monuments suivants.

1. Le Marais
2. Le Quartier latin
3. le Centre Georges-Pompidou
4. l'île de la Cité
5. la place Charles-de-Gaulle
6. la butte Montmartre
7. le musée d'Orsay
8. La Défense
9. L'Opéra Bastille
10. L'Arc de Triomphe

V. Discussion.

1. Comparez les problèmes de logement et de transports auxquels Paris fait face avec ceux des grandes villes de votre pays.
2. La vie dans la banlieue des grandes villes de votre pays est-elle semblable à celle dans la banlieue de Paris?
3. Quels avantages ou désavantages voyez-vous à la vie dans une grande ville?
4. Quelles villes ont une grande richesse historique et culturelle dans votre pays?
5. Les émeutes qui ont éclaté dans la banlieue de la capitale se sont propagées aux banlieues d'autres villes de France. Pensez-vous qu'un même phénomène pourrait se produire dans votre pays?

🌐 **VI.** Vos recherches sur Internet.

Afin de faciliter vos recherches et de répondre à ces questions, consultez le site du livre sur www.cengagebrain.com.

1. Que fait la ville de Paris pour réduire la pollution, le bruit, encourager la propreté, etc. dans la capitale?

2. Que fait la ville de Paris pour aider ses habitants: jeunes, personnes âgées, handicapés, etc.? Donnez quelques exemples de services auxquels les habitants peuvent s'adresser.

3. Quel est le prix moyen, au mètre carré, d'une maison ou d'un appartement en Ile-de-France? (Rappel: 1 mètre carré est à peu près l'équivalent de 10,7 pieds carrés.)

4. Quelles expositions pouvez-vous voir en ce moment dans un musée à Paris? Cherchez quelques exemples.

5. Quels monuments pouvez-vous visiter à Paris? Si vous préférez les promenades, les espaces verts, où pouvez-vous vous rendre? Quelles activités culturelles pouvez-vous choisir de faire le soir?

Les Régions et les provinces

D'habitude, les Parisiens établissent une opposition entre Paris et «la province», c'est-à-dire le reste de la France. Quand une personne n'habite pas à Paris, elle habite en province, que ce soit dans la grande ville de Lyon ou dans un petit village des Alpes. Dans les années 1960, on parlait du contraste entre Paris et «le désert français» pour exprimer et pour dénoncer le déséquilibre économique qui existait entre la capitale et la province. De nos jours pourtant, cette disparité tend à disparaître, en partie grâce aux mesures prises par les pouvoirs publics pour décentraliser la France.

En réalité, il y a beaucoup de provinces. Ce sont des régions extrêmement différentes les unes des autres qui étaient autrefois indépendantes ou rattachées à un autre pays. La plupart des provinces ont été annexées par les Capétiens au cours du Moyen Age, mais d'autres, telles que la Corse et l'Alsace, ne sont devenues françaises que bien plus tard. Certaines provinces ont donc gardé leur culture particulière et même leur langue. D'autres ont conservé quelques éléments de leur folklore: des costumes, des fêtes religieuses, des danses et des sports. Les provinces ont cessé d'exister officiellement pendant la Révolution, mais elles existent encore du point de vue culturel dans l'esprit des Français.

En 1973, l'Assemblée nationale a créé la «Région» comme collectivité territoriale et la France a été divisée en 22 Régions pour contribuer au développement économique de la «province», pour décentraliser le pays et pour encourager une identité régionale chez les Français. Les Régions sont des unités administratives officielles et chaque Région regroupe plusieurs départements. Certaines Régions (comme la Bretagne, la Bourgogne et l'Alsace) sont plus ou moins identiques aux anciennes provinces. D'autres (comme le Centre, la Région Midi-Pyrénées et la Région Rhône-Alpes) regroupent

plusieurs anciennes provinces et ne correspondent à aucune identité historique ou culturelle. (En 2014, un projet de réforme territoriale, réduisant le
nombre de Régions de 22 à 14, a été proposé par François Hollande.) Les
Régions, bien qu'officielles, n'ont pas encore remplacé les provinces dans la

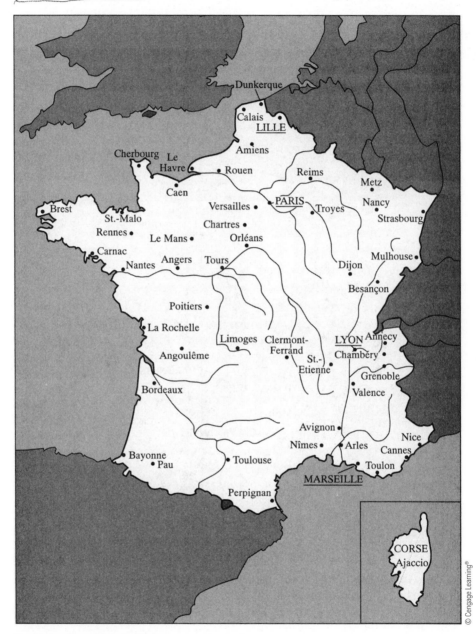

Les grandes villes de France

culture populaire: par exemple, un habitant de Tours dirait plutôt qu'il vient de Touraine ou qu'il est tourangeau mais ne dirait sans doute pas qu'il habite dans le Centre. Chaque Français, même celui qui «monte» à Paris, reste très attaché à son «pays», à sa «région» d'origine (mots qui existaient bien avant

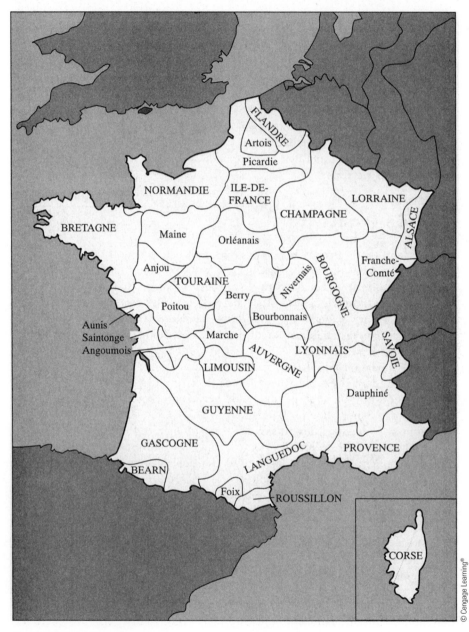

Les anciennes provinces

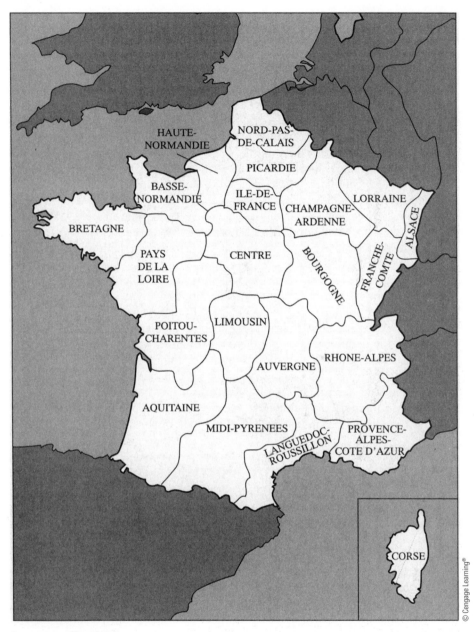

Les nouvelles Régions

la création des «Régions» officielles). Il a davantage le sentiment d'appartenir à sa province qu'à son département et plus à sa province qu'à sa Région (si les deux ne coïncident pas). Voilà pourquoi nous allons parler des provinces les plus importantes et non pas des Régions.

L'Ile-de-France

Aujourd'hui, l'Ile-de-France se compose des huit départements de la région parisienne (voir la carte dans le chapitre précédent). Entre le Moyen Age et la Révolution, l'Ile-de-France constituait le territoire royal, et on peut y voir encore aujourd'hui des vestiges de la monarchie: des forêts qui avaient été protégées par les rois et d'anciennes résidences royales (les châteaux de Versailles et de Fontainebleau). A l'intérieur de la basilique Saint-Denis, située dans la banlieue nord de Paris, on peut admirer les tombeaux des rois de France (la plupart des rois de France ont été inhumés dans la basilique). En Ile-de-France, on fabrique un fromage de grande renommée, le brie, dont il y a deux variétés (le brie de Melun et le brie de Meaux). L'Ile-de-France est le pays natal de beaucoup d'écrivains: Madame de Sévigné, George Sand, Molière, Baudelaire, Voltaire, Gide et Sartre—ainsi que du compositeur Debussy, des peintres Delacroix et Monet, et du sculpteur Rodin.

Aujourd'hui, l'Ile-de-France, dont la superficie représente seulement 2% du territoire national, contient 20% de la population, une densité sept fois plus grande que celle de Lyon, la deuxième ville française. En Ile-de-France se trouve l'aéroport Paris-Charles-de-Gaulle (appelé communément «Roissy»), la plate-forme de correspondance aérienne la plus importante d'Europe. Pour le trafic aérien, il se place en première position en Europe et en deuxième par le nombre de passagers. L'Ile-de-France est la première région industrielle française. Le budget de cette région est équivalent à celui de toutes les autres régions réunies. Les habitants de l'Ile-de-France, les Franciliens, n'ont pas conscience de leur particularité, à la différence de ceux qui habitent dans d'autres provinces. Ils sont «parisiens» et ils ont en commun leurs inquiétudes relatives aux problèmes de l'urbanisme: la pénurie de logement, la circulation, la pollution de l'environnement.

La Flandre (Région: Nord-Pas-de-Calais)

La Flandre est une province à cheval sur la frontière belge, dans le nord de la France. La Flandre est une petite région, mais elle est très peuplée et très industrialisée. Il y avait autrefois beaucoup de mines de charbon en Flandre, ce qui lui a valu le nom de «Pays noir». Aujourd'hui, toutes les mines sont fermées, ce qui explique le problème du chômage dans cette région. Pourtant, la situation économique est en train de s'améliorer, grâce à la «ré-industrialisation»: de nouveaux secteurs se sont développés, comme l'industrie électronique. La réalisation du tunnel, que les Français et les Anglais ont construit sous la Manche et qui a été mis en service en 1994, a créé de nombreux emplois et a relancé l'économie de cette région. La ville la plus importante de cette Région est Lille, dont l'agglomération compte plus d'un million d'habitants, ce qui en fait la cinquième ville de France. L'économie lilloise bénéficie de la situation de la ville au carrefour de trois grandes capitales (Paris, Bruxelles et Londres) qui sont reliées par le train à grande vitesse (TGV). Lille est la ville natale de Charles de Gaulle.

En Flandre, on trouve un bon nombre de brasseries et les Flamands produisent beaucoup de bière. La langue régionale est le flamand, qui se parle, ainsi que le français, de part et d'autre de la frontière belge. Le néerlandais, forme écrite du dialecte flamand, est enseigné à l'université de Lille. Dans la Flandre maritime, ou le Westhoek (ce qui veut dire «le coin de l'ouest» en flamand), on trouve les grands ports de Dunkerque, Boulogne et Calais, qui servent de liens pour le transport maritime entre la France et l'Angleterre.

● La Normandie (deux Régions: Haute-Normandie et Basse-Normandie)

Au début de l'époque féodale (Xe siècle), la vallée de la Seine a été pillée par des pirates scandinaves qui s'appelaient les Normands (les «hommes du Nord» ou les Vikings). Même la ville de Paris a été attaquée. Pour mettre fin à ces pillages périodiques, le roi de France a signé un traité en 911 avec Rollon, le chef des Normands, et lui a accordé un grand territoire entre l'Ile-de-France et la Manche, que les Normands occupaient déjà. Ce traité a donné naissance à la Normandie, dont Rollon est devenu le premier duc. Les Normands ont adopté la langue française et la religion chrétienne. Au siècle suivant, en 1066, Guillaume le Conquérant, duc de Normandie, a traversé la Manche avec ses armées et a fait la conquête de l'Angleterre. Guillaume est devenu roi d'Angleterre. La tapisserie de Bayeux, qui représente graphiquement la victoire de Guillaume dans la bataille de Hastings, reste une des œuvres d'art les plus célèbres du Moyen Age. Grâce aux Normands, la langue française s'est implantée en Angleterre, et voilà pourquoi tant de mots anglais sont d'origine française. La Normandie est redevenue célèbre au XXe siècle: pendant la Deuxième Guerre mondiale, les Alliés ont décidé de débarquer en Normandie pour entreprendre la libération de la France. Cette invasion, commencée le 6 juin 1944, a malheureusement détruit une bonne partie des villes normandes. On peut voir en particulier des témoignages de cette invasion à Omaha Beach: des «blockhaus» allemands, qui demeurent sur la plage, et le cimetière militaire américain où sont enterrés 10 000 soldats.

Aujourd'hui, la Normandie est à la fois une région industrielle et agricole. Il y a plusieurs grandes villes dans cette région. Le Havre est un grand port maritime situé près de l'embouchure de la Seine. Rouen, port fluvial, est la ville où Jeanne d'Arc a été brûlée en 1431. La ville de Rouen est réputée pour sa cathédrale qui abrite un carillon de 56 cloches. Caen était la résidence de Guillaume le Conquérant, même après la conquête de l'Angleterre. L'université de Caen, qui date du Moyen Age, a été très endommagée pendant la Deuxième Guerre mondiale et entièrement reconstruite après la Libération. La Normandie est renommée pour ses pommes, son cidre (qui remplace le vin dans les repas normands) et son calvados (un alcool à base de pommes). La Normandie est aussi le pays des produits laitiers (le beurre et les fromages, notamment le camembert et le pont-l'évêque). A la limite de la Normandie et de la Bretagne se trouve la magnifique abbaye médiévale du Mont-Saint-Michel, «merveille de l'Occident», entourée de son petit village. Deux fois par jour, pendant la marée haute, le Mont-Saint-Michel se trouve entouré d'eau et forme une île. C'est un des sites les plus visités de France. Un autre site très visité est la maison du peintre Claude Monet, à Giverny (voir Galerie de photos, n° 6). La Normandie est le pays natal des écrivains Corneille, Flaubert et Maupassant.

⬡ La Bretagne

Les Bretons, peuple celtique, se sont installés dans cette partie de la France au Ve siècle, après avoir été chassés de Grande-Bretagne par les Anglo-Saxons. Séparée du reste de la France pendant tout le Moyen Age, la Bretagne reste attachée à sa civilisation celtique. Elle a, encore aujourd'hui, un caractère hautement individualisé. Sa langue régionale est le breton, qui est parlé par de nombreux Bretons, et l'université de Rennes est connue pour ses études celtiques. Il existe un mouvement autonomiste en Bretagne et une certaine méfiance envers la centralisation parisienne.

Peu industrialisée, la Bretagne est une des provinces les plus pauvres. C'est la première région pour les productions agricoles, surtout les élevages (porc, volailles). Mais sa grande ressource, c'est la mer: le commerce maritime et la pêche, surtout des fruits de mer, sont les activités économiques les plus importantes. Brest est un grand port militaire, mais les autres villes maritimes sont des ports de pêche. L'industrie la plus célèbre est la manufacture de la dentelle bretonne, fabriquée un peu partout en Bretagne. Le tourisme joue aussi un rôle dans la vie économique de cette province: le climat doux, les belles plages et la pêche attirent des milliers d'estivants. Beaucoup de vacanciers viennent aussi pour visiter la ville fortifiée de Saint-Malo, ainsi que les 3 000 menhirs de Carnac, qui datent de 2 000 ans avant J.-C. Carnac est un des sites préhistoriques les plus célèbres d'Europe, avec Stonehenge en Angleterre. D'autres touristes viennent faire des pèlerinages pendant les fêtes religieuses, comme celle de Sainte-Anne-d'Auray. La Bretagne est une des provinces les plus catholiques de France et on trouve des calvaires le long des petites routes et aux carrefours. Les touristes y viennent aussi pour le folklore breton et pour voir les fêtes et les costumes traditionnels. La Bretagne est le pays natal de Chateaubriand.

⬡ La Touraine (Région: Centre)

La Loire et ses affluents ont fait de la Région du Centre une des principales régions françaises productrices d'énergie nucléaire. Bien que la Touraine se trouve dans la Région du Centre et non pas dans celle des Pays de la Loire (plus à l'ouest), les Français considèrent la Touraine comme le pays des châteaux de la Loire. A cause de ses beaux paysages, son climat doux, sa verdure, ses fleurs et ses fruits, la Touraine s'appelle «le jardin de la France». Chaque année, elle attire deux millions d'estivants qui viennent pour la pêche, la chasse et surtout pour visiter les châteaux (Amboise, Chambord, Chenonceau, Azay-le-Rideau, etc.).

La Place Plumereau est le centre du vieux Tours.

La Touraine est aussi connue pour ses vignobles qui produisent des vins rouges, comme le Bourgueil, et des vins blancs, comme le Vouvray.

Tours est la capitale de la Touraine. A l'époque gallo-romaine, Tours était un centre du christianisme et Saint Martin a évangélisé les Tourangeaux et la campagne tourangelle. Au Moyen Age, Tours était connu pour le culte de Saint Martin et aujourd'hui on peut encore voir son tombeau qui se trouve dans la basilique Saint Martin. La Touraine est associée à la dynastie des Valois. C'est au château de Chinon que Jeanne d'Arc est allée trouver le dauphin, Charles VII, pendant la guerre de Cent Ans, pour lui dire qu'elle avait entendu des voix lui commandant de libérer la France. Aux XVe et XVIe siècles, la Touraine a vu l'introduction de la Renaissance italienne en France, grâce à François Ier. Ce roi Valois a invité Léonard de Vinci au château d'Amboise, où l'artiste a passé ses dernières années et où aujourd'hui on peut visiter son tombeau. La Touraine est le pays natal de Rabelais, de Ronsard et de Balzac.

● La Guyenne et la Gascogne (Région: Aquitaine)

Ces deux grandes provinces sont souvent réunies parce qu'elles ont été sous la domination anglaise du XIIe siècle jusqu'à la fin de la guerre de Cent Ans (300 ans) et parce qu'elles étaient gouvernées ensemble pendant les derniers siècles de l'Ancien Régime (période historique avant la Révolution). C'est le pays natal de Montaigne, de Montesquieu et de Mauriac. C'est en Guyenne que se trouve la grotte de Lascaux, avec ses peintures préhistoriques, découvertes en 1940, qui prouvent l'existence d'êtres humains dans cette région il y a 20 000 ans. En Gascogne, on trouve la vaste forêt des Landes, la plus grande d'Europe occidentale, où l'exploitation du bois est une industrie importante. Les stations balnéaires le long de la Côte d'Argent attirent beaucoup de touristes. La plus grande ville est Bordeaux, qui était déjà une ville importante quand les Romains sont arrivés en Gaule, et il y a toujours des ruines romaines dans la ville. La région bordelaise doit sa réputation mondiale aux vignobles, qui ont été plantés par les Romains. Grâce au commerce des vins, Bordeaux est devenu un grand port dès le XVIIIe siècle. L'université de Bordeaux, qui date du Moyen Age, est réputée pour ses études gasconnes et basques. A l'est de Bordeaux se trouve le Périgord, petite région qui est réputée pour sa gastronomie: c'est le pays des truffes, du foie gras et de l'armagnac (alcool très renommé).

● Le Béarn (Région: Aquitaine)

Le Béarn se trouve à l'extrême sud-ouest de la France, dans les Pyrénées occidentales. La capitale historique de cette province est la ville de Pau, où Henri IV est né. Le Béarn comprend le pays basque, dont la plus grande partie se trouve en Espagne. Nous ne savons pas d'où viennent les Basques, ni quelle est l'origine de leur langue. La ville la plus importante de cette Région est Bayonne, où l'on peut visiter le Musée basque. Comme la Bretagne, le pays basque est profondément marqué par la religion catholique et par un mouvement autonomiste. Et comme en Bretagne, le tourisme joue un rôle économique important: Biarritz, une belle station balnéaire, attire des milliers d'estivants sur ses plages. Le pays basque est le pays natal du compositeur Ravel.

● Le Limousin et l'Auvergne

Bien que chacune de ces deux petites provinces constitue une Région différente, elles sont souvent réunies parce qu'elles se partagent le Massif central et un climat montagnard assez rude. Victimes de l'exode rural, le Limousin et l'Auvergne sont des régions dépeuplées. Le Limousin est, en fait, la plus petite des Régions et celle qui a la plus faible population. Sa capitale historique, Limoges, est la ville natale du peintre Renoir. Limoges est surtout connue aujourd'hui pour l'industrie de la porcelaine. L'Auvergne est dominée par la chaîne des Puys, des volcans éteints. On y trouve de nombreuses stations thermales. La plus célèbre est à Vichy. Cette ville a été le siège du gouvernement français pendant la Deuxième Guerre mondiale, mais elle est surtout connue aujourd'hui pour son eau minérale. La plus grande ville d'Auvergne est Clermont-Ferrand. Cette ville est importante pour la production du caoutchouc et des pneus par la société Michelin, implantée là depuis le

XVIIIe siècle. Michelin s'est aussi attiré une renommée mondiale par la publication de ses cartes routières et de ses guides touristiques. L'Auvergne est le pays natal de l'écrivain Pascal. L'Auvergne est célèbre aussi pour ses dentelles et pour ses fromages, notamment le bleu d'Auvergne et le cantal.

● Le Languedoc (Région: divisé entre Midi-Pyrénées et Languedoc-Roussillon)

Cette vaste province du sud doit son nom à la langue d'oc qui s'y parlait au Moyen Age, en opposition à la langue d'oïl qui se parlait dans le nord de la France. A l'époque de Philippe-Auguste, cette province, encore indépendante de la France, avait une civilisation très raffinée et était convoitée par les rois de France. Les habitants pratiquaient une forme particulière du christianisme qu'on appelait «l'hérésie cathare» et dont le centre était la ville d'Albi (voir Galerie de photos, n° 7). En 1208, le pape a lancé une croisade contre les hérétiques albigeois et une armée française a entrepris le massacre et le pillage de cette province. A la fin de cette croisade, le Languedoc a été rattaché à la France.

Aujourd'hui, la langue régionale du Languedoc est l'occitan. Toulouse est la capitale historique de cette civilisation occitane et l'université de Toulouse est un grand centre d'études occitanes. La vie économique de Toulouse, quatrième ville de France, est dominée par l'industrie aéronautique: elle est renommée pour la construction des avions Airbus et des fusées spatiales Ariane. Une autre grande ville est Montpellier, dont l'université et la réputation intellectuelle remontent au Moyen Age. Les touristes viennent dans le Languedoc pour visiter Albi, ainsi que la ville médiévale fortifiée de Carcassonne. Les vacanciers qui font le trajet en voiture entre la région parisienne et la partie ouest de la côte méditerranéenne peuvent, depuis 2004, emprunter le viaduc de Millau (Aveyron), le pont autoroutier le plus élevé du monde (voir Galerie de photos, n° 8). Le roquefort et l'eau minérale Perrier sont parmi les produits les plus connus du Languedoc. La vie économique du Languedoc dépend en grande partie de la viticulture. Bien que les vins du Languedoc ne soient pas aussi connus que les vins de Bordeaux ou de Bourgogne (il s'agit surtout de «vins de table» et de «vins de pays»), cette province est reconnue comme le premier vignoble français de par sa superficie. Le Languedoc est le pays natal du peintre Toulouse-Lautrec, dont plus de mille œuvres sont conservées dans le musée d'Albi.

● Le Roussillon (Région: Languedoc-Roussillon)

Le Roussillon, c'est la partie française de la Catalogne, région qui se prolonge au-delà de la frontière espagnole et dont la ville de Barcelone fait également partie. Le catalan est la langue régionale et la capitale de cette civilisation catalane est Perpignan. La vie à Perpignan ressemble beaucoup à la vie espagnole (il y a, par exemple, des «corridas» de taureaux). Le long de la côte méditerranéenne du Roussillon, sur la Côte Vermeille, se trouvent de jolis petits ports très visités, tels que Collioure, autrefois fréquenté par les artistes (voir Galerie de photos, n° 9).

● La Provence
(Région: Provence-Alpes-Côte d'Azur)

Cette province doit son nom au terme latin «Provincia romana», nom que les Romains ont donné à leur première province en Gaule au premier siècle avant J.-C. C'est ici qu'on trouve les vestiges les plus nombreux de l'époque gallo-romaine: des arènes, des aqueducs, des amphithéâtres, surtout à Orange, à Nîmes et à Arles, villes qui attirent beaucoup de touristes. Au XIVe siècle, le roi Philippe le Bel, après une dispute avec le Vatican, a établi le siège de la papauté à Avignon et cette ville a été la résidence de sept papes au cours du siècle. Aujourd'hui, les touristes y viennent pour visiter le palais des papes et pour voir le célèbre pont d'Avignon, construit pour traverser le Rhône mais partiellement détruit aujourd'hui. La Camargue, région où se forme le delta du Rhône, est renommée pour l'élevage des chevaux et pour la culture du riz. Marseille, la troisième ville de France et le premier port, est de loin la ville la plus ancienne et a été fondée par les Grecs au VIe siècle avant J.-C. sous le nom de Massilia. Ancien port colonial, Marseille est le point d'ouverture sur la Méditerranée et sur le monde musulman de l'Afrique du Nord. Le quartier commerçant autour du Vieux Port est traversé par la fameuse Canebière, un boulevard très animé (voir Galerie de photos, n° 10). Pas loin de Marseille se trouve la petite ville d'Aix-en-Provence. Ancienne capitale de la Provence, Aix est aujourd'hui le site d'une grande université et, en été, d'un festival de musique de grande renommée. A Grasse, plus à l'est, se trouve le centre de l'industrie de la parfumerie, pour laquelle la France est mondialement connue.

Mais ce qui attire surtout les estivants en Provence, c'est la Côte d'Azur, la partie de la côte méditerranéenne qui s'étend de Toulon jusqu'à la frontière italienne. Favorisée par le climat méditerranéen malgré le mistral, la Côte d'Azur possède les stations balnéaires les plus célèbres de France: Saint-Tropez, Sainte-Maxime, Saint-Raphaël, Cannes, Nice, parmi tant d'autres (voir Galerie de photos, n° 11, 12, 13 et 14). Cannes a une réputation mondiale grâce à son festival du film et Nice attire beaucoup de touristes pour le carnaval en février. Pays des plages ensoleillées, la Provence est connue aussi pour sa gastronomie et pour ses vins, tels que le châteauneuf-du-pape. Certains Provençaux parlent provençal, un dialecte régional de l'occitan. La Provence est le pays natal des écrivains Daudet, Mistral, Pagnol et Zola, ainsi que du peintre Cézanne.

Les arènes romaines à Arles (Provence)

Le Lyonnais et la Savoie (Région: Rhône-Alpes)

La Région Rhône-Alpes est la deuxième région par sa superficie, la deuxième région sur le plan économique et la région la plus peuplée après l'Ile-de-France. Les centrales nucléaires autour du Rhône fournissent une part importante de l'électricité du territoire. Le Lyonnais est la province de la ville de Lyon, qui a toujours rivalisé avec Paris. Quand Jules César est arrivé à Lyon avec ses armées, il y a trouvé une ville gauloise déjà importante et, sous la domination romaine, Lyon est devenue une ville prospère, comme Lutèce. Au Moyen Age, Lyon était le centre de l'industrie du tissage de la soie et de nos jours, l'industrie textile est encore un des secteurs importants dans la vie économique de la ville. A l'époque de la Renaissance, Lyon était un grand centre intellectuel et artistique. Aujourd'hui, Lyon est la deuxième ville de France, et comme Lille, Lyon est bien situé pour profiter du dynamisme économique de la coopération européenne. La gastronomie lyonnaise est très renommée et certains n'hésitent pas à considérer la ville de Lyon comme la capitale mondiale de la gastronomie. Lyon est la ville natale des poètes Louise Labé et Maurice Scève ainsi que du romancier Saint-Exupéry.

La Savoie, province alpine, comprenait au Moyen Age la ville suisse de Genève et la ville provençale de Nice. Elle a été la dernière province à devenir française, en 1860, sous le Second Empire. C'est aussi dans cette région, située entre le lac Léman et les Alpes, que se trouve le mont Blanc, le plus haut sommet d'Europe (4 807 mètres), qui est couvert de neiges éternelles. La capitale historique de la Savoie est Chambéry. La station thermale d'Evian-les-Bains,

La place Bellecour à Lyon

sur le bord du lac Léman, fournit de l'eau minérale à toute la France. Mais le tourisme est surtout important à cause des stations de ski, telles que Chamonix, capitale des sports d'hiver et de l'alpinisme. Chamonix a été le premier site des jeux olympiques d'hiver, en 1924. Une autre ville savoyarde, Albertville, a rempli cette fonction en 1992. Un fromage très connu, la tomme de Savoie, est fabriqué dans cette province.

● La Bourgogne

L'histoire de la Bourgogne est marquée, à l'époque romaine, par la défaite de Vercingétorix, chef des Gaulois, vaincu par Jules César en 52 avant J.-C. à la bataille d'Alésia. Au Moyen Age, la Bourgogne est devenue un duché très riche et important. Pendant la guerre de Cent Ans, les ducs de Bourgogne ont rivalisé avec les rois de France. Ce sont les Bourguignons qui ont capturé Jeanne d'Arc et qui l'ont livrée à leurs alliés anglais. Dijon, capitale historique de cette province, a été longtemps hostile au roi de France et la Bourgogne n'a été rattachée au royaume de France qu'à la fin du XVe siècle. La vie religieuse a joué un grand rôle dans l'histoire de la Bourgogne et l'on peut toujours y visiter les ruines des monastères médiévaux, tels que l'abbaye de Cluny et l'abbaye de Cîteaux. Aujourd'hui, la gastronomie bourguignonne jouit d'une renommée mondiale. Dijon, la seule grande ville de la province, est connue pour

La ville de Dijon est célèbre pour sa moutarde

ses industries alimentaires, surtout celle de la moutarde qui est célèbre dans le monde entier. Mais ce qui joue le rôle le plus important dans la vie économique de la Bourgogne, ce sont les vignobles qui produisent des vins très connus: le beaujolais, le mâcon-villages, le pouilly-fuissé et le chablis. La Bourgogne est le pays natal de Lamartine et de Colette.

● La Champagne (Région: Champagne-Ardenne)

Le nom de cette province s'identifie immédiatement au vin pétillant qui y est produit et qui a une réputation mondiale. Le champagne est devenu un synonyme de fête et il accompagne les mariages et les fêtes de toutes sortes dans le monde entier. La méthode pour produire ce vin a été inventée au XVIIIe siècle par un moine qui s'appelait Dom Pérignon et aujourd'hui, ce nom est celui d'une des marques de champagne les plus célèbres. La production du champagne, une des grandes ressources économiques de cette province, emploie des milliers de personnes dans la région. Cette production est concentrée dans le «triangle sacré» entre Reims, Epernay et Châlons-en-Champagne. L'essentiel de l'activité économique de la région est tourné vers l'agriculture. L'ancienne capitale de la Champagne est Troyes, ville qui existait déjà à l'époque gauloise. La plus grande ville champenoise est Reims. C'est à Reims que Clovis a été baptisé en 496 et à cause de cet évènement, la ville de Reims a toujours été associée à la tradition monarchique. A partir de 987, presque tous les rois de France ont été sacrés à Reims et la cathédrale renferme beaucoup de trésors provenant de l'Ancien Régime. La Champagne est le pays natal de Racine, de La Fontaine, de Diderot et de Rimbaud.

La cathédrale de Reims (Champagne)

La Lorraine

La Lorraine, qui forme une bonne partie de la frontière «artificielle» avec l'Allemagne, le Luxembourg et la Belgique, est une province qui était autrefois très riche en ressources naturelles, comme le fer et le charbon. C'est une région très industrialisée qui produisait une bonne part de l'acier français — une industrie qui est actuellement en crise. Comme d'autres vieilles régions industrielles, la Lorraine a beaucoup souffert depuis les années 1970. Toutes les mines de fer et de charbon ont été fermées, entraînant un taux élevé de chômage. L'économie est actuellement en train de se renouveler. L'énergie (dont la plus grande centrale solaire de France) et l'automobile figurent parmi les nouvelles activités industrielles de la Lorraine. Comme l'Alsace, c'est une province qui a été longtemps disputée par l'Allemagne (une partie de la Lorraine — la Moselle — était allemande entre la défaite française en 1870 et l'armistice de 1918). Il y a plusieurs stations thermales qui fournissent de l'eau minérale, telles que Contrexéville et Vittel. Un autre produit lorrain très réputé est le cristal de Daum et de Baccarat. La capitale historique des ducs de Lorraine est la ville de Nancy. La Lorraine est le pays natal de Jeanne d'Arc et du poète Verlaine. Charles de Gaulle a choisi la croix de Lorraine comme symbole de la Résistance. Parmi les spécialités culinaires de cette province, il faut mentionner la quiche lorraine, très appréciée aux Etats-Unis.

L'Alsace

Située entre les Vosges et le Rhin, l'Alsace est le symbole de la querelle historique entre la France et l'Allemagne. A partir du partage de l'empire carolingien, l'Alsace a été rattachée à l'empire germanique. Huit siècles plus tard, au XVIIe siècle, elle est devenue française, jusqu'en 1870 quand Bismarck l'a annexée après la guerre avec Napoléon III. L'Alsace et une partie de la Lorraine — la Moselle — sont restées allemandes jusqu'en 1918, après la Première Guerre mondiale. Ces deux provinces ont été annexées de nouveau par l'Allemagne pendant la Deuxième Guerre mondiale (1940–1944). La langue régionale est l'alsacien, un dialecte de l'allemand.

Aujourd'hui, il y a en Alsace de nombreuses brasseries qui produisent des bières célèbres, comme la Kronenbourg. Les vins d'Alsace sont surtout des vins blancs, comme le riesling et le sylvaner. Mais l'Alsace est aussi une grande région industrielle, dont le centre textile est Mulhouse. Le centre touristique de la civilisation alsacienne est la petite ville de Colmar. La plus grande ville est Strasbourg, capitale alsacienne. Situé sur le Rhin, Strasbourg est le deuxième port fluvial de France. La cathédrale de Strasbourg, la plus haute des cathédrales gothiques, est célèbre pour sa tour unique. L'université de Strasbourg est la seule en France à posséder deux facultés de théologie, l'une catholique et l'autre protestante (ceci parce qu'en 1905, quand la séparation de l'Eglise et de l'Etat a été votée, l'Alsace ne faisait pas partie de la France). Strasbourg, siège du Parlement européen, est une des capitales de l'Union européenne.

Une des grandes écoles les plus prestigieuses, l'Ecole nationale d'administration (ENA) a été transférée à Strasbourg en 1993. La spécialité culinaire régionale est la choucroute, très appréciée partout en France. L'Alsace est le pays natal du théologien Albert Schweitzer et du sculpteur Frédéric Bartholdi, le créateur de la statue de la Liberté.

● La Corse

Cette île de la Méditerranée, située à 200 km de Nice, était une province italienne qui a été cédée à la France au XVIIIe siècle. La langue régionale, le corse, est un dialecte de l'italien. Du fait de ses beaux paysages et de ses belles plages, on l'appelle «isola bella» en corse ou «île de Beauté». Le tourisme est une activité très importante, car la Corse est considérée comme une extension de la Côte d'Azur. Il n'y a aucune activité industrielle, mais il y a des plages, des montagnes et des ports de plaisance qui attirent les estivants. La capitale de la province est Ajaccio, ville natale de Napoléon Bonaparte (voir Galerie de photos, n° 15). Comme la Bretagne et le pays basque, la Corse se caractérise par sa pauvreté, la relative importance de la religion catholique et un mouvement autonomiste important. Il y a souvent en Corse des actes terroristes contre l'Etat français. La Corse a tant revendiqué son unicité qu'elle a obtenu un statut administratif particulier.

● La France d'outre-mer

Tout ce que nous avons décrit jusqu'ici ne concerne que la Métropole, c'est-à-dire la France européenne, y compris la Corse. Mais il y a aussi des parties de la France qui ne se trouvent pas en Europe. Sur 101 départements, 96 sont métropolitains. Il y a donc cinq Départements d'Outre-Mer (les DOM), auxquels le statut de département a été accordé pour la première fois en 1946 (Mayotte est devenue un département en 2011). Deux d'entre eux se trouvent près de l'Amérique du Nord: (1) la Martinique et (2) la Guadeloupe sont deux îles dans la mer des Caraïbes, près de Porto Rico. Le troisième, la Guyane, se trouve sur la côte nord de l'Amérique du Sud. Le quatrième, la Réunion, et le cinquième, Mayotte, sont des îles qui se trouvent au large de l'Afrique, dans l'océan Indien. En plus des cinq DOM, il y a des Collectivités d'Outre-Mer (les COM), qui n'ont pas le même statut que les départements. Certaines de celles-ci se trouvent dans l'océan Pacifique: la Nouvelle-Calédonie, la Polynésie française (dont Tahiti), et Wallis-et-Futuna. Il y a d'autres collectivités dans la mer des Caraïbes, les Antilles françaises (Saint-Barthélemy et Saint-Martin), et dans l'Atlantique il y a Saint-Pierre-et-Miquelon, situé à l'embouchure du fleuve Saint-Laurent, près du Canada. Pour faire une comparaison avec les Etats-Unis, les DOM correspondent à l'Alaska et à Hawaï, qui ont le même statut que les 48 États contigus. Les COM correspondent à Porto Rico ou à

Des étudiants français à la Réunion

Guam, qui n'ont pas le statut d'État. Quand on parle de la France, on a trop souvent tendance à oublier ces territoires qui ne sont pas métropolitains. Ce sont les seuls vestiges de l'ancien empire colonial français.

● La gastronomie régionale

La gastronomie tient une place importante dans la vie quotidienne des Français. Si les provinces existent encore du point de vue culturel, c'est en partie parce que les Français identifient telle ou telle province avec ses traditions gastronomiques. Certaines provinces — l'Ile-de-France, la Touraine et la Champagne — n'ont pas vraiment de cuisine régionale, parce que leurs plats traditionnels (comme le bifteck accompagné de frites) sont devenus la base de la cuisine française. D'autres, comme la Provence, la Bourgogne et l'Alsace, sont renommées pour leurs traditions culinaires. Beaucoup de spécialités portent le nom de la ville ou de la province où elles sont nées. Les spécialités d'une province sont souvent basées sur les produits régionaux. Voici une liste de plusieurs spécialités culinaires des provinces:

la Flandre	la carbonnade flamande, le lapin aux pruneaux
la Normandie	le gigot de prés-salés, les tripes à la mode de Caen
la Bretagne	le far breton, les crêpes
la Guyenne	les écrevisses à la bordelaise, l'entrecôte bordelaise
le Béarn	le jambon de Bayonne, la garbure, le poulet basquaise
le Limousin	le clafoutis
le Languedoc	le cassoulet
la Provence	la bouillabaisse provençale, la ratatouille niçoise
le Lyonnais	les pommes de terre lyonnaises
la Savoie	les quenelles de brochet, la fondue savoyarde
la Bourgogne	le bœuf bourguignon, le saupiquet, la gougère
la Lorraine	la potée lorraine, la quiche lorraine
l'Alsace	les saucisses de Strasbourg, la choucroute garnie
la Corse	le castagnacci

www.cengagebrain.com

I. Chacune des villes suivantes est la capitale historique d'une province. Identifiez la province dans chaque cas.

1. Toulouse
2. Tours
3. Nancy
4. Caen
5. Perpignan
6. Ajaccio
7. Strasbourg
8. Dijon
9. Rennes
10. Limoges
11. Reims
12. Lyon

II. Quelle province est associée à:

1. la Côte d'Azur
2. les fruits de mer
3. la choucroute
4. la bière
5. les sports d'hiver
6. le camembert
7. la moutarde
8. le «jardin de la France»
9. l'île de Beauté
10. le palais des papes
11. Dom Pérignon
12. le calvados
13. le charbon
14. la quiche
15. le Vittel
16. les résidences royales
17. les châteaux de la Loire
18. le pays basque
19. les Landes
20. les puys
21. le mistral
22. le chablis

III. Répondez aux questions suivantes.

1. Dans quel but le système des Régions a-t-il été créé?
2. En quoi une Région et un département sont-ils différents?
3. Est-ce que les Français ont conscience d'appartenir à une Région officielle? Expliquez.
4. Quelle région contient 20% de la population française?
5. Quelle région possédait beaucoup de mines de charbon?
6. Quelle est la région dont l'activité économique la plus importante est la pêche?
7. Quelle région s'appelle le «jardin de la France»?
8. Quelle région possède le plus de stations balnéaires célèbres?
9. Quelle région produit le vin le plus célèbre de France?
10. Quelle région produit les deux tiers de l'acier français?

11. Dans quelle région se trouvent les menhirs de Carnac?

12. Dans quelle région se trouve la plus grande forêt de l'Europe occidentale?

13. Quelle est la région dont l'activité économique la plus importante est l'industrie textile?

14. Qu'est-ce qu'un DOM? Qu'est-ce qu'une COM?

15. En quoi la ville de Strasbourg est-elle importante du point de vue de l'Union européenne?

IV. Etes-vous d'accord? Sinon, justifiez votre réponse.

1. De par sa superficie, l'Ile-de-France représente une région importante.

2. La Flandre est surtout une région agricole.

3. La tapisserie de Bayeux se trouve en Alsace.

4. La Bretagne est une région où la religion catholique est très importante.

5. La vie économique du Roussillon dépend de son industrie aéronautique.

6. La Région Rhône-Alpes est une des régions les plus peuplées de France.

7. Quand on va en Provence, on peut visiter le palais des papes.

8. La vie économique du Languedoc dépend de la viticulture.

9. La ville de Vichy est célèbre pour ses stations thermales.

10. La Savoie est une région montagneuse.

11. Le viaduc de Millau est le pont le plus long de Normandie.

V. Choisissez la meilleure réponse.

1. Lequel de ces sites ou villes ne se trouve pas en Normandie?
   a. le Mont-Saint-Michel c. Rouen
   b. Le Havre d. Rennes

2. Dans laquelle de ces régions ne trouve-t-on pas un mouvement autonomiste?
   a. le pays basque c. la Corse
   b. la Touraine d. la Bretagne

3. Laquelle de ces régions ne produit pas de vin?
   a. la Guyenne et la Gascogne c. l'Alsace
   b. le Limousin et l'Auvergne d. la Provence

4. Quelle a été la dernière province à devenir française?
   a. le Roussillon c. la Savoie
   b. le Béarn d. l'Alsace

5. Laquelle de ces îles n'est pas un département français?
   a. la Réunion c. la Guadeloupe
   b. la Nouvelle-Calédonie d. la Martinique

VI. Discussion.

1. Quelles sortes de «régions» ou «provinces» y a-t-il dans votre pays?
2. Avez-vous le sentiment d'appartenir d'abord à une «région» ou une «province» plutôt qu'à un pays?
3. En quoi consiste la richesse d'une région ou d'une province, d'après vous?
4. Quelles caractéristiques principales voyez-vous à chaque «région» ou «province» de votre pays?
5. Quelles «régions» ou «provinces» les touristes visitent-ils le plus dans votre pays? Pensez-vous que celles-ci sont représentatives de votre pays?

VII. Vos recherches sur Internet.

Afin de faciliter vos recherches et de répondre à ces questions, consultez le site du livre sur www.cengagebrain.com.

1. Choisissez une province ou une région que vous avez visitée en France, ou que vous aimeriez visiter et trouvez des renseignements qui vous paraissent intéressants sur celle-ci d'un point de vue historique, culturel, touristique ou gastronomique.
2. Choisissez un territoire d'outre-mer et faites, à son sujet, des recherches semblables à celles de la question 1.
3. Aimez-vous la cuisine française? Vous savez peut-être comment faire un cassoulet ou une bouillabaisse, mais quels autres plats régionaux connaissez-vous?
4. Quels monuments nationaux pouvez-vous visiter en Aquitaine ou en Languedoc-Roussillon, par exemple?
5. Quel tourisme culturel et quelles visites-découvertes pouvez-vous faire dans les régions françaises?

Les langues de la France

● Les langues régionales

Le titre de ce chapitre peut surprendre. La langue de la France c'est le français, n'est-ce pas? Oui, bien sûr, mais ce n'est pas la seule langue parlée en France. En fait, il y a d'autres langues qui se parlent en France depuis long-temps et encore aujourd'hui. Ceux qui parlent ces langues constituent des minorités linguistiques à l'intérieur de l'Hexagone. On appelle quelquefois ces locuteurs les minorités «hexagonales» pour les distinguer des immigrés. Les langues régionales sont parfois le prétexte que ces minorités hexagonales uti-lisent pour protester contre l'hégémonie parisienne et la centralisation jaco-bine. Les sept langues régionales de la France sont les suivantes:

1. **L'occitan** Dans le sud de la France il y a un grand nombre de personnes qui parlent occitan. L'occitan n'est pas un dialecte (une variété régionale) du français. C'est une langue romane, c'est-à-dire une langue dérivée du latin, au même titre que le français, l'italien et l'espagnol. Les Français du nord qui descendent par exemple dans le Midi ne comprennent pas du tout ce «patois», qu'ils considèrent souvent comme un français mal parlé. Beaucoup de Français du nord reconnaissent l'occitan comme la langue médiévale des troubadours, mais ils sont persuadés que cette langue ne se parle plus. Dans chaque province de la moitié sud de la France, on trouve des dialectes de l'occitan, c'est-à-dire des variétés régionales: par exemple, le gascon se parle en Gascogne, le languedocien en Languedoc, le provençal en Provence, etc.

2. **Le catalan** Une autre langue romane, le catalan, se parle dans la partie orientale des Pyrénées, en France et en Espagne, à Perpignan aussi bien qu'à Barcelone. Le catalan se parle dans une province qui franchit la fron-tière espagnole et qui s'appelle «Catalunya» (la Catalogne). La partie française de cette province, où se trouve Perpignan, s'appelle le Roussillon.

3. Le corse   En Corse, on parle corse, un dialecte de l'italien. La Corse était italienne et elle a été annexée par la France en 1768. L'année suivante, en 1769, Napoléon Bonaparte est né à Ajaccio, capitale de la Corse et de ce fait, on peut dire que le grand empereur, Napoléon Ier, est né français tout

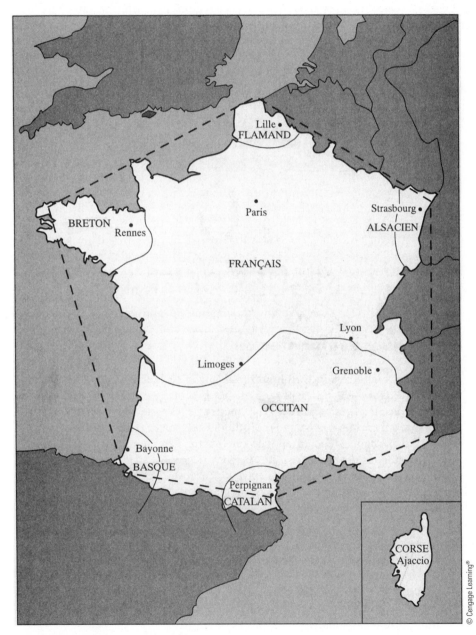

Les langues de l'Hexagone

à fait par hasard. Il y a un mouvement autonomiste assez important dans cette île: cela veut dire que certains Corses, conscients de leurs différences culturelles, réclament leur indépendance. Comme le français, l'occitan et le catalan, le corse est d'origine latine.

4. **Le basque** Il y a aussi quatre langues non romanes qui se parlent en France, et celles-ci se trouvent dans des régions excentrées, c'est-à-dire loin du centre, à la périphérie du pays. Dans la partie occidentale des Pyrénées, en France comme en Espagne, on parle basque. Le basque est une langue d'origine inconnue qui n'est apparentée à aucune autre langue en Europe. Le pays basque en France se trouve dans la province du Béarn dont la plus grande ville est Bayonne. Les Basques appellent leur pays «Euzkadi» et certains Basques réclament une indépendance pour ce pays qui chevauche la frontière espagnole.

5. **Le breton** Dans la grande province de la Bretagne et surtout dans l'extrême ouest de la presqu'île, autour de la ville de Brest, on parle breton. Pour 250 000 Français habitant dans cette région, le breton est la langue de tous les jours. Le breton est une langue celtique, une langue apparentée à celles qu'on parle en Ecosse, au pays de Galles (en Grande-Bretagne) et aussi en Irlande. Les Bretons, venus de Grande-Bretagne, se sont installés en Gaule au Ve siècle et pendant longtemps, ils ont gardé leur civilisation celtique. La Bretagne est restée isolée de la France pendant tout le Moyen Age et même aujourd'hui, il y a des Bretons qui affichent leur différence et expriment un sentiment autonomiste vis-à-vis de Paris.

6. **Le flamand** Dans l'extrême nord de la France, autour de la ville de Dunkerque et près de la frontière belge, se trouve le «Westhoek», la Flandre maritime. Là, on parle flamand, un dialecte du néerlandais, qui est une langue germanique apparentée à l'allemand et à l'anglais. Le flamand et le français sont les deux langues officielles de la Belgique.

7. **L'alsacien** L'Alsace est la province qui se trouve entre le Rhin et les Vosges. Elle a été annexée par les Allemands en 1870, rendue à la France en 1918 après la Première Guerre mondiale et annexée de nouveau par les Allemands pendant la Deuxième Guerre mondiale. L'alsacien est un dialecte de l'allemand et à Strasbourg, on le parle autant que le français. Plus de la moitié des Alsaciens regardent la télévision allemande. Malgré l'histoire de cette province, ou peut-être à cause de celle-ci, il n'y a aucun mouvement autonomiste comme ceux qui existent en Corse, en Bretagne et dans le pays basque. Pour les Alsaciens, c'est peut-être le souvenir de la brutalité des Nazis pendant la guerre qui a renforcé leur sentiment d'être français (les Nazis leur avaient interdit de parler français). En tout cas, l'Alsace veut apparemment rester française. Et pourtant, les Alsaciens sont très fiers de leur différence, de leur culture particulière. Ces dernières années ont vu un retour à une identité alsacienne dans les arts et dans la littérature (chansons, poèmes, pièces de théâtre).

LIPOUZEREZH BREIZH	SPÉCIALITÉS BRETONNES
kouign-amann	kouign-amann
gwestell-amann	gâteaux bretons
farz	fars
riz-forn	riz au four
krampouezh	crêpes
chouchenn	chouchenn
sistr	cidre
bier breizh	bières bretonnes
avaleg	pommeau
lambig	eau de vie (de cidre)
STAL VOUED	ALIMENTATION

Un menu en breton et en français

Une des raisons qui explique la survivance de ces langues régionales aujourd'hui, c'est que les provinces où elles se parlent encore sont devenues françaises assez tardivement. De nos jours, il y a encore beaucoup de Français qui parlent ou qui comprennent ces langues, mais ces personnes sont toutes bilingues, c'est-à-dire qu'elles parlent aussi français. Le français est depuis longtemps la langue officielle du pays, mais cela n'a pas toujours été le cas. Pour comprendre l'ascendant progressif du français en France, il faut remonter dans l'histoire.

● Un peu d'histoire

Quand les Romains sont arrivés en France au premier siècle avant J.-C., ils ont trouvé ce pays (qu'ils appelaient la Gaule) habité par des tribus celtiques, de grands guerriers et, en temps de paix, de grands cultivateurs. La Gaule a été vaincue par les Romains et annexée à l'empire romain. Les Gaulois se sont assez rapidement assimilés à la civilisation romaine et ils ont adopté la langue de l'empire, le latin. Les Français aujourd'hui considèrent les Gaulois comme leurs ancêtres, mais en ce qui concerne leur langue, ils sont bien plus redevables aux Romains, puisque le français est dérivé de la langue latine. Il subsiste pourtant, en français moderne, quelques mots de cette langue celtique que parlaient les Gaulois, et la plupart de ceux-ci ont rapport à la vie rurale et agricole: *bruyère, chêne, mouton, bouc, charrue.* Mais c'est la langue latine qui s'est imposée en Gaule.

Au Ve siècle, le nord de la Gaule a été envahi par les Francs, des tribus germaniques. Les Francs ont établi une monarchie dans ce pays qu'ils appelaient la France. Un peuple guerrier, les Francs ont pu imposer leur pouvoir militaire, mais non pas leur pouvoir linguistique: ils ont fini par adopter la langue latine, telle qu'elle se parlait en Gaule à cette époque-là (les Bretons, qui se sont installés en Gaule à la même époque, n'ont pas adopté le latin mais ont gardé leur langue celtique). Voilà ce qui explique pourquoi le français moderne est une langue romane et non pas germanique. Néanmoins, il y a des mots français qui sont d'origine franque et ceux-ci ont surtout rapport avec la guerre: *maréchal, baron, garde, guerre, heaume* (et bien entendu, *France* et *Français*). La langue parlée dans le nord de la France pendant les cinq siècles de l'époque franque s'appelle le roman: c'est essentiellement le latin, mais il est légèrement influencé par la langue germanique des Francs.

Les langues ne sont jamais statiques et elles continuent toujours à évoluer. Au début de l'époque féodale, le roman s'est morcelé en dialectes selon les provinces: on parlait francien en Ile-de-France, normand en Normandie, champenois en Champagne, etc. L'ensemble de ces dialectes qui se parlaient dans le nord s'appelle la langue d'oïl («oïl» signifiait «oui»). Dans le sud de la France, où la langue n'avait pas subi les mêmes influences, l'ensemble des dialectes (le gascon, le languedocien, le provençal, etc.) s'appelle la langue d'oc («oc» signifie «oui» en occitan). Ces deux langues étaient très différentes. La langue d'oc, «langue des troubadours», avait plus de prestige littéraire que la langue d'oïl jusqu'au XIIIe siècle. Elle a perdu de l'importance quand le Languedoc a été rattaché au royaume de France.

C'est le francien, dialecte de l'Ile-de-France, qui est devenu le français standard, langue nationale du pays, au cours des siècles. Au fur et à mesure que la monarchie devenait plus prestigieuse et plus puissante, la centralisation

© John Duffy

Des panneaux en occitan, Nice

politique imposait le francien (devenu le français) comme langue du royaume. En 1539, le roi François Ier a décrété, par l'Ordonnance de Villers-Cotterêts, que la langue française serait désormais la langue officielle de la France, utilisée dans tous les documents du royaume.

C'est au cours du XVIIe siècle, époque de la littérature française classique, que le français est devenu une langue uniforme et standard. L'Académie française, fondée en 1635, a été chargée par le roi d'écrire une grammaire et un dictionnaire pour codifier la langue. Malgré l'Ordonnance de Villers-Cotterêts, la monarchie de l'Ancien Régime était assez tolérante envers la diversité linguistique. Ainsi, le français était la langue officielle du pays, mais les habitants du sud de la France continuaient à s'exprimer en occitan. Quand le dramaturge Jean Racine a fait un voyage dans le Languedoc au XVIIe siècle, il s'est étonné de ne pas pouvoir comprendre les habitants de cette province. Dans une lettre adressée à son ami Jean de La Fontaine à Paris, Racine écrit: «Je vous jure que j'ai autant besoin d'interprète, qu'un Moscovite en aurait besoin dans Paris.» Au début de la Révolution, en 1789, cette situation n'avait pas changé: deux tiers des habitants de la France ne comprenaient pas le français. La Ière République, par contre, était bien moins tolérante de cette diversité. Selon un député de la Convention, il fallait supprimer les langues régionales, «jargons barbares et idiomes grossiers qui ne peuvent servir que les contre-révolutionnaires». Ce sont les Jacobins qui ont cherché à imposer une unification linguistique, en déclarant que tous ceux qui ne parlaient pas français étaient des ennemis de la République. Au cours du XIXe siècle, le lycée, création de Napoléon, est

Statue de Frédéric Mistral à Arles

devenu l'instrument de l'unification linguistique: peut-être plus que toute autre institution, le lycée, en dispensant une instruction uniquement en français, a créé une langue nationale en France. La progression du français dans toutes les régions a été renforcée, au cours du XXe siècle, par les médias. Ainsi, à la différence de Racine, le voyageur moderne pourra constater que le français est une langue universelle en France.

Il faut avouer aussi que l'Etat, avec ses tendances centralisatrices, n'a jamais regardé les langues régionales d'un œil favorable. Même au XXe siècle, sous la IIIe République, le «patois» était interdit dans les écoles («patois» signifiait les langues régionales). Quand l'Alsace a été rendue à la France en 1918, le gouvernement a autorisé le bilinguisme dans cette province mais pas ailleurs. Enfin, en 1951 sous la IVe République, la loi Deixonne a autorisé l'enseignement facultatif des langues régionales dans les écoles et dans les universités. Pourtant, la Constitution déclare que le français est la seule langue de la République.

Et qu'est devenue la langue d'oc? Eclipsée par le français, elle n'a jamais cessé de se parler dans le Midi de la France. Une renaissance littéraire de l'occitan a commencé à la fin du XIXe siècle, avec un mouvement qui s'appelait le Félibrige. Le chef de ce groupe d'écrivains était Frédéric Mistral, à qui l'on a décerné le prix Nobel de littérature en 1905 pour ses écrits en occitan. Le Félibrige n'a jamais réalisé son but de regagner le prestige littéraire des troubadours, mais la production littéraire d'ouvrages occitans depuis la Deuxième Guerre mondiale est impressionnante. Aujourd'hui, le centre de ce mouvement est un groupe de linguistes qui travaillent à l'Institut d'études occitanes à Toulouse.

● La renaissance des langues régionales

On voit donc que depuis près de deux siècles, la République jacobine a tout mis en œuvre pour supprimer les langues régionales. Pour construire une nation unifiée, il fallait imposer la langue française. Même après le vote de la loi Deixonne, l'enseignement de ces langues régionales est resté inexistant pendant une vingtaine d'années. Il n'est donc pas surprenant que les minorités linguistiques aient longtemps vu la langue française comme un symbole de l'oppression de l'Etat. C'est, à partir des années 1970, avec la création des Régions et l'encouragement d'une identité régionale chez les Français, qu'il y a eu une renaissance de l'intérêt des Français pour leur langue d'origine, accompagnée d'une recherche de leurs «racines» culturelles. Cet intérêt a commencé dans les écoles secondaires. Les élèves peuvent actuellement opter pour une langue régionale plutôt que pour une deuxième langue étrangère comme l'anglais ou l'allemand, et ils peuvent passer une épreuve facultative dans ces langues au baccalauréat. Aujourd'hui, des milliers d'élèves en France suivent des cours dans la langue de leur région. En ordre d'importance, ils étudient l'occitan, le breton, le corse, le catalan et le basque. Le flamand et l'alsacien ne sont pas reconnus par l'Etat français comme des langues régionales; ils sont considérés comme des variétés de langues étrangères, le néerlandais et l'allemand. Pourtant, l'Etat affiche une volonté politique de promouvoir l'enseignement de la «langue» corse. Ainsi, depuis les années 1970, les élèves peuvent apprendre ces langues à l'école, tandis que leurs grands-parents étaient punis quand ils parlaient ces «patois» pendant la récréation.

La renaissance des langues régionales a aussi des ramifications dans la culture populaire et s'accompagne d'un mouvement vers la décentralisation administrative. De nos jours, il y a des chanteurs folkloriques qui enregistrent leurs chansons en occitan, en corse et en alsacien. Dans de nombreux villages bretons il y a des festivals de musique bretonne. Il y un public de plus en plus intéressé à lire des œuvres littéraires et à voir des pièces de théâtre écrites en langues régionales. On peut lire des bandes dessinées en breton ou en occitan. Chaque année, il y a trois ou quatre nouveaux romans publiés en breton. A cela, il faut ajouter les efforts de la télévision et surtout de la radio, qui diffusent des émissions en langues régionales. Mais il y a aussi des forces culturelles qui agissent contre la renaissance des langues régionales. D'abord, la culture des jeunes: les jeunes Français s'intéressent à Internet, au cinéma, à la télévision, à la radio, à la presse, à la musique — des médias qui sont créés pour eux en français. Les langues régionales ne jouent pas de grand rôle là-dedans. Ensuite, il y a aussi une raison pratique: beaucoup de parents pensent que l'apprentissage d'une langue régionale représente une perte de temps pour leurs enfants et que la maîtrise de l'anglais ou de l'allemand est un avantage dans la recherche d'un emploi.

De la part des pouvoirs publics, il y a encore une certaine méfiance envers ce nouveau régionalisme. Beaucoup de fonctionnaires et de personnalités politiques continuent à penser que la reconnaissance de la différence culturelle pourrait entraîner la remise en question de l'Etat et même l'idée de la France en tant qu'unité culturelle. En 1999, le Conseil constitutionnel a décidé que la Charte européenne des langues régionales et minoritaires—un document qui accorde dans l'Union européenne un certain statut à ces langues—était contraire à la Constitution française. L'Etat a donc refusé de ratifier cette Charte qu'il avait signée plus tôt la même année. Dans la réforme constitutionnelle de 2008, un nouvel article a été ajouté à la Constitution, qui dit que «les langues régionales appartiennent au patrimoine de la France». Il est vrai que l'antagonisme qui existe historiquement entre les collectivités territoriales et l'Etat centralisé est encore plus exacerbé dans les régions où la langue et la culture ne sont pas celles de Paris. En 1998, pour prendre un exemple extrême, le préfet de la Corse a été assassiné à Ajaccio et cet acte a été revendiqué par des autonomistes corses qui avaient critiqué la «politique coloniale» du préfet. Mais la grande majorité des «régionalistes» ne souhaitent pas la désintégration de la France. Il faut distinguer entre les autonomistes qui vont jusqu'à des actes de terrorisme et les régionalistes, plus nombreux, qui réclament seulement le droit à la différence linguistique et culturelle. Selon ces derniers, on peut être à la fois basque, ou breton, ou alsacien, et français. La diversité linguistique s'affirme de plus en plus, mais le français reste la langue la plus parlée de l'Hexagone.

● La francophonie

Même si la langue française n'est pas la seule qui se parle dans l'Hexagone, cette langue a largement dépassé les frontières de la France. Le français se parle aujourd'hui dans une quarantaine de pays sur cinq continents (ceux qui parlent français s'appellent des «francophones»). Pour quelque 75 millions de francophones, le français est la langue maternelle. Les autres, les «francophones occasionnels» (quelque 190 millions dans le monde), l'ont appris comme deuxième langue. En Europe, au XVIIIe siècle, le français était devenu une langue internationale. C'était la langue de l'aristocratie dans de nombreux pays, ainsi que celle de la diplomatie et de la culture: Frédéric II, roi de Prusse, et Catherine II de Russie parlaient et écrivaient en français. A cette époque-là, de nombreuses familles aristocratiques en Europe apprenaient le français à leurs enfants et parlaient uniquement français en famille. De nos jours, le français a été largement remplacé par l'anglais comme langue internationale, mais il est indéniable que le français demeure une des grandes langues mondiales. Avec l'anglais, le français est utilisé dans les domaines de la diplomatie, du commerce et des arts. C'est une des langues officielles de plusieurs grandes organisations internationales: l'Union européenne, l'Organisation des Nations Unies (l'ONU), l'Organisation du traité de l'Atlantique Nord (l'OTAN) et le Comité international des Jeux olympiques. En Europe, le français est une langue officielle en Belgique, en Suisse, au Luxembourg et dans les principautés d'Andorre et de Monaco. Pour près de six millions d'habitants de ces pays, le français est la langue maternelle.

Le français s'est étendu sur les autres continents à cause du colonialisme. Dès les XVIe et XVIIe siècles, des explorateurs français tels que Cartier, Champlain, Marquette, Joliet et La Salle ont fondé des colonies dans le Nouveau Monde — au Canada, en Louisiane (qui comprenait toute la partie centrale des Etats-Unis), en Guyane et dans les Antilles. Mais la France a perdu la plus grande partie de son premier empire colonial: le Canada a été cédé aux Anglais en 1763; Napoléon a vendu la Louisiane aux Etats-Unis en 1803; Haïti est devenu indépendant en 1804. Une deuxième époque d'expansion coloniale a commencé au XIXe siècle, ce qui explique l'implantation de la langue française en Indochine, en Polynésie et surtout en Afrique (dans les pays arabes d'Afrique du Nord et dans l'Afrique «noire» au sud du Sahara). Ce deuxième empire colonial n'a pourtant pas été accompagné d'une émigration massive de Français. Voilà pourquoi le français est moins une langue maternelle dans ces pays qu'une deuxième langue, c'est-à-dire la langue de l'administration mais non pas la première langue des habitants.

Un grand nombre des pays d'Afrique sont d'anciennes colonies françaises et ils ont signé des accords de coopération avec la France. On estime qu'il y a quelque 80 millions d'Africains francophones. Le français est la langue officielle de 22 pays d'Afrique situés au sud du Sahara ainsi que celle des DOM-COM. Mais le français n'est pas la langue maternelle de la plupart des habitants de ces pays. Dans certains pays du Proche-Orient (l'Egypte, le Liban, la Syrie), de l'Afrique du Nord (le Maroc, la Tunisie, l'Algérie) et de l'Asie du Sud-Est (le Viêt Nam, le Cambodge, le Laos), le français n'est pas une langue officielle mais il a un statut privilégié dans l'enseignement.

Le Canada est le pays où l'on trouve la plus grande concentration de francophones en dehors de la France. Le Canada est officiellement bilingue. Sept millions d'habitants (sur 32 millions) sont francophones. On les trouve surtout au Québec et dans les provinces maritimes. Montréal est, après Paris, la plus grande ville francophone du monde, plus grande que Lyon ou Marseille. Aux Etats-Unis, la langue et la culture françaises subsistent encore en Louisiane et en Nouvelle-Angleterre (surtout dans le Maine et le Vermont).

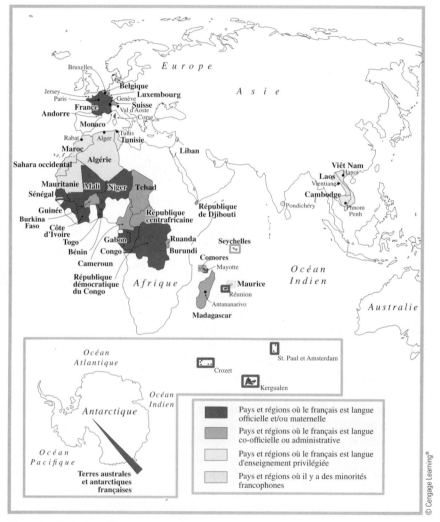

Le monde francophone

Le terme «Francophonie» a été inventé au XIXe siècle pour définir l'ensemble des personnes et des pays utilisant le français. Aujourd'hui, il représente le rayonnement de la langue et de la culture françaises dans le monde. C'est une notion que les Français prennent au sérieux et dont ils sont très fiers. Une organisation privée, l'Alliance française, créée en 1883, a pour objectif la diffusion de la langue et de la civilisation françaises dans le monde par l'intermédiaire d'associations locales. Il y a aussi la présence de Radio-France Internationale, «la voix de la France», qui propage la langue et la culture françaises sur tous les continents, ainsi que celle de TV5 dont les émissions sont captées par plus de 135 millions de foyers sur cinq continents. La France encourage la coopération parmi les associations et les pays francophones. Un ministre du Gouvernement est chargé de la Francophonie. La France fournit une assistance technique, une aide financière et une protection militaire à de nombreux pays francophones dont la plupart sont en voie de développement. Ces pays bénéficient également de milliers d'enseignants volontaires que la

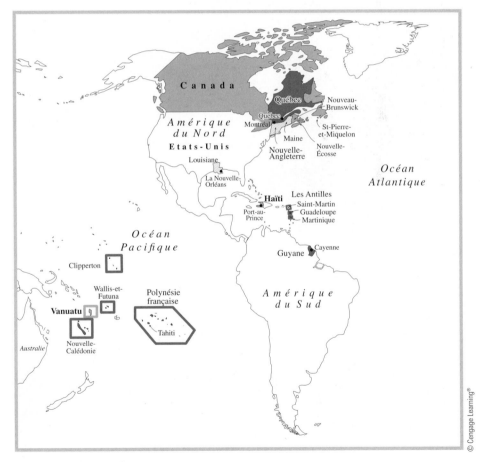

Le monde francophone

Le français est la langue officielle de 22 pays d'Afrique.

TABLEAU: Sommets de la Francophonie

1. Versailles (France), 1986
2. Québec (Canada), 1987
3. Dakar (Sénégal), 1989
4. Paris (France), 1991
5. Grand Baie (Ile Maurice), 1993
6. Cotonou (Bénin), 1995
7. Hanoï (Viêt Nam), 1997
8. Moncton (Nouveau-Brunswick, Canada), 1999
9. Beyrouth (Liban), 2002
10. Ouagadougou (Burkina Faso), 2004
11. Bucarest (Roumanie), 2006
12. Québec (Canada), 2008
13. Montreux (Suisse), 2010
14. Kinshasa (République démocratique du Congo), 2012
15. Dakar (Sénégal), 2014

France leur envoie. Entre ces pays et la France, il y a des relations privilégiées sur le plan économique, militaire et culturel. En 1986, le président François Mitterrand a inauguré à Versailles le premier Sommet de la Francophonie, qui a rassemblé 42 chefs d'Etat et chefs de gouvernement de divers pays ayant en partage l'usage de la langue française. Le but de cette réunion a été de préciser le rôle de la Francophonie dans le monde et de favoriser la coopération inter-francophone. Un deuxième sommet s'est tenu à Québec en 1987, et depuis, il y a un sommet à peu près tous les deux ans (voir Tableau). Aujourd'hui, le groupe rassemble 56 chefs d'Etat et de gouvernement. Ils ont choisi pour nom l'Organisation Internationale de la Francophonie. Cette organisation constitue le seul regroupement international au monde qui soit basé uniquement sur la langue. La notion de la Francophonie est inscrite dans la Constitution de la Ve République depuis la réforme de 2008: «La République participe au dévelop-pement de la solidarité et de la coopération entre les Etats et les peuples ayant le français en partage.»

● Menaces à l'identité nationale française

Napoléon avait envisagé l'unification linguistique de la France comme une barrière de protection contre la menace représentée par l'existence des langues régionales. Celles-ci, en effet, risquaient de remettre en question la notion d'une identité nationale française, uniforme et homogène. La République a continué cette politique au cours du XXe siècle. De nos jours, l'identité nationale française se voit menacée, non plus de l'intérieur, mais de l'extérieur: par la présence des immigrés maghrébins (voir le Chapitre 13), par l'Union européenne (voir le Chapitre 5), et surtout par l'impérialisme culturel américain dont le plus grand symbole est le parc Disneyland-Paris, construit en 1992 dans la région parisienne. Beaucoup de Français, surtout les jeunes, raffolent des chanteurs et des films américains. Ces créations ont du succès dans le monde entier, y compris en France. Mais pour certains Français, ces réussites constituent une menace culturelle, une attaque anglo-saxonne contre la culture française. Cette inquiétude se manifeste assez souvent dans les médias et reflète une certaine angoisse intellectuelle devant le déclin de la langue française en faveur de la langue anglaise et de la culture populaire américaine.

Les tensions entre la France et les Etats-Unis se sont aggravées en 1993 et 1994, lors des négociations du GATT («General Agreement on Tariffs and Trade» ou Accord général sur les tarifs douaniers et le commerce). Le but de ce traité (le GATT est maintenant remplacé par l'OMC, l'Organisation Mondiale du Commerce) était de libéraliser le commerce international en réduisant le protectionnisme étatique, surtout dans le domaine des produits agricoles (la France étant le deuxième producteur agricole du monde, après les Etats-Unis). La France, cherchant à protéger sa culture contre l'assaut d'outre-Atlantique, a insisté sur une «exception culturelle» pour les services audiovisuels — les films, les émissions télévisées et les cassettes-vidéo. La France voulait protéger sa propre industrie audiovisuelle en limitant l'accès des produits américains au marché français. La production cinématographique française est une des plus grandes au monde. Toujours est-il que les films de Hollywood accaparent deux-tiers des billets vendus en France aujourd'hui et les chaînes de télévision passent presque autant d'émissions américaines que françaises. Autrement dit, il s'agissait d'une menace à la fois économique et culturelle. Aux Etats-Unis, les débats sur l'exception culturelle étaient vus comme un exemple de protectionnisme et comme une manifestation d'hostilité anti-américaine. En France, pourtant, cette tentative pour protéger l'industrie audiovisuelle française était généralement approuvée comme une mesure essentielle pour assurer la survie de celle-ci. A la dernière minute des négociations, les services audiovisuels ont été exclus du GATT.

Vingt ans plus tard, la France reste toujours attachée à la diversité culturelle et au principe de l'exception culturelle qui, de nos jours, comprend non seulement l'audiovisuel, le cinéma, la musique, mais aussi les outils numériques tels que l'Internet avec Google, Amazon, etc., ainsi que les nouveaux services comme la télévision de rattrapage et les vidéos à la demande, par exemple. En vue des futures négociations de libre-échange entre l'Union européenne et les Etats-Unis, qui ont commencé en juillet 2013, la France a continué de se battre pour faire exclure les services audiovisuels de ces futures négociations entre les Etats-Unis et l'Europe. Les réactions à la demande d'exception de la part de la France n'ont pas été unanimes. Les Etats-Unis ont exprimé leur mécontentement, certains pays de l'Union européenne ne l'ont pas soutenue et le président de la Commission européenne a jugé que la position de la France était «réactionnaire». Cependant, la France a reçu le soutien d'autres pays membres de l'Union, celui du Parlement européen et celui de nombreux cinéastes européens, artistes, associations, etc. Par exemple, les frères Dardenne, deux cinéastes belges, ont lancé une pétition en ligne qui a recueilli plus de 8 000 signatures en faveur de l'exception culturelle. Bien que la France ait réussi à obtenir l'exclusion de l'audiovisuel lors de la réunion des ministres du commerce de l'Union européenne en juin 2013, celle-ci n'est pas définitive dans la mesure où la Commission européenne a réservé la possibilité de réintégrer l'audiovisuel dans le cadre de futures négociations avec les Etats-Unis.

I. Répondez aux questions suivantes.

1. Quelles sont les langues régionales qu'on parle en France?
2. Où ces langues sont-elles parlées?
3. Lesquelles ne sont pas d'origine latine?
4. Pour quelles raisons les langues régionales ont-elles survécu?
5. Comment s'appelle l'ensemble des dialectes qui se parlaient dans le nord de la France au début de l'époque féodale?
6. Comment s'appelle l'ensemble des dialectes qui se parlaient dans le sud à la même époque?
7. En quoi l'Ordonnance de Villers-Cotterêts a-t-elle eu une importance linguistique? Expliquez.
8. Quelle a été l'attitude de la Ière République vis-à-vis des langues régionales? Expliquez.
9. En quoi consistait la loi Deixonne? Sous quelle République a-t-elle été promulguée?
10. Quel rapport y a-t-il entre les mouvements autonomistes et les langues régionales?
11. En quoi les médias et l'éducation contribuent-ils à la renaissance des langues régionales?
12. Quelle a été l'importance linguistique du Félibrige?
13. En quoi le français est-il une langue internationale? Pour quelles raisons?
14. Qu'est-ce que le terme «Francophonie» représente?
15. Quelle est l'attitude de la France vis-à-vis des autres pays francophones? Expliquez.
16. Citez quelques pays d'Afrique ou d'Asie où le français a un statut privilégié dans l'enseignement.
17. Qu'est-ce que le Sommet de la Francophonie?
18. La République française reconnaît-elle l'importance de la Francophonie?
19. Qu'est-ce que l'exception culturelle?
20. Le principe de l'exception culturelle est-il important pour la France? Expliquez.

II. Etes-vous d'accord? Sinon, justifiez votre réponse.

1. L'occitan est un dialecte du français.
2. Le corse est un dialecte de l'espagnol.

3. Le français est la langue officielle de la Belgique.

4. La Corse est une des dernières provinces à être devenue française.

5. Les mots *bouc* et *charrue* sont d'origine celtique.

6. Aujourd'hui, on parle français sur cinq continents.

7. La langue parlée dans le nord de la France pendant l'époque franque s'appelle le roman.

8. Le francien est devenu le français standard.

9. La IIIe République a permis l'enseignement des langues régionales dans les écoles.

10. L'écrivain Frédéric Mistral a contribué à la renaissance de l'occitan.

11. Afin d'affirmer leurs différences culturelles, les régionalistes ont tendance à être violents.

12. Le français était une langue internationale au XIXe siècle.

13. Le français est une des langues officielles de l'ONU.

14. Le français est la langue officielle de 22 pays situés au sud du Sahara.

15. Les jeunes Français ne s'intéressent pas vraiment à la culture américaine.

III. A part le français, quelle langue parle-t-on dans les villes suivantes?

1. Bayonne

2. Strasbourg

3. Ajaccio

4. Brest

5. Dunkerque

6. Toulouse

7. Perpignan

IV. Discussion.

1. D'après vous, un dialecte devrait-il avoir plus de prestige qu'un autre?

2. Y a-t-il plusieurs dialectes dans votre pays? Lesquels?

3. Pensez-vous qu'un dialecte de votre pays est utilisé plus qu'un autre dans les médias audiovisuels de votre pays?

4. Une «Anglophonie» serait-elle possible? Serait-elle semblable à la Francophonie?

5. Pensez-vous que l'hégémonie de la langue anglaise menace la langue française?

🌐 V. Vos recherches sur Internet.

Afin de faciliter vos recherches et de répondre à ces questions, consultez le site du livre sur www.cengagebrain.com.

1. Faites des recherches sur une des langues parlées en France, par exemple le breton, le gascon, l'alsacien, etc. Où cette langue est-elle parlée exactement? Qui la parle? Quelle est son histoire? Si vous le désirez, vous pouvez écouter des extraits de quelques-unes de ces langues.

2. Combien de variétés de français parlé connaissez-vous? Ecoutez quelques extraits.

3. Le 20 mars est la Journée internationale de la Francophonie. Cette fête a lieu dans le cadre de la Semaine de la langue française et de la Francophonie. Pour fêter cette journée, dix mots de la langue française sont choisis et les francophones sont invités à faire des activités ludiques — des jeux de langue — avec ces dix mots. Faites des recherches sur les mots qui ont été choisis les années précédentes, les types de jeux proposés, ou si vous le préférez, faites des recherches qui portent sur la semaine de la langue française et de la francophonie.

4. Quel est le rôle de la délégation générale à la langue française et aux langues de France au sein du ministère de la culture et de la communication?

5. Quelles sont les préoccupations de l'Académie française en ce qui concerne les néologismes ou l'usage en français?

L'Union européenne

La France est une nation souveraine depuis le Moyen Age. C'est un des premiers grands pays européens à avoir acquis le statut de nation, plusieurs siècles avant l'Espagne, l'Allemagne et l'Italie. Aujourd'hui, pourtant, la France fait partie d'une plus grande association supranationale et d'une plus grande souveraineté à certains égards, l'Union européenne.

L'Union européenne est une association de 28 démocraties d'Europe qui cherchent à harmoniser leurs structures économiques et politiques, afin d'établir un règne de coopération internationale. Contrairement à toutes les tentatives historiques d'unification de l'Europe par la force militaire, depuis Napoléon jusqu'à Hitler, l'Union européenne vise à une union fondée sur le consentement et la collaboration des pays membres. L'Union européenne n'est pas un nouvel Etat qui se substitue aux Etats existants. Chaque pays membre délègue une partie de sa souveraineté aux institutions communes, qui défendent les intérêts communs de l'Union. D'un point de vue pratique, l'Union européenne permet aux citoyens des pays membres de résider, de circuler librement, de travailler, de vendre et d'acheter des produits et des services et de les payer avec une monnaie unique, utilisée dans 18 pays de l'Union.

● Un peu d'histoire

La France est non seulement un des 28 pays membres, mais elle a joué un rôle décisif dans l'histoire de la coopération européenne depuis la fin de la Deuxième Guerre mondiale. L'idée d'une Europe unifiée comme seul moyen d'éviter une troisième guerre mondiale sur le territoire européen et dont la souveraineté nationale serait partagée par tous les pays, a été élaborée par Jean Monnet (1888–1979), économiste et homme politique français. En 1950,

Monnet a proposé de placer sous une autorité commune les productions françaises et allemandes de charbon et d'acier, afin de promouvoir le développement économique de ces deux pays appauvris par la guerre. Il s'agissait d'accords douaniers entre la France et l'Allemagne. En 1951, au traité de Paris, d'autres pays (l'Italie, la Belgique, les Pays-Bas et le Luxembourg) ont décidé d'adhérer à cette organisation. En 1957, le traité de Rome a été signé par les Six, et le «Marché commun» est né, celui-ci permettant d'éliminer peu à peu les tarifs douaniers entre les six pays membres. En 1973, le Royaume-Uni, l'Irlande et le Danemark ont signé le traité de Bruxelles qui a marqué leur entrée dans le Marché commun, appelé alors la Communauté économique européenne (la CEE) ou l'Europe des Neuf. En 1981, la Grèce est devenue membre (les Dix) et en 1986, la CEE a accueilli deux nouveaux partenaires, l'Espagne et le Portugal (les Douze). En 1995, la Suède, la Finlande et l'Autriche sont devenues membres de la Communauté (les Quinze), nouvellement baptisée Union

Les pays membres de l'Union européenne

européenne (l'UE). Le premier janvier 2002 a marqué la mise en place de la monnaie unique, l'euro, dans les douze états de la zone euro (le Danemark, la Suède et le Royaume-Uni ayant décidé de ne pas faire partie de cette zone). Le franc français, le mark allemand, la lire italienne et les autres monnaies nationales des états de la zone euro ont disparu cette même année.

En 2003, le traité de Nice a ouvert la voie à l'élargissement de l'Union vers les anciens pays communistes de l'Est. La même année, le Parlement européen a donné le feu vert à l'adhésion de dix nouveaux membres de l'Europe de l'Est. Pourquoi une expansion si ambitieuse? La réunification de l'Allemagne, l'échec des régimes communistes dans l'Europe de l'Est en 1989 et 1990 et la désintégration de l'Union soviétique en 1991 ont introduit de nouvelles dimensions dans le programme de l'Union. Face à ces évènements historiques, l'Europe devait s'adresser à la question de l'avenir de ces nouvelles démocraties. D'après le traité de l'Union européenne, tout état européen qui respecte les principes de la liberté, de la démocratie, des droits de l'homme et des libertés fondamentales, peut poser sa candidature pour devenir membre de l'UE. En plus, les candidats doivent avoir une économie basée sur un marché de libre échange ainsi que la capacité de remplir les règlements de l'UE. Depuis 1998, les pays candidats ont dû s'adapter pour satisfaire certains critères politiques et économiques avant leur entrée dans l'UE. Dix nouveaux pays membres ont adhéré à l'Union en 2004 (Chypre, l'Estonie, la Hongrie, la Lettonie, la Lituanie, Malte, la Pologne, la République tchèque, la Slovaquie et la Slovénie). Cet élargissement a augmenté la superficie de l'Union de 23% et a ajouté 75 millions de citoyens à sa population. La Bulgarie et la Roumanie ont adhéré en 2007, et la

© John Duffy

Le Parlement européen à Bruxelles

Croatie en 2013, portant à 28 le nombre de pays membres et à 508 millions la population de l'Union. Plusieurs autres pays (la Macédoine, la Turquie) ont posé leur candidature. Il est à noter que ni la Suisse ni la Norvège n'ont choisi d'en devenir membre (voir Galerie de photos, n° 17).

● Les institutions

L'Union européenne a évolué et évolue de plus en plus vers le statut d'un état unifié avec ses propres institutions politiques. Parmi les institutions les plus importantes de l'Union, on peut mentionner les suivantes:

1. **Le Conseil européen:** c'est le chef d'état collectif de l'Union. Le Conseil européen réunit tous les chefs d'Etat ou de gouvernement des pays membres et siège à Bruxelles, en Belgique. La plus grande innovation du traité de Lisbonne, en vigueur depuis 2009, a été la création d'une présidence stable pour le Conseil européen. Depuis 2009, le président du Conseil européen est élu pour un mandat de deux ans et demi, renouvelable une fois. Le Conseil a pour but de définir les grands axes de la politique de l'Union.

2. **La Commission européenne:** c'est la branche exécutive de l'Union, composée de 28 commissaires désignés par les états membres. La Commission propose des lois, qui sont soumises au Parlement européen et au Conseil des ministres. La Commission assure aussi le règlement quotidien de l'Union. Son siège est à Bruxelles.

3. **Conseil de l'Union européenne:** appelé souvent le Conseil des ministres pour éviter la confusion, ce conseil est un organe législatif qui partage sa compétence avec le Parlement. Le Conseil des ministres est composé de 28 ministres des pays membres qui sont délégués en fonction de l'ordre du jour. Le Conseil des ministres utilise un système de vote basé sur une double majorité d'états et de population: une loi sera adoptée si elle obtient le vote d'au moins 55% des états (15 pays membres sur 28) et si les pays favorables à la loi représentent au moins 65% de la population de l'Union.

4. **Le Parlement européen:** c'est le législateur principal, une assemblée élue par les électeurs des pays membres, tous les cinq ans. Le Parlement représente le caractère démocratique de l'Union et il siège au Palais de l'Europe, à Strasbourg, et parfois à Bruxelles. Depuis 1979, les «eurodéputés» sont élus directement au suffrage universel. Aux élections européennes de 1979, les Européens ont exprimé le premier vote transnational organisé dans l'histoire de la démocratie. La première présidente du Parlement européen était une Française, Simone Veil (1979–82). Les pays membres élisent les eurodéputés en proportion de leur population. Les pays les plus peuplés ont le plus de représentants (par exemple, l'Allemagne a 96 députés et la

La salle de réunion, Parlement européen, Bruxelles

France en a 76). Le Parlement est composé de 750 eurodéputés élus par un mode de scrutin proportionnel. Aux moments des élections, chaque parti politique français présente une liste de candidats. Le nombre d'élus est en fonction du pourcentage de voix obtenues. Le scrutin proportionnel favorise la participation des partis minoritaires. La mission principale du Parlement est de voter les lois européennes. Le Parlement adopte ou rejette le budget préparé par la Commission, mais il ne dispose pas d'un pouvoir législatif souverain: toutes ses décisions doivent être ratifiées par les parlements nationaux. Comme nous allons le voir plus loin, il existe des domaines dans lesquels certains pays membres choisissent de ne pas participer en ce qui concerne une politique particulière (l'espace Schengen, la monnaie unique) et ils ne sont donc pas concernés par les lois européennes relatives à celle-ci.

5. **La Banque centrale européenne:** c'est une banque internationale pour l'Union. La BCE est responsable de la monnaie unique européenne, l'euro. Cette banque, dont le siège est à Francfort, en Allemagne, dirige la politique monétaire de la zone euro (18 pays membres). La principale mission de la BCE est de maintenir la stabilité des prix dans la zone euro. A la fin de 2007, face à une crise bancaire et financière mondiale, la BCE, avec la Federal Reserve Bank et la Banque centrale du Japon, ont commencé à injecter d'énormes sommes d'argent dans le circuit monétaire mondial. De même, pendant la crise de la dette publique en Grèce qui a débuté en 2010, la BCE a prêté plus de 500 milliards d'euros à la Grèce, afin d'aider ce pays membre et aussi pour maintenir le pouvoir d'achat de l'euro.

6. **La Cour de Justice:** c'est la branche judiciaire de l'Union, dont le siège est à Luxembourg. La Cour de Justice veille à l'application des lois dans l'Union et à l'uniformité de leur interprétation sur le territoire de l'Union.

● Les buts

Le but de l'UE est de réaliser, entre les pays membres, une union douanière, monétaire et sociale (qui aurait des conséquences économiques), ainsi qu'une union politique (qui aurait des dimensions diplomatiques et militaires). Le traité de Maastricht (Pays-Bas) en 1991 a également prévu une juridiction européenne dans les domaines de l'environnement, des transports, des télécommunications, de l'énergie et de la recherche.

1. En 1985, la convention de Schengen (Luxembourg) a été signée par cinq pays (la France, l'Allemagne, la Belgique, les Pays-Bas et le Luxembourg) pour adopter le principe de la suppression des formalités de douane et de police pour les personnes circulant à l'intérieur de «l'espace Schengen». Cette union douanière a été réalisée en 1995: l'élimination des derniers obstacles douaniers a créé une «Europe sans frontières». En 1997, le traité d'Amsterdam a intégré la convention de Schengen dans l'UE, mais l'Irlande et le Royaume-Uni ont choisi de ne pas faire partie de l'espace Schengen. En revanche, trois pays qui ne sont pas membres de l'Union — l'Islande, la Norvège et la Suisse — ont opté de faire partie de l'espace Schengen. Aujourd'hui, parmi les pays membres de l'Union, seuls l'Irlande, le Royaume-Uni, Chypre, la Roumanie, la Bulgarie et la Croatie ne font pas partie de l'espace Schengen. Cette suppression des barrières douanières a créé une zone de libre-échange, permettant la libre circulation des produits, des services et des citoyens entre les pays membres. Un tarif douanier commun a été fixé pour les importations venant d'autres pays non membres. Le résultat de cette union a été l'établissement d'un «marché unique» pour 420 millions d'Européens, un marché bien plus vaste que celui des Etats-Unis, pour favoriser la croissance économique de l'Europe. L'union douanière facilite le passage aux frontières des ressortissants de l'UE, qui n'ont plus besoin de passeport pour passer d'un pays à l'autre. L'union douanière implique donc une citoyenneté européenne qui a certaines dimensions politiques: le citoyen européen a le droit de circuler, travailler, faire des études et résider dans tous les pays de l'Union. Le traité de Maastricht a donné le droit de vote et l'éligibilité aux élections municipales et aux élections européennes à tout citoyen de l'Union résidant dans un pays membre. Le traité d'Amsterdam a précisé: «Est citoyen de l'Union toute personne ayant la nationalité d'un Etat membre. La citoyenneté de l'Union complète la citoyenneté nationale et ne la remplace pas». Ces nouveaux droits posent certaines questions relatives à l'identité nationale.

2. L'union monétaire s'est réalisée en 2002 dans les pays de la zone euro. La création du système monétaire européen en 1979 avait pour but de réduire les fluctuations entre les cours des diverses monnaies des pays membres. Le sommet de Maastricht a prévu une monnaie unique pour toute l'Europe — l'euro — qui remplacerait les monnaies nationales avant l'an 2000. Ces accords sur une monnaie unique ont dû être ratifiés par les parlements nationaux des pays membres, et il y avait une grande résistance à cette notion dans certains pays, y compris la France. Pour passer à l'union monétaire, il a fallu que les pays membres coordonnent leurs politiques économiques et monétaires et réduisent leur déficit budgétaire. En 1999, 11 pays membres ont adopté l'euro comme monnaie unique (la Grèce a été admise à la zone euro en 2001). Le premier janvier 2002, les euros ont fait leur apparition en France, en billets et en pièces, à côté des francs français. En quelques mois, les euros ont remplacé les monnaies nationales dans les 12 états de la zone euro. Une monnaie unique présente certains avantages: l'euro facilite la comparaison et l'harmonisation des prix des produits européens et permet l'élimination des taux de change entre les pays européens. Aujourd'hui l'euro est la monnaie unique de 18 des pays membres.

3. Le but de l'union sociale est de rapprocher les politiques sociales des pays membres; de rendre uniformes les conditions de travail et les droits à la protection sociale et de développer un espace de liberté, de sécurité et de justice. L'idéal serait que les travailleurs belges, portugais ou allemands, par exemple, aient tous les mêmes conditions de travail, tandis que les mères de famille espagnoles, danoises ou italiennes auraient toutes le droit aux mêmes allocations familiales, et ainsi de suite. L'Union envisage aussi de mettre en place des mesures communes et uniformes pour la protection de l'environnement et une politique énergétique. A Maastricht, le Royaume-Uni a choisi de ne pas adopter les mesures de politique sociale. Le traité d'Amsterdam a renforcé le respect des droits fondamentaux, imposant des sanctions sur un pays membre qui violerait les droits fondamentaux de ses citoyens. Le principe de non-discrimination vis-à-vis de la nationalité a été étendu au sexe, à la race, à la religion, à l'âge et à l'orientation sexuelle.

4. L'union politique va peut-être poser les plus grands obstacles à l'Europe, parce que c'est celle qui remet surtout en question la notion de la souveraineté nationale de chaque pays membre. L'union politique concerne les relations extérieures avec les autres pays (une diplomatie commune) et l'intégration des forces militaires (une défense commune). Bref, elle exige que les pays membres acceptent une sorte de gouvernement fédéral et supranational et qu'ils sacrifient une bonne partie de leur souveraineté. L'Union a déjà conclu de nombreux accords avec d'autres pays, y compris les Etats-Unis et certains pays en voie de développement. Mais les pays membres sont loin d'être d'accord lorsqu'il s'agit de construire une union militaire. Cette dernière question est rendue plus compliquée par la présence de l'OTAN (l'Organisation du traité de l'Atlantique Nord), à

laquelle participent les Etats-Unis et le Canada. Un désaccord s'est manifesté en 1991, quand l'Allemagne a refusé sa participation militaire aux pays alliés lors de la première guerre du Golfe persique. Au cours des années 1990, pendant les guerres en Bosnie et au Kosovo, l'Europe s'est montrée incapable de parler d'une seule voix. En 2003, la guerre en Irak a divisé plus que jamais les pays de l'Union: l'Espagne et le Royaume-Uni ont soutenu la guerre, tandis que la France et l'Allemagne s'y sont opposées. L'opinion publique en Europe reste très divisée en ce qui concerne une véritable union politique. Certains préconisent l'adoption d'un système fédéral et la réalisation d'une politique étrangère commune ainsi que d'une défense commune. D'autres pensent qu'un système fédéral sera impossible en Europe parce que la plupart des pays membres refusent d'abandonner leur indépendance et leur souveraineté. Le Royaume-Uni, par exemple, voit l'Europe simplement comme une zone de libre-échange et rien de plus. La majorité des Allemands et des Français, bien que favorables à la construction européenne, restent encore hésitants face à la notion d'une Europe fédérale.

Le passage à l'euro en France

Le symbole graphique de l'euro (€) s'inspire de la lettre grecque epsilon et rappelle à la fois le berceau de la civilisation européenne (la Grèce) et la première lettre du mot Europe. Le nom «euro» a été choisi en partie parce qu'il est facile à prononcer dans toutes les langues de l'Union. Il existe huit pièces, d'une valeur de 1 et 2 euros, ainsi que de 1, 2, 5, 10, 20 et 50 centimes. Elles comportent une face européenne et une face nationale. Sur la face européenne figure une carte de l'UE liée au drapeau européen. Sur la face nationale figure un décor unique relatif à chaque pays membre. Chaque état a donc un motif qui caractérise sa culture, mais quel que soit le motif figurant sur les pièces, celles-ci sont valables dans toute la zone euro. Il existe sept billets, qui sont identiques d'un pays à l'autre, et qui sont libellés en 5, 10, 20, 50, 100, 200 et 500 euros. Ils sont de taille et de couleurs différentes. L'un des côtés représente l'héritage architectural européen: des images de fenêtres et de portails, qui symbolisent l'esprit d'ouverture et de coopération, et le drapeau européen. L'autre côté représente la carte de l'Europe et un pont qui symbolise la communication entre les diverses cultures européennes.

L'Etat français s'est mobilisé de bonne heure pour prendre des décisions relatives à la monnaie unique et pour faciliter le passage à l'euro. Dès le premier janvier 1999, un programme a été mis en place pour permettre aux Français de se familiariser avec leur nouvelle monnaie. Pendant la période transitoire (1999–2002), l'euro a existé de façon scripturale — pour les chèques, les virements et les cartes bancaires. Les billets et les pièces ont été mis en circulation seulement en 2002, et à ce moment-là, l'euro est entré dans la vie quotidienne des Français. Afin de les préparer pour cet évènement, le Ministère de l'Emploi et de la

L'euro, monnaie unique de la zone euro

Solidarité a élaboré tout un programme d'actions pour familiariser progressivement tous les acteurs économiques — entreprises, administrations, citoyens — à l'arrivée définitive et complète de l'euro en janvier 2002. La rapide mobilisation des principaux acteurs, comme les banques et les entreprises, a permis au peuple français de s'adapter plus rapidement. Des cours et des ateliers sur l'euro ont été organisés pour des groupes divers — les commerçants, les élèves à l'école, les personnes âgées, et ainsi de suite. En juin 2001, un guide pratique du passage à l'euro a été déposé dans les boîtes aux lettres des Français. L'Etat a lancé une campagne publicitaire en décembre 2001 et en janvier 2002 pour mobiliser l'opinion publique autour de cet évènement. Des spots publicitaires ont été diffusés sur toutes les chaînes de télévision en métropole et dans les départements d'outre-mer. Un film à court-métrage a été diffusé dans toutes les salles de cinéma de Paris et d'Ile-de-France ainsi que dans les principales villes de province. Des affiches sont apparues dans les rues, dans les transports publics et dans les médias. Le message principal: «L'euro, c'est plus facile ensemble». L'arrivée de l'euro en France peut être jugée comme une réussite.

● Les Français et l'Europe

La France et l'Allemagne peuvent être considérées comme les locomotives de l'Union européenne, tandis que le Royaume-Uni est souvent hostile aux directives de celle-ci, au nom de la souveraineté britannique. Les évènements les plus importants qui ont contribué à l'intégration européenne se sont passés dans les années 1980 et 1990, surtout pendant le long mandat présidentiel de François Mitterrand, qui était un fervent pro-européen. Il a compris que la construction européenne pouvait avoir des conséquences avantageuses pour l'économie de la France, notamment dans le secteur agricole: la France est de loin la première puissance agricole de l'Europe. Les Français grognent parfois contre la bureaucratie de Bruxelles, comme ils grognent contre celle de Paris. Certains ont protesté, voire manifesté, contre les nouveaux règlements et normes imposés par la Commission européenne dans les domaines de la santé, de la sécurité et de l'environnement (par exemple, le règlement de la pêche des coquillages en Bretagne et de la chasse dans les Pyrénées). La directive de Bruxelles qui aurait obligé l'emploi du lait pasteurisé dans le Camembert a provoqué une si grande résistance que la Commission a décidé de faire une exception pour certains fromages français. Toujours est-il qu'en général, les Français se sentent engagés dans l'initiative européenne. De tous les pays membres, c'est la France qui a le plus défendu la monnaie unique.

● L'Europe et les Etats-Unis

L'Union européenne est aujourd'hui la première puissance commerciale du monde. L'Union européenne et les Etats-Unis d'Amérique possèdent les deux économies les plus importantes et les plus développées du monde. La population de l'Union est de 508 millions, celle des Etats-Unis est de 320 millions. Les deux constituent ensemble à peu près la moitié de l'économie mondiale entière. L'Union européenne est le partenaire commercial le plus significatif des Etats-Unis et l'inverse est également vrai. Depuis 1990, l'Union européenne et les Etats-Unis ont signé des accords en faveur d'une plus grande coopération.

La montée en force économique de l'UE a créé une concurrence commerciale entre ces deux blocs sur de nombreux marchés: l'aéronautique, l'agriculture, l'armement, les télécommunications. Il était inévitable qu'un certain nombre de conflits commerciaux fassent s'affronter l'UE et les Etats-Unis. Les Américains et les Européens s'accusent mutuellement de «protectionnisme», de protéger leur propre marché. Un exemple est la querelle qui a éclaté au sujet de la viande bovine. L'Europe et les Etats-Unis sont les deux premiers producteurs mondiaux de viande bovine. Depuis plusieurs années, l'Europe limite l'importation de bœuf américain qui est élevé aux hormones. Les autorités américaines affirment que leur viande n'est pas dangereuse pour la santé, mais les experts européens contestent cette affirmation. Les Etats-Unis ont porté plainte devant l'Organisation mondiale du commerce (l'OMC). L'OMC a d'abord condamné l'embargo européen, mais quand l'UE a fait appel, l'OMC a renversé sa décision en attendant des études scientifiques qui cherchent à déterminer si les hormones sont cancérigènes. La question est toujours en litige. Une autre question épineuse est celle des organismes génétiquement modifiés (OGM). Il s'agit des techniques qui permettent de transférer dans le patrimoine génétique d'un organisme, animal ou végétal, un ou plusieurs gènes apportant une caractéristique nouvelle (par exemple, pour retarder la maturité des fruits, ou pour diminuer le caractère allergène d'un aliment). Les Européens sont, en général, assez hostiles aux OGM, tandis que ceux-ci sont plus acceptables chez les Américains, les Canadiens et les peuples de l'Amérique du Sud. Pendant longtemps l'Union européenne a mis un moratoire sur l'importation des OGM (voir le Chapitre 16). Malgré ces difficultés et d'autres à l'horizon, l'Union européenne représente l'effort d'unification internationale le plus ambitieux de l'histoire et elle constitue le plus grand marché unifié du monde. Son avenir va certainement influencer celui de tous les pays membres.

La Constitution européenne

La question qui s'était posée dès le tournant du XXIe siècle était la suivante: l'Union pouvait-elle fonctionner avec 25 ou 30 membres selon les mêmes formules qu'avaient suivies les Dix ou les Quinze? Il était clair que les institutions devraient être réformées; une Convention européenne a été chargée en 2002 d'élaborer un traité établissant une nouvelle Constitution européenne. Cette Convention était composée de 105 membres et présidée par l'ancien président français Valéry Giscard d'Estaing. Au bout de deux années de discussions, le texte du traité a été adopté en 2004 par le Conseil européen de Bruxelles et signé par les 27 chefs d'Etat ou de gouvernement de l'Union à l'époque. L'accord était que le texte n'entrerait en vigueur qu'après sa ratification par chacun des pays membres, soit par voie parlementaire soit par référendum populaire. Au cours des années 2004 et 2005, la Lituanie d'abord puis la Hongrie, puis d'autres (10 états en tout) ont ratifié le traité par voie parlementaire. L'Espagne a organisé un référendum populaire et les Espagnols ont voté pour approuver le traité. Mais en mai 2005, dans un référendum, la France a rejeté le traité, et le mois suivant, les Pays-Bas en ont fait de même. Ces deux refus ont entraîné d'autres pays à suspendre leurs projets de ratification, ralentissant ainsi le progrès vers une constitution.

Pourtant, neuf Français sur dix parmi ceux interrogés ont soutenu l'appartenance de la France à l'UE et ont reconnu l'importance d'une Constitution européenne, en disant qu'ils espéraient que la constitution serait renégociée pour mieux protéger les intérêts français. Dans un sondage Sofres (Société française d'enquêtes par sondage) effectué en 2006, un an après le référendum, 82% des Français ont dit qu'ils se sentaient favorables ou enthousiastes vis-à-vis de la construction européenne.

Deux ans après le référendum, une modification du texte a été apportée par les autorités de l'Union, en tenant compte des raisons des refus français et néerlandais. En 2007, le Conseil européen, 27 chefs d'Etat ou de gouvernement réunis à Lisbonne, ont approuvé un projet de traité «modificatif», qui se bornait à modifier à la fois le traité de Maastricht (1991) établissant l'Union européenne et le traité de Rome (1957) fondateur de la construction européenne.

Ce traité de Lisbonne devait être ratifié par les 27 pays membres au cours de l'année 2008. Cette fois-ci, la France a préféré la voie parlementaire au référendum populaire. Le Parlement français a adopté le traité en 2008. La même année, les Irlandais, dans un référendum populaire, ont voté contre le traité de Lisbonne. Ce refus n'a pourtant pas, cette fois-ci, fait dérailler le processus de ratification dans les autres pays membres. Le gouvernement irlandais s'est engagé à organiser un nouveau référendum en 2009, et cette fois-ci les Irlandais ont renversé leur refus initial. Ratifié par tous les pays membres, le traité de Lisbonne est entré en vigueur le premier décembre 2009.

● La crise de l'euro

La crise économique mondiale, dite la «Grande Récession», qui a éclaté en 2008, a entraîné une autre crise, plus sérieuse pour l'UE, celle de la dette publique en Grèce. Cette crise a été déclenchée en 2010 par la crainte des créanciers de l'Etat grec sur son incapacité à rembourser la dette publique. Il semble que l'Etat grec, lors de son entrée dans la zone euro, n'ait pas fait preuve d'une transparence en ce qui concerne l'ampleur de sa dette publique. Il faut dire aussi que la Grèce avait été particulièrement touchée par la Grande Récession, plus que ses voisins européens. La crise en Grèce a entraîné à son tour une crise dans la zone euro des 18 pays. Afin d'aider la Grèce à régler ses problèmes financiers et d'éviter que la crise ne touche le Portugal et l'Espagne, qui étaient aussi très endettés, la Banque centrale européenne (BCE) et le Fonds monétaire international (FMI) sont arrivés à un accord pour prêter une grosse somme d'argent à la Grèce, à condition qu'elle prenne un certain nombre de mesures d'austérité. La crise grecque a poussé l'UE à réformer les structures financières de la zone euro. Plus tard en 2010, l'Irlande a été le deuxième pays à connaître le même sort que la Grèce, mais les causes sont différentes. Les finances publiques de l'Irlande étaient saines, mais elle a été fortement touchée par la crise des subprimes en 2008, surtout à cause de la bulle immobilière. L'Irlande a subi une crise bancaire et elle a dû faire appel à la BCE et au FMI. Le même phénomène s'est produit au Portugal en 2011, et un nouveau plan de sauvetage a été mis en place pour ce pays. En 2011 également, la Grèce a dû faire appel de nouveau à la BCE et au FMI, et la crise a connu une seconde période de tensions, cette fois-ci entre les Européens. La France voulait bien encore une fois aider la Grèce, mais l'Allemagne voulait que les banques et les financiers, qui avaient fait des prêts à la Grèce sans comprendre la situation dans ce pays, soient mis à contribution. Un nouveau plan de sauvetage a été mis en place en 2012. L'Espagne et l'Italie connaissent de sérieuses difficultés financières aussi, mais ces pays n'ont pas sollicité d'aide de la zone euro. En 2013, la sortie de la Grèce de la zone euro ne paraît pas nécessaire. Bien que la France ne soit pas en crise, le gouvernement français a mis en place plusieurs plans d'austérité.

TABLEAU: Quelques dates concernant l'intégration européenne

1950	Jean Monnet propose une coopération franco-allemande pour la production du charbon et de l'acier.
1951	Traité signé à Paris (les Six).
1957	Traité signé à Rome permettant d'éliminer petit à petit les tarifs douaniers (le «Marché Commun»).
1973	Adhésion du Danemark, de l'Irlande et du Royaume-Uni (la CEE, les Neuf).
1979	La France et l'Allemagne proposent la création d'un Système monétaire européen; première élection du Parlement européen.
1981	Adhésion de la Grèce (les Dix).
1986	Adhésion de l'Espagne et du Portugal (les Douze).
1990	Réunification de l'Allemagne; l'ancienne Allemagne de l'Est entre dans la CEE.
1991	Le traité de Maastricht crée l'Union européenne et fixe le programme de l'union monétaire et de la citoyenneté européenne.
1995	Adhésion de l'Autriche, de la Finlande et de la Suède (les Quinze); entrée en vigueur de la convention Schengen.
1999	Onze pays membres lancent l'euro (la Grèce les rejoint plus tard).
2002	L'euro (billets et pièces) est mis en place dans 12 états de la zone euro, remplaçant la monnaie nationale de ces états.
2003	Le Parlement européen approuve l'adhésion de dix pays de l'Europe de l'Est; le traité de Nice ouvre la voie à l'élargissement de l'Union.
2004	Adhésion de dix nouveaux pays membres (les 25).
2005	Dans un référendum populaire, les Français votent «non» au traité établissant une Constitution européenne; les Néerlandais en font de même.
2007	Adhésion de la Roumanie et de la Bulgarie (les 27); les 27 chefs d'Etat et de gouvernement se réunissent à Lisbonne pour signer le nouveau traité modificatif.
2008	Ratification du traité de Lisbonne par le Parlement français.
2009	Elections européennes; le traité de Lisbonne entre en vigueur.
2010	Début de la crise de la dette publique en Grèce, ce qui va entraîner une crise de l'euro; crise bancaire en Irlande.
2011	Crise de la dette publique au Portugal; seconde phase de la crise en Grèce.
2013	Adhésion de la Croatie.

I. Répondez aux questions suivantes :

1. Pourquoi la France et l'Allemagne ont-elles passé des accords douaniers en 1950?

2. Quels pays faisaient partie du Marché commun?

3. Comment le Marché commun a-t-il évolué?

4. Quels sont les critères exigés pour qu'un état européen puisse faire partie de l'Union européenne?

5. Quelles sont les principales institutions de l'Union européenne?

6. Combien de pays font partie de l'Union européenne?

7. Quels sont les buts de l'Union européenne?

8. Qu'est-ce que la convention de Schengen?

9. Quelles ont été les ramifications du traité de Maastricht?

10. Qu'est-ce que les pays membres de l'union monétaire ont dû faire pour adhérer à une monnaie unique?

11. Combien de pays font actuellement partie de la zone euro?

12. Quels sont les buts sociaux envisagés par l'Union européenne?

13. Qu'est-ce que l'union politique va remettre en question?

14. La possibilité d'une union militaire a-t-elle déjà posé des problèmes aux membres de l'Union européenne? Lesquels?

15. Qu'est-ce que l'Etat français a fait pour aider les Français lors du passage à l'euro comme monnaie unique en 2002?

16. En quoi les euros se ressemblent-ils ou diffèrent-ils les uns des autres au sein des pays de la zone euro?

17. Les Français sont-ils toujours satisfaits des décisions de la Commission européenne? Expliquez.

18. Quelles sortes d'accord y a-t-il entre l'Union européenne et les Etats-Unis?

19. Le traité de Lisbonne est-il important? Pourquoi (pas)?

20. Quels facteurs économiques ont déclenché la crise de l'euro?

II. Etes-vous d'accord? Sinon, justifiez votre réponse.

1. Le premier président du Parlement européen était français.

2. Seuls les partis majoritaires de chaque état participent au Parlement européen.

3. Le ministre des Affaires étrangères de chaque Etat membre siège au Conseil des Ministres.

4. La Suisse est un des premiers pays à avoir adhéré à l'Union européenne.

5. Seuls les pays de l'Europe de l'Ouest font partie de l'Union européenne.

6. Pour faire partie de l'espace Schengen, il faut être membre de l'Union européenne.

7. Les Français peuvent voter aux élections européennes.

8. L'Union européenne représente la première puissance commerciale du monde.

9. La population de l'Union est presque égale à celle des Etats-Unis.

10. Depuis les accords commerciaux entre l'Union européenne et les Etats-Unis, ces derniers ont pu accroître leurs exportations de viande bovine sur le marché européen.

III. Discussion.

1. Discutez les buts de l'Union européenne. Sont-ils réalistes ou utopiques?

2. En quoi l'Union européenne ressemble-t-elle ou diffère-t-elle de l'union des états aux Etats-Unis?

3. Une union économique de tous les pays d'Amérique serait-elle possible ou souhaitable, d'après vous?

4. Que pensez-vous des relations entre l'Union européenne et les Etats-Unis?

5. D'après vous, l'Union européenne devrait-elle limiter le nombre de ses pays membres? Pourquoi (pas)?

IV. Vos recherches sur Internet.

Afin de faciliter vos recherches et de répondre à ces questions, consultez le site du livre sur www.cengagebrain.com.

1. D'un point de vue historique, Jean Monnet a joué un rôle très important dans l'élaboration de l'Union européenne. Qui ont été les autres principaux responsables de cette unification de l'Europe?

2. Quels sont les pays candidats à l'Union européenne? Choisissez un de ces pays et faites-en une fiche signalétique du point de vue géographique, démographique et économique.

3. Faites une fiche signalétique d'un pays membre de l'Union en ce qui concerne son histoire, sa culture, ses traditions, ses apports scientifiques.

4. Dans le cadre de l'Union européenne, quelles sont les possibilités pour un Français d'étudier ou de travailler dans un pays membre? Trouvez quelques-unes des formalités nécessaires dans un pays de l'Union de votre choix.

5. Est-ce facile pour un Français de voyager au sein de l'Union européenne? Quels documents doit-il emporter? Peut-il voyager avec son chien ou son chat? Quelles marchandises peut-il rapporter? Peut-il acheter une voiture dans un des pays membre de l'Union sans payer la TVA (une taxe: Taxe à la Valeur Ajoutée)?

DEUXIEME
PARTIE

La vie politique

© Mihai-Bogdan Lazar/Shutterstock.com

La République française

La France, comme les Etats-Unis, est une république. Cela veut dire qu'elle a une forme de gouvernement dans laquelle les citoyens choisissent eux-mêmes ceux qui les gouvernent. Si l'on regarde un timbre-poste ou un passeport français, on remarquera que le nom officiel de cette nation est la «République française». Les élus politiques terminent souvent leurs discours en disant: «Vive la République! Vive la France!» Le symbole de la République est une femme, Marianne, dont l'effigie figure sur certaines pièces de monnaie et dans toutes les mairies de France. Une république peut cependant prendre plusieurs formes en ce qui concerne les rapports qui existent entre le pouvoir exécutif et le pouvoir législatif. Ces rapports sont définis par la Constitution. Une nouvelle constitution établit une nouvelle république, une nouvelle définition des rapports. La Constitution de la Ve République, celle qui définit le système politique de la France contemporaine, date de 1958.

La Ve République est en place depuis plus de cinquante ans. La Constitution de 1958 a créé un régime qui est en quelque sorte un compromis entre les deux systèmes politiques les plus typiques des démocraties occidentales. Ainsi, la Ve République n'est ni un régime présidentiel, comme celui des Etats-Unis, ni un système parlementaire, comme ceux qu'on trouve au Canada et dans la plupart des pays européens. Pour bien comprendre la raison de ce compromis, il faut examiner brièvement l'histoire de la République française.

● Un peu d'histoire

La Révolution avait un idéal démocratique, exprimé dans la Déclaration des droits de l'homme et du citoyen. En 1792, une assemblée qui s'appelait la Convention a été élue au suffrage universel masculin (une élection dans

Marianne, symbole de la République française

laquelle tous les hommes avaient le droit de vote). Un des premiers actes de la Convention a été l'abolition de la monarchie et la déclaration de la République. Un nouveau calendrier républicain a été adopté pour marquer le début de la République (le 22 septembre 1792 a été décrété le premier Vendémiaire, premier jour de l'An I). La Convention s'est laissé dominer par les Jacobins, un groupe ultra-républicain dont le chef était Maximilien Robespierre et dont

la politique a entraîné un épisode sanglant connu sous le nom de «Terreur».
Enfin, après l'arrestation et l'exécution de Robespierre, la Constitution de l'An
III (1795) s'est détournée de la démocratie, en instaurant le suffrage censi-
taire: pour avoir le droit de vote il fallait avoir assez de propriété pour pouvoir
payer le cens, une taxe. La Ière République était donc en somme une république sans démocratie et une république qui a cessé d'exister après le coup
d'état de Napoléon Bonaparte en l'An VIII (1799). Napoléon a fini par se faire
proclamer empereur et l'Empire a duré jusqu'à la défaite des forces françaises
à Waterloo, en Belgique, en 1815. Suite à la chute de l'Empire, la monarchie a
été restaurée en France.

L'histoire du XIXe siècle français est marquée par une longue série de conflits
entre républicains et monarchistes. La révolution de 1848 a mis fin à la monarchie
constitutionnelle (la Restauration de la monarchie après la chute de Napoléon),
et la IIe République a été proclamée. La Constitution de 1848 a inauguré un
régime présidentiel, avec un président et un parlement à une seule chambre. Cette
chambre, l'Assemblée nationale, a été élue au suffrage universel masculin, et les
Français ont élu directement leur premier président de la République, Louis-
Napoléon Bonaparte (neveu de Napoléon Ier). Dans ce régime dit «présidentiel»,
c'est le président qui nommait et révoquait les ministres (les ministres sont les chefs
des ministères, tels que la Défense, la Justice, la Santé, l'Education nationale, etc.;
l'ensemble des ministres s'appelle le Gouvernement). Les ministres n'étaient pas
responsables devant l'Assemblée nationale, c'est-à-dire qu'ils n'étaient pas obligés de rendre compte de leurs décisions ou de les faire approuver par les députés
(les représentants élus à l'Assemblée nationale). Le président avait donc beaucoup de pouvoir, ce qui a facilité son coup d'état quand il a annoncé, en 1851, la
dissolution de l'Assemblée nationale et en 1852, la déclaration du Second Empire.
La IIe République n'a duré que quatre ans. L'empereur Napoléon III est resté au
pouvoir jusqu'en 1870, lorsque la guerre entre la France et la Prusse a mis fin
au Second Empire.

La IIIe République a été proclamée en 1870, en pleine défaite face
aux armées prussiennes. Cette fois-ci, la Constitution a créé un régime dit
«parlementaire», dans lequel le Parlement avait tout le pouvoir, et non pas le
président, qui aurait pu en abuser. Le Parlement consistait en deux chambres,
le Sénat (dont les membres étaient élus au scrutin indirect) et la Chambre
des députés, dont les membres étaient élus directement par les Français au
suffrage universel masculin. Le président de la République, élu par les sénateurs et les députés, occupait un poste qui était essentiellement honorifique
et cérémonial. Il symbolisait la République et l'Etat, mais il ne participait
pas au Gouvernement. Il était au-dessus de la politique et son seul pouvoir
était de nommer le premier ministre. Le premier ministre, chef du Gouvernement, avait le pouvoir exécutif et administratif, mais il devait toujours avoir
la confiance de la majorité des deux chambres du Parlement. C'est-à-dire que
le Gouvernement était responsable devant le Parlement: il fallait toujours
que ses décisions soient approuvées. Sinon, le Parlement votait une motion

de censure, les ministres démissionnaient et le président de la République était obligé de nommer un nouveau Gouvernement. Cela explique pourquoi la IIIe République, la plus longue jusqu'à présent (1870–1940), a vu une succession de 109 gouvernements et de nombreuses crises ministérielles. Avec plus de trente partis politiques représentés à la Chambre des députés, il était extrêmement difficile pour chaque gouvernement de garder une majorité. Le régime parlementaire a cessé d'exister au moment de l'invasion de la France par les Allemands en 1940. En pleine défaite face aux Nazis, le président de la République a demandé au maréchal Philippe Pétain, ancien héros militaire de la Première Guerre mondiale, de former un gouvernement. La première action du nouveau gouvernement Pétain a été de demander à Adolf Hitler ses conditions d'armistice. Pendant l'Occupation (1940–1944), la France a été divisée en deux zones. La moitié nord de la France et la côte sud-ouest étaient occupées par les Nazis, et la moitié sud, sauf la côte atlantique, était en zone libre. L'ensemble du territoire français a été placé sous l'autorité du gouvernement de Vichy dirigé par le maréchal Pétain. Ce «régime de Vichy» a été pendant toute la durée de la guerre une dictature fasciste qui a collaboré avec les Nazis. Un autre militaire, le général Charles de Gaulle, s'était réfugié en Angleterre en 1940. A la radio de Londres, le 18 juin 1940, De Gaulle a lancé un appel aux Français pour qu'ils continuent la guerre. «Quoi qu'il arrive», disait-il, «la flamme de la résistance française ne doit pas s'éteindre et ne s'éteindra pas!» Ces discours que De Gaulle a prononcés à la BBC le 18 juin et les jours suivants, signalent le début de la Résistance française: d'une part les Forces françaises libres, qui allaient se joindre aux alliés et combattre jusqu'à la Libération (la résistance extérieure), d'autre part une partie importante de la Résistance intérieure, qui allait lutter contre les Nazis à l'intérieur de la France.

Après la libération de la France en 1944, il a fallu rétablir la République. Le général de Gaulle qui était le chef du gouvernement provisoire a donné sa démission en 1946 parce qu'il s'opposait au régime parlementaire qu'on voulait réinstaurer dans la IVe République. La Constitution de la IVe République a été élaborée en 1946 et adoptée par les Français *et les Françaises* (pour la première fois en 1946 les femmes faisaient partie de l'électorat français). C'est donc la IVe République qui a inauguré le suffrage véritablement universel. Cette République avait le même système que la IIIe République, c'est-à-dire un régime parlementaire, avec cette différence importante: le pouvoir du Sénat était diminué et la Chambre des députés était bien plus puissante. La IVe République a donc connu la même instabilité ministérielle que la IIIe: 21 gouvernements successifs en douze ans (1946–1958). La dernière crise a été provoquée par la guerre d'Algérie dont la situation devenait de plus en plus désastreuse, compliquée par des conflits entre l'armée et le Gouvernement. En 1958, le président René Coty a invité Charles de Gaulle, «le plus illustre des Français», à former un nouveau gouvernement. L'Assemblée nationale a accordé à De Gaulle les pleins pouvoirs pour six mois afin d'élaborer une nouvelle constitution. Celle-ci a été approuvée par référendum la même année. Ainsi, tout comme la démission de De Gaulle avait marqué la naissance de la IVe République en 1946, son retour au pouvoir en 1958 a signalé la fin de celle-ci et le début de la Ve République.

● Un régime présidentiel-parlementaire

La Constitution de 1958 a considérablement augmenté les pouvoirs du chef de l'Etat, tandis que ceux de l'Assemblée nationale ont été réduits au rôle législatif. C'est le président de la République qui joue le rôle exécutif et qui participe activement au Gouvernement. C'est lui qui nomme le premier ministre et son Gouvernement, et il peut dissoudre l'Assemblée et annoncer une nouvelle élection pour essayer de changer la composition de celle-ci. Le premier ministre a un pouvoir réglementaire, et c'est lui qui décide de l'ordre du jour à l'Assemblée: c'est-à-dire, il décide quelles propositions seront discutées et votées par les députés. Par contre, le Gouvernement est responsable devant l'Assemblée et doit toujours garder sa confiance. On peut donc dire que la Ve République est un régime présidentiel-parlementaire. Il est présidentiel dans la mesure où le président de la République dispose du pouvoir exécutif et n'est pas responsable devant l'Assemblée. Il est parlementaire dans la mesure où les députés doivent approuver les décisions du Gouvernement; ils peuvent renverser celui-ci par une motion de censure, mais ils ne peuvent pas renverser le président. La Ve République est donc un compromis entre ces deux systèmes, mais en fin de compte le président a davantage de pouvoir que l'Assemblée. Pourtant, en 2008, année du 50e anniversaire de la Ve République, les deux chambres du Parlement réunies en Congrès ont adopté une nouvelle loi de réforme de la Constitution, dite «de modernisation des institutions de la Ve République». Cette réforme a changé les rapports entre le président et le Parlement et entre le Gouvernement et l'Assemblée nationale, augmentant les pouvoirs de celle-ci.

La Constitution de 1958 avait prévu une élection présidentielle indirecte par un collège électoral composé des députés et des sénateurs. C'est de cette manière que Charles de Gaulle a été élu en 1958 pour un mandat de sept ans, ou «septennat». Mais en 1962, De Gaulle a demandé aux Français de modifier la Constitution pour élire leur président directement au suffrage universel (un système qui n'existe pas aux Etats-Unis). Par voie de référendum, les électeurs français ont voté en faveur de cette modification. Le président pouvait se succéder à lui-même, selon la Constitution: donc, à la fin de son septennat en 1965, Charles de Gaulle a été réélu président de la République, mais cette fois-ci directement par le peuple français. Ce changement dans la Constitution de la Ve République a effectivement renforcé le pouvoir exécutif et a mis l'accent sur l'aspect présidentiel du régime. L'aspect parlementaire, en revanche, sera plus évident en 1986, lors de la première «cohabitation» (voir le Chapitre 8).

Charles de Gaulle, président de la République de 1958 à 1969

Fondateur et premier président de la Ve République, De Gaulle n'a pas terminé son second mandat. En mai 1968, une manifestation estudiantine s'est transformée en une grève générale et nationale, avec dix millions de grévistes réclamant des réformes sociales. De Gaulle a réussi à surmonter cette crise, mais l'année suivante il a proposé un référendum populaire sur la création des Régions, et les électeurs ont voté contre. Le vote négatif des Français a été interprété par le président de Gaulle comme un manque de confiance en sa politique et il a démissionné (1969). Georges Pompidou, membre du parti

*François Mitterrand, président de la République de
1981 à 1995*

«gaulliste» (c'est-à-dire de droite, conservateur), a été élu à la Présidence.
Pompidou est mort en 1974 et un centriste, Valéry Giscard d'Estaing, a été élu
en 1974. A la fin de son septennat, en 1981, Giscard s'est représenté aux élections présidentielles, mais il a été battu par François Mitterrand (un socialiste,
de gauche). Avec Mitterrand, la gauche est arrivée au pouvoir pour la première fois depuis 1956. Mitterrand est le seul président à avoir terminé deux
septennats consécutifs (1981–1988 et 1988–1995). Jacques Chirac a été élu
président de la République en 1995. Il a été réélu en 2002, mais pour cinq ans
seulement (2002–2007). En 2007, Nicolas Sarkozy a été élu président de la
République. Sarkozy s'est représenté en 2012, mais il a été battu par François
Hollande, le candidat de gauche.

Jacques Chirac, président de la République de 1995 à 2007

● Du septennat au quinquennat

La question de la durée du mandat présidentiel avait été débattue en France depuis les années 1970. En 2000, pendant le premier septennat de Chirac, cette question a été médiatisée (c'est-à-dire, discutée dans les médias) quand le député et ancien président Valéry Giscard d'Estaing a proposé une initiative à l'Assemblée nationale en faveur du quinquennat, c'est-à-dire la réduction du mandat présidentiel de sept à cinq ans.

Nicolas Sarkozy, président de la République de 2007 à 2012

Le quinquennat a été jugé souhaitable par presque tous les partis politiques. La question a été posée aux électeurs français par voie de référendum en 2000, après avoir été approuvée par les deux chambres du Parlement. Le peuple français s'est prononcé pour limiter le mandat présidentiel à cinq ans. Bien que le référendum ait été marqué par une forte abstention, près de 73% des suffrages exprimés étaient en faveur du quinquennat. Celui-ci est entré en vigueur pour l'élection présidentielle de 2002. En 2008, la réforme de la Constitution française a limité à deux le nombre de mandats consécutifs du président de la République.

François Hollande, élu président de la République en 2012

Les institutions de la Ve République

1. **L'Assemblée nationale**   C'est la chambre la plus importante du Parlement, celle qui décide d'approuver ou de rejeter les projets de loi proposés par le premier ministre. Pour des raisons électorales, la France est divisée en 577 circonscriptions législatives: 558 pour les départements (dont 19 pour les DOM), 8 pour la Nouvelle Calédonie et les collectivités d'outre-mer, et 11 pour les Français établis hors de France. Chaque circonscription élit un député à l'Assemblée nationale, dont le siège est au palais Bourbon,

Le palais Bourbon, siège de l'Assemblée nationale

à Paris. Les députés sont élus en bloc (c'est-à-dire tous en même temps), au suffrage universel, tous les cinq ans (ou plus souvent, si le président dissout l'Assemblée nationale et annonce une nouvelle élection). A la différence des Etats-Unis, un député n'est pas obligé de résider dans sa circonscription. Une fois élu, il est censé représenter non pas sa circonscription, mais la nation. Pour être député il faut avoir au moins 18 ans. Normalement, l'Assemblée nationale est divisée en deux grands groupes, «la Majorité» et «l'Opposition». La Majorité est la coalition des partis politiques qui détiennent plus de 50% des sièges et qui soutiennent le Gouvernement. L'Opposition est la coalition des partis qui se trouvent dans la minorité et qui s'opposent à la politique du Gouvernement. Ainsi, par exemple, depuis la création de la Ve République et jusqu'en 1981, la Majorité signifiait la droite et l'Opposition la gauche. En revanche, entre 1981 et 1986, la Majorité était de gauche et l'Opposition de droite. La droite représente les conservateurs, la gauche les réformateurs (voir le Chapitre 8).

2. **Le Sénat**   Les sénateurs ne sont pas élus par les électeurs français, mais indirectement, par un collège électoral composé des députés et des représentants des collectivités territoriales. Il y a 348 sénateurs dont le nombre par département dépend de la population. Ils sont élus pour un mandat de six ans, mais renouvelés par moitié des sièges tous les trois ans. Pour être sénateur, il faut avoir au moins 24 ans. Les sénateurs élisent leur président, qui est le second personnage de l'Etat: c'est-à-dire que le président du Sénat assure la Présidence de la République en cas de vacance du pouvoir (car il n'existe pas de vice-président). Le Sénat ne peut pas censurer

le Gouvernement. Les sénateurs débattent aussi des projets de loi, mais en cas de désaccord entre les deux chambres, c'est le vote de l'Assemblée nationale qui l'emporte. Le siège du Sénat est le palais du Luxembourg (voir Galerie de photos, n° 16).

3. **Le président de la République**   Depuis le référendum de 1962, le président de la République est élu directement au suffrage universel et depuis celui de 2000, il est élu pour cinq ans. Depuis la réforme constitutionnelle de 2008, le président de la République ne peut exercer plus de deux mandats consécutifs. En tant que chef de l'Etat, le président a les pouvoirs suivants: (1) il nomme le premier ministre et son Gouvernement, (2) il préside le Conseil des ministres, (3) il promulgue les lois, (4) il est le chef des armées, (5) il dispose du droit de grâce, c'est-à-dire qu'il peut pardonner un condamné, (6) il peut appeler un référendum, (7) il peut dissoudre l'Assemblée nationale et (8) il peut gouverner seul, avec la permission des deux chambres du Parlement, si l'indépendance de la nation ou l'intégrité de son territoire est menacée. Depuis 2008, il peut prendre la parole devant les deux assemblées du Parlement réunies en Congrès. Le président réside officiellement au palais de l'Elysée. Pour être candidat à la Présidence, il faut avoir au moins 18 ans.

4. **Le premier ministre**   Celui-ci est nommé par le président. Le premier ministre présente les projets de loi devant l'Assemblée nationale, choisit les ministres qui composent le Gouvernement et coordonne l'action du Gouvernement. Ce sont les ministres qui dirigent l'administration, c'est-à-dire l'ensemble des fonctionnaires (ceux qui exercent des fonctions publiques). A la différence du président, le Gouvernement est responsable devant l'Assemblée nationale: si celle-ci adopte une motion de censure, le premier ministre doit remettre sa démission, et le président doit nommer un nouveau Gouvernement (c'est là l'aspect parlementaire de la Ve République). La résidence officielle du premier ministre est l'hôtel Matignon.

5. **Le Conseil constitutionnel**   Celui-ci est composé de neuf conseillers, nommés par tiers pour neuf ans. Trois d'entre eux sont nommés par le président de la République, trois par l'Assemblée nationale et trois par le Sénat. En plus de ces neuf conseillers nommés, les anciens présidents de la République sont membres de droit, à vie. Ainsi, Valéry Giscard d'Estaing, Jacques Chirac et Nicolas Sarkozy sont des membres du Conseil constitutionnel. Ce conseil veille à la constitutionnalité des lois et à la régularité des élections. Son siège est au Palais royal. Les conseillers ne peuvent pas se succéder et ils ne peuvent pas être titulaires d'une fonction publique pendant qu'ils font partie du Conseil.

6. **Le Conseil d'Etat**   Ce grand corps, créé par la Constitution de l'an VIII (1799), a essentiellement deux fonctions. Il est le conseiller du Gouvernement, chargé de donner son avis sur la légalité des projets de loi. C'est sa fonction historique. En même temps, le Conseil d'Etat est le juge administratif suprême, qui a toujours le dernier mot en cas de litiges entre l'administration et les citoyens. Les autorités judiciaires, ainsi que les collectivités territoriales, seront traitées dans le Chapitre 7.

I. Répondez aux questions suivantes.

1. Peut-on dire que la Ière République était un régime démocratique? Pourquoi (pas)?

2. Expliquez comment le coup d'état de Louis-Napoléon Bonaparte a été facilité par la constitution de la IIe République.

3. Quel rôle un président jouait-il sous la IIIe République?

4. Pourquoi y a-t-il eu beaucoup de crises ministérielles sous la IIIe République?

5. Quand la IIIe République a-t-elle cessé d'exister?

6. Comparez les IIIe et IVe Républiques. Qu'avaient-elles en commun? En quoi différaient-elles?

7. En quoi la Ve République est-elle à la fois un régime présidentiel et un régime parlementaire?

8. Qu'est-ce que le référendum de 1962 a changé à la Constitution de 1958?

9. Citez les institutions principales de la Ve République.

10. En quoi le pouvoir du Sénat diffère-t-il de celui de l'Assemblée nationale?

II. Etes-vous d'accord? Sinon, justifiez votre réponse.

1. La Ière République a été créée en 1792.

2. La IIe République a été créée en 1799.

3. La IIe République était un régime présidentiel.

4. Sous la IIe République, le Gouvernement n'était pas responsable devant l'Assemblée nationale.

5. La IIIe République était un régime parlementaire.

6. Le Sénat est une des chambres du Parlement depuis la IIIe République.

7. Sous la IIIe République, le président était élu directement au suffrage universel masculin.

8. La IVe République a été créée pendant la Deuxième Guerre mondiale.

9. Le suffrage universel (masculin et féminin) existait sous la IVe République.

10. Jusqu'à maintenant, la France a vécu plus longtemps sous un régime présidentiel que sous un régime parlementaire.

III. Parmi les affirmations suivantes, éliminez celles qui sont fausses.

1. Les députés
   a. sont élus en bloc et au suffrage universel direct
   b. représentent chacun leur circonscription à l'Assemblée nationale
   c. votent pour ou contre les projets de loi
   d. peuvent résider en dehors de leur circonscription

2. Les sénateurs
   a. sont élus pour un mandat de six ans
   b. ont le droit d'élire le président du Sénat
   c. débattent des projets de loi
   d. peuvent censurer le Gouvernement

3. Le président de la République
   a. peut dissoudre le Sénat
   b. est élu au suffrage universel direct
   c. détient le pouvoir exécutif
   d. peut être réélu

4. Le premier ministre
   a. présente les projets de loi devant l'Assemblée nationale
   b. a un pouvoir réglementaire
   c. remplace le président en cas de décès
   d. doit démissionner s'il n'a pas la confiance de l'Assemblée nationale

5. Le Conseil constitutionnel
   a. a son siège au Palais royal
   b. veille à la régularité des élections
   c. est composé de neuf membres du Sénat
   d. vérifie la constitutionnalité des lois

IV. Discussion.

1. D'après vous, la Constitution d'un pays devrait-elle être révisée régulièrement? Pourquoi (pas)?

2. En quoi le régime de la République française diffère-t-il de celui de votre pays? Expliquez. Quel système préférez-vous? Pourquoi?

3. Que pensez-vous du système des référendums en France? Ce système existe-t-il ou devrait-il exister dans votre pays?

4. Quel(s) type(s) de pouvoir un chef d'Etat devrait-il avoir ou ne pas avoir?

V. Vos recherches sur Internet.

Afin de faciliter vos recherches et de répondre à ces questions, consultez le site du livre sur www.cengagebrain.com.

1. Pourquoi Marianne est-elle le symbole de la République française? Quels sont les autres symboles de la République? Comment ont-ils été choisis?

2. Faites des recherches sur le nombre et le type de ministères en France. Lesquels ont un équivalent aux Etats-Unis? Lesquels n'en ont pas?

3. Quel est le rôle du Sénat? Comment est-il organisé? Que fait le président du Sénat? Par qui est-il assisté?

4. Depuis plusieurs années, l'Assemblée nationale accueille le Parlement des enfants qui siège, pendant une journée, au palais Bourbon. En quoi consiste le Parlement des enfants? Les propositions de loi de ses délégués peuvent-elles devenir des lois de la République?

5. Faites des recherches sur la Constitution. Quel en est le préambule? Que dit l'article premier?

L'Etat

● Qu'est-ce que l'Etat?

L'Etat français existait longtemps avant la Révolution et même avant que la nation française ne soit constituée dans sa forme actuelle. Au XVIIe siècle, le roi Louis XIV a voulu attacher la notion de l'Etat à sa propre personne: «L'Etat, c'est moi». Louis XIV et son ministre Colbert ont mis en place une bureaucratie dont les fonctionnaires étaient directement responsables devant le roi. A l'époque de la Révolution cette tendance centralisatrice a été renforcée par les Jacobins, qui exigeaient que toutes les décisions concernant la France et les Français soient prises par la Convention à Paris. Napoléon Bonaparte n'a pas changé cette tradition, bien au contraire: il a établi l'administration préfectorale, dans laquelle le préfet de chaque département était personnellement responsable devant lui. La centralisation étatique a continué jusqu'à nos jours, malgré certaines tentatives de la part des gouvernements récents visant à inverser cette longue tradition. Mais depuis Napoléon, l'Etat est devenu impersonnel et aujourd'hui, personne ne peut dire «L'Etat, c'est moi». Le président de la République s'appelle aussi le chef de l'Etat, mais il n'est pas l'Etat. Les présidents et les gouvernements se succèdent les uns aux autres, tandis que l'Etat existe de façon continue.

Qu'est-ce que l'Etat? Il n'est pas facile de définir cette entité dont il existe plusieurs conceptions dans l'esprit des Français. En voici une liste partielle:

1. **L'Etat-nation** L'Etat est d'abord la nation, la France. Cette conception relève de la beauté géographique du pays, de sa grandeur historique et de son patrimoine culturel. Dans ce sens, l'Etat fait l'objet de fierté nationale.

2. **L'Etat-patron** Pour plus de cinq millions de travailleurs français — fonctionnaires et employés des services publics — l'Etat existe en tant qu'employeur (voir le Chapitre 10).

3. **L'Etat-providence** Tous les problèmes concernant le bien-être des Français, du berceau jusqu'à la tombe, doivent être pris en charge par l'Etat qui est responsable de tous ses citoyens (voir le Chapitre 11).

4. **L'Etat justicier** Le maintien de l'ordre public et de la sécurité doit être garanti par l'Etat, qui a la responsabilité de protéger les citoyens et de punir ceux qui troublent l'ordre.

5. **L'Etat autoritaire** L'unification du pays est assurée par le pouvoir centralisé de l'Etat. Pour assurer ses services, il lui faut de l'argent, et cet argent est fourni obligatoirement par les citoyens et les entreprises. L'Etat représente donc le fisc, la taxation et les impôts.

6. **L'Etat diplomatique et militaire** L'Etat représente la France dans ses rapports avec les autres pays du monde.

Dans ce chapitre nous allons analyser certaines fonctions de l'Etat — la justice, la police, la défense — ainsi que les rapports entre l'Etat et les collectivités territoriales.

● La justice: la magistrature et la police

Une autorité judiciaire, indépendante des pouvoirs exécutif et législatif, est un des piliers de toute société démocratique. Le principe de la séparation des pouvoirs a été élaboré par Montesquieu au XVIIIe siècle. Il a été repris dans la Déclaration des droits de l'homme et du citoyen et réaffirmé dans la Constitution de 1958. La fonction de l'autorité judiciaire est de maintenir l'ordre public tout en garantissant les droits civiques et en protégeant les libertés individuelles. Le premier système judiciaire uniforme en France date de Napoléon, qui a fait codifier toutes les lois de France, jusqu'alors très disparates de province en province et parfois contradictoires. Le Code civil, dit «Code Napoléon», a été mis en place en 1804, et le Code pénal en 1810. Napoléon disait que sa vraie gloire n'était pas d'avoir gagné 40 batailles mais d'avoir mis en place le Code civil, une institution durable. Aujourd'hui, le Code Napoléon est la base des lois dans la plupart des pays européens, des pays d'Amérique latine, et dans l'Etat de Louisiane.

La justice est une institution qui comprend la magistrature et la police. Le ministre de la Justice, appelé «garde des Sceaux», est nommé par le président de la République. Le ministre de la Justice est le chef des procureurs de la République (des magistrats qui ne jugent pas, mais qui demandent l'application de la loi devant les tribunaux) et aussi le chef de l'administration pénitentiaire (les prisons). Les juges ne sont pas élus en France: ils sont nommés par le président de la République sur la recommandation du ministre de la Justice, mais ils restent indépendants des pouvoirs publics. Une fois nommés, les magistrats ne peuvent pas être suspendus ou révoqués par les autorités politiques.

La justice en France a deux ordres: l'ordre administratif, qui traite des litiges entre les particuliers et les pouvoirs publics ou leurs représentants, et l'ordre judiciaire. Celui-ci a deux branches: la branche civile et la branche pénale. La justice civile traite des disputes entre personnes ou des litiges entre particuliers et sociétés. Dans ces cas, les parties passent devant un tribunal et elles sont représentées par des avocats. La justice pénale traite des infractions et des cas criminels. Le concept anglo-saxon du «jugement par ses pairs», qui est l'origine du «jury» aux Etats-Unis, n'existe plus en France. La justice est rendue par des magistrats professionnels, nommés par le chef de l'Etat, mais elle est toujours rendue «au nom du peuple français». Les cas de contraventions et de délits qui passent devant un tribunal de police ou un tribunal correctionnel sont jugés par un ou trois magistrats, selon l'importance de l'affaire. Cependant, les crimes plus graves (un meurtre, par exemple) sont jugés par une cour d'assises. Celle-ci est composée de trois juges et six jurés en première instance (neuf en appel) tirés au sort. En cour d'assises, le procureur de la République est représenté par un avocat général dont le rôle est de faire appliquer la loi. Après les débats, les trois juges et les six jurés délibèrent ensemble. Une majorité dite «qualifiée» de six voix est nécessaire pour toute décision défavorable à l'accusé. Si cinq voix seulement se prononcent pour la condamnation, l'accusé est acquitté. L'accord unanime n'est pas indispensable. Dans la délibération sur la peine, il faut également six voix au moins pour que la peine maximum soit prononcée. Si l'accusé fait appel, l'affaire est rejugée par une cour d'assises d'appel, avec trois magistrats et neuf jurés.

Il existe des cours d'appel (35 en France), pour ceux qui décident de contester les décisions des tribunaux. Enfin, il y a la Cour de cassation, qui sert à contrôler la légalité des jugements rendus par les tribunaux inférieurs. Seule la Cour de cassation peut invalider les décisions d'une cour d'assises, mais seulement pour des défauts de procédure. La Cour de cassation se trouve dans les locaux du Palais de Justice à Paris. Il n'y a qu'une Cour de cassation en France (voir Galerie de photos, n° 18).

Les magistrats, défenseurs de l'ordre public, sont aidés dans leur mission par la police. Celle-ci peut dépendre d'un ministère, donc du pouvoir exécutif au niveau national, ou bien d'une mairie au niveau local. La Police nationale, qui dépend du Ministère de l'Intérieur, comprend la police judiciaire, qui est chargée des cas criminels, les polices urbaines et enfin les Compagnies républicaines de sécurité (CRS). Les CRS sont spécialisés pour intervenir dans les cas d'urgences, que ce soit des désastres naturels ou des émeutes, afin de maintenir l'ordre public. L'ordre public est également maintenu par les gendarmes, qui vivent dans des casernes militaires. Ils s'occupent de la circulation routière et ont des fonctions de police judiciaire. Les gendarmes sont en fait des soldats qui ont une formation militaire, et la Gendarmerie nationale dépend du Ministère de l'Intérieur et du Ministère de la Défense. En plus, il y a les polices municipales qui existent dans les communes, sous l'autorité du maire.

Les Français s'intéressent beaucoup aux grandes affaires de justice, les «causes célèbres» qui sont souvent très médiatisées. Ils font preuve d'une certaine méfiance, voire de cynisme, vis-à-vis de la justice, une des institutions les plus critiquées dans les sondages. «La justice est d'un côté», dit-on, «et les juges de l'autre» (voir Tableau I, La confiance des Français, page 112). En un mot, ils trouvent le système injuste. En ce qui concerne la police, l'opinion publique est bien plus positive. En général, la police est jugée efficace et les Français respectent leurs forces de défense et de sécurité. Selon un sondage effectué en 2012, 83% des sondés disent avoir une bonne opinion des gendarmes, et 67% en disent autant des policiers (source: Ifop). Toujours est-il que les agents de police — les «flics» — sont souvent accusés d'être violents, brutaux ou racistes. Toutefois, les Français semblent croire que le pouvoir judiciaire doit être le seul responsable de la justice: selon un sondage récent, seulement 30% des Français considèrent que posséder une arme pour se défendre est une bonne chose. De même, beaucoup de Français sont souvent surpris, en regardant des feuilletons américains à la télé, de voir la façon dont les lois américaines protègent les inculpés.

© Micha Klootwijk/Shutterstock.com

La police aide à maintenir l'ordre public.

Ce qui les choque aussi, c'est l'engouement pour les armes à feu aux Etats-Unis. En France il est formellement interdit aux simples citoyens de porter une arme à feu, visible ou invisible.

En 1981, le premier Gouvernement de François Mitterrand a fait voter l'abolition de la peine de mort en France. La France était le dernier pays membre de l'Union européenne à faire disparaître cette peine capitale. En 1981, 62%

Des pompiers, Paris

Le Palais de Justice à Paris

des Français étaient en faveur de la peine capitale. Aujourd'hui, seulement une minorité (42%) la favorise encore et le Front national (extrême-droite) est le seul parti politique qui réclame le rétablissement de cette peine. Plus de 100 pays du monde ont aboli la peine de mort, mais elle existe encore dans 32 états des Etats-Unis. Pourtant, le taux de criminalité violente est bien plus élevé aux Etats-Unis qu'en France: plus de 15 000 meurtres aux Etats-Unis en 2009, dont plus de 8 000 à main armée, contre 682 meurtres en France (voir Tableau II: La criminalité en France et aux Etats-Unis, ci-dessous). De même, le pourcentage de la population qui est incarcérée est nettement inférieur en France. En 2009, on comptait plus de 67 000 prisonniers en France (soit 101 pour 100 000 habitants) contre plus de 2 millions aux Etats-Unis (soit 716 pour 100 000 habitants).

TABLEAU I: La confiance des Français dans les acteurs de la société

SONDAGE 2013: Faites-vous confiance à ces acteurs? (% Total Confiance)

Institution	Réponses positives
les médecins	86%
les scientifiques	80%
les militaires	76%
les policiers	71%
les enseignants	71%
les juges	58%
les prêtres	53%
les avocats	49%
les journalistes	37%

(Source: *Harris Interactive*)

TABLEAU II: La criminalité en France et aux Etats-Unis en 2009

Crime	France (pour 100 000 habitants	Etats-Unis (pour 100 000 habitants)
Agressions	310	262
Cambriolages	513	715
Homicides	1,4	5
Viols	16,2	28,6
Vols	181	133

(Source: *United Nations Survey of Crime Trends*)

● L'Etat et le terrorisme

Depuis plusieurs décennies, la France se voit la victime d'actes terroristes. Dès 1978, sous la présidence de Valéry Giscard d'Estaing, à la suite d'une série d'attentats par des groupes terroristes, le ministre de l'Intérieur a renforcé les pouvoirs de la police et de la justice et en même temps a inauguré la surveillance et la poursuite des immigrés jugés menaçants vis-à-vis de l'ordre public. Certains évènements inquiétants en France et à l'étranger ont mené le Gouvernement à développer le plan anti-terrorisme «Vigipirate» pour augmenter la vigilance des autorités et pour assurer la sécurité des citoyens. Le plan Vigipirate, c'est un ensemble de mesures qui permettent un renforcement des pouvoirs des forces de l'ordre (fouilles, contrôles d'identité, contrôles systématiques dans certains lieux publics) aussi bien qu'un renforcement quantitatif de la présence de ces forces. La gestion du plan Vigipirate est partagée par trois ministères. Il est coordonné par la Police nationale (l'Intérieur), la Justice et la Défense. Quand il est activé, on constate plus de fouilles et de contrôles dans les gares et les aéroports, par exemple, et on remarque plus de policiers et de soldats armés dans les rues des grandes villes et devant certains monuments à Paris. Le plan Vigipirate a été mis en place pour la première fois en 1991 à l'occasion de la guerre du Golfe persique (on craignait des actes terroristes, parce que la France participait à cette guerre). Il a été réactivé, à plusieurs reprises, dans les années 1990, en réaction à des actes terroristes. Les attaques du 11 septembre 2001 contre les Etats-Unis ont provoqué à leur tour la remise en place du plan Vigipirate en France. En 2002, il y a eu un attentat contre un pétrolier français revendiqué par le groupe Al Qaïda. Il y a eu de nouveaux

Les CRS sont une branche spéciale de la Police nationale.

renforts en 2011, suite à la mort d'Oussama Ben Laden, et en 2013 à la suite des explosions au Marathon de Boston. Depuis 2014, le plan Vigipirate utilise deux niveaux de vigilance: vigilance et alerte attentat. Le terrorisme est un problème auquel l'Etat français fait face depuis plusieurs décennies.

Le service militaire

Une autre fonction de l'Etat est la défense du territoire national contre les pays agresseurs. Le Ministère de la Défense, qui gère les branches de l'armée, de l'armée de l'air et de la marine, emploie plus de 400 000 personnes et constitue le deuxième ministère, après l'Education nationale. Etabli en 1905 sous la IIIe République, le service militaire masculin était universel et obligatoire. Pendant longtemps, les garçons de 18 ans ont été appelés «sous les drapeaux» pour faire leur service militaire, ou bien une autre forme de service national. Plus maintenant. En 1996, le président Chirac a supprimé le service national, à partir de 2000. Il a réduit le nombre des forces françaises et a créé une armée professionnelle de métier. Depuis 1997, garçons et filles peuvent effectuer un service volontaire dans l'armée, dans la police ou dans l'aide humanitaire en France ou à l'étranger. Depuis 2000, les jeunes de nationalité française, garçons et filles, sont obligés de s'inscrire à l'âge de 16 ans et de participer à une Journée Défense et Citoyenneté (JDC). Cette obligation renforce la notion que tous les citoyens doivent être prêts à défendre la patrie.

Les collectivités territoriales

Dans le chapitre précédent, nous avons analysé le système politique national et les institutions qui gouvernent toute la France. Il y a aussi une administration locale qui gouverne les divisions administratives. De même que les Etats-Unis sont divisés en états, en comtés et en municipalités, la France est divisée en Régions, en départements et en communes; ce sont les collectivités territoriales. Chaque département est divisé en plusieurs arrondissements. Au niveau municipal, il y a les communes. Dans l'administration locale, on peut voir deux tendances: (1) la démocratie locale, dans la mesure où chaque collectivité locale est administrée en partie par des représentants élus par la population; (2) le «jacobinisme», ou l'autorité centralisée, dans la mesure où l'administration préfectorale, représentant l'Etat, existe toujours. Il y a parfois des conflits entre ces deux tendances.

La commune

C'est la plus petite division administrative. Les communes sont les villes, grandes et petites, et les villages. Chaque commune est administrée par un Conseil municipal. Le nombre de conseillers municipaux varie selon la

Le maire et le conseil municipal siègent à la mairie.

population de la commune (neuf pour les plus petites, 163 pour la ville de Paris). Ils sont élus au suffrage universel pour six ans et ils siègent à la mairie de la commune (dans les grandes villes, la mairie s'appelle l'Hôtel de Ville). Le chef du Conseil municipal est le maire, qui est élu par les conseillers municipaux. Le maire est à la fois le représentant de la commune et de l'administration préfectorale, c'est-à-dire qu'il est responsable devant ses électeurs locaux et en même temps devant le Gouvernement à Paris. Comme représentant de la commune, il est chef du personnel municipal et chargé des services municipaux: la police municipale et judiciaire, les éboueurs, les pompiers, les pompes funèbres, etc. Comme représentant de l'Etat, le maire est chargé de publier et exécuter toutes les lois transmises de Paris par le préfet. Il est officier d'état-civil, c'est-à-dire qu'il maintient le registre de tous les mariages, naissances, divorces et décès qui ont lieu dans la commune. Dans les communes importantes, le maire est aidé dans ses fonctions par des adjoints.

● Le département

Cette collectivité territoriale date de la Révolution, au moment où les anciennes provinces, vestiges de la noblesse, ont été abolies et remplacées par ces nouvelles divisions administratives. Les noms des départements ont été choisis en fonction de leur géographie, notamment les fleuves et les rivières (Seine-et-Marne, Loir-et-Cher), les montagnes et les mers

(Pyrénées-Atlantiques, Alpes-Maritimes). Du point de vue de leur superficie, les départements sont plus ou moins uniformes (à l'exception des départements de l'Ile-de-France créés en 1964). En ce qui concerne leur population, certains sont ruraux et d'autres très urbains (il y en a une dizaine qui ont plus d'un million d'habitants). Dans chaque département, il y a une ville principale

Les départements de la Métropole

qui s'appelle le chef-lieu, ou préfecture. Chaque département est divisé en plusieurs arrondissements, avec une ville qui sert de sous-préfecture. A la tête du département il y a un représentant de l'Etat, le préfet. Cette fonction a été créée en 1800 par Napoléon. Le préfet est nommé par le président de la République, sur la recommandation du ministre de l'Intérieur. Il a une responsabilité considérable: chef de tous les fonctionnaires du département (sauf les magistrats et les gendarmes), le préfet est chargé de l'exécution des lois et des décisions du Conseil des ministres. Il est aidé par des sous-préfets, un pour chaque arrondissement. Le département est également géré par une assemblée administrative, élue démocratiquement: le Conseil départemental. Les conseillers départementaux sont élus au suffrage universel pour six ans. Le nombre de conseillers dépend de la population. Le Conseil départemental siège à la préfecture du département. Il s'occupe des services départementaux, tels que l'entretien des routes, le transport des élèves, les hôpitaux et les activités culturelles et sportives.

● La Région

Depuis 1973 il y a une collectivité territoriale, la Région, qui regroupe plusieurs départements. La Région a été créée pour contribuer au développement économique de la France «extra-parisienne», pour atténuer l'opposition entre Paris et la province. Chaque Région est gérée par un préfet de Région, qui applique la politique du Gouvernement concernant le développement économique de la Région et l'aménagement du territoire. Depuis 1986, il y a aussi un Conseil régional, une assemblée dont les membres sont élus au suffrage universel. Le Conseil régional s'occupe des grands travaux qui dépassent les limites départementales (chemins de fer, centrales nucléaires, barrages, autoroutes, etc.). Sa fonction devient de plus en plus importante.

● La décentralisation administrative

A chaque niveau de l'administration locale — municipal, départemental et régional — il y a donc des conseils élus démocratiquement qui sont censés représenter les intérêts locaux des électeurs. Mais en réalité, jusqu'en 1982, le vrai pouvoir était toujours exercé par le préfet, représentant de l'Etat. Les pouvoirs contrôlés par l'Etat étaient donc énormes. Le budget de chaque commune devait être approuvé par le préfet et même la décision locale de changer le nom d'une rue devait recevoir l'approbation de l'Etat, d'où la frustration des autorités locales. Certaines décisions prises par l'Etat — telle que la construction d'une ligne de chemin de fer qui risquait de détruire certains vignobles en Provence — provoquaient des manifestations populaires.

Depuis le début de la Ve République, les Français ont le sentiment qu'il faut décentraliser la France sur le plan économique et culturel pour combattre

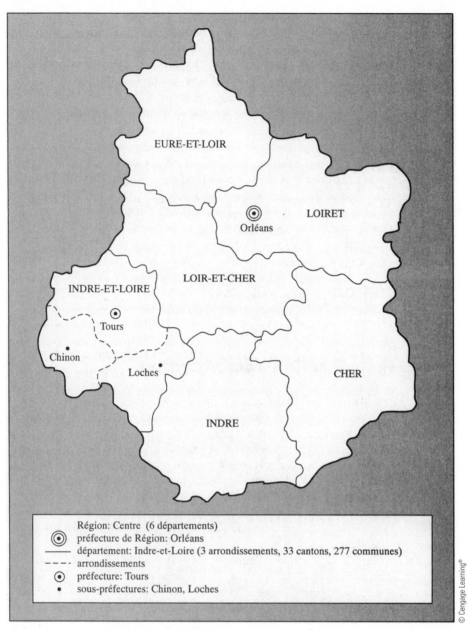

Les collectivités locales: Le Centre et l'Indre-et-Loire (à titre d'exemple)

la réalité du «désert français». Dans les années 1960, le Gouvernement a institué un projet pour «l'aménagement du territoire», pour raviver l'économie régionale et pour attirer l'industrie dans les villes autres que Paris. Ce projet, très populaire, a eu un grand succès. Ce mouvement a donné naissance à la création des Régions en 1973, sous le président Pompidou. Le but des Régions était de ranimer l'identité culturelle des habitants de chaque Région sans nuire à leur attachement à l'Etat français. C'est surtout le Parti socialiste et le président Mitterrand qui ont adopté, en 1982, un programme nettement anti-jacobin. Non contents d'une décentralisation économique et culturelle, les socialistes cherchaient à mettre en place une décentralisation de l'administration de la France, c'est-à-dire donner plus d'autonomie aux collectivités territoriales vis-à-vis de Paris. Il s'est agi, en somme, d'un transfert de pouvoir administratif. La loi sur la décentralisation de 1982 (dite «loi Defferre», d'après le ministre de l'Intérieur de l'époque, Gaston Defferre) a réduit l'intervention de l'Etat dans la gestion des collectivités territoriales. Cette loi ('l'Acte I de la décentralisation') a accordé plus d'autonomie budgétaire aux communes. Une grande partie du pouvoir du préfet a été transférée aux conseils municipaux et généraux. Un maire est maintenant responsable de la gestion de sa commune. Il peut délivrer les permis de construire, par exemple. Les conseils municipaux, généraux et régionaux, qui sont des assemblées élues, ont maintenant plus d'importance et plus de pouvoir qu'avant. Bien que l'Etat retienne toujours le contrôle de l'éducation, de l'assurance-maladie et de l'administration de la justice et de la police, les collectivités territoriales commencent à prendre le dessus. Il est clair que les réformes entamées par Mitterrand ont constitué une tentative radicale pour diminuer la centralisation étatique.

Le président Chirac a continué cette initiative. La réforme constitutionnelle de 2003 a effectué un transfert de compétences dans les domaines de l'agriculture, de l'environnement, de la culture et du tourisme, entre autres. Ce transfert de compétences a été accompagné d'un transfert de ressources. Inscrite dans la Constitution, la réforme a proclamé l'organisation décentralisée de la République et le transfert des compétences aux collectivités territoriales, qui ont désormais une autonomie budgétaire. Celles-ci peuvent organiser des référendums locaux, «décisionnels», qui sont automatiquement suivis d'effet. Le référendum d'initiative locale a été ainsi introduit dans le droit français et a permis une participation accrue des citoyens aux décisions locales.

En 2010 une autre réforme ('l'Acte II de la décentralisation') concernant les structures de l'organisation territoriale a été votée sous le président Nicolas Sarkozy. Parmi les points principaux de cette réforme était la création d'une nouvelle catégorie d'élus locaux, les conseillers territoriaux, qui devaient remplacer les conseillers généraux et les conseillers régionaux. Les conseillers territoriaux auraient donc représenté à la fois un département et une Région. Cette mesure a été très controversée et vue par la gauche comme un risque de recentralisation. Les conseillers territoriaux ont été supprimés en 2013 sous le président François Hollande. D'autres points de la politique de décentralisation ('l'Acte III de la décentralisation') concernent la création de métropoles, une initiative agencée dans le cadre de la réforme de 2010 et reprise par le gouvernement Ayrault en 2013. Ainsi, le projet de loi propose que le statut de métropole soit attribué aux villes de plus de 400 000 habitants dans une aire urbaine de 500 000 habitants.

● L'Etat, c'est nous

Les Français sont assez sceptiques envers les autorités et se dressent facilement contre toute autorité. L'autorité implique qu'il n'y a pas d'égalité mais plutôt une hiérarchie. Face à l'autorité et à la hiérarchie, les citoyens égalitaires deviennent souvent contestataires. Cette attitude peut se voir dans la distinction très nette que font les Français entre l'Etat et le Gouvernement. Ils trouvent parfois l'autorité gouvernementale suspecte et ils refusent souvent de reconnaître la légitimité de ceux qui sont au pouvoir. Certains recherchent une solidarité d'opposition avec d'autres citoyens. Le citoyen contestataire voit quelquefois dans le Gouvernement un voleur qui prend l'argent des familles, un menteur, un tricheur qui donne la préférence aux riches et qui contrôle la justice et les médias. Il voit le fonctionnaire, assis derrière un guichet, comme un agresseur, une source de frustration et un symbole de la vaste administration contre laquelle il doit défendre ses droits menacés. Cette passion contre le Gouvernement est pourtant souvent accompagnée d'une opinion favorable envers l'Etat français. Le citoyen accorde toute légitimité et toute dignité à l'Etat, cet idéal dépourvu des vices du Gouvernement. L'Etat, après tout, c'est la France: «L'Etat, c'est nous.»

I. Répondez aux questions suivantes.

1. Quelles sont les différentes conceptions de l'Etat pour les Français?
2. Qui a instauré le premier système judiciaire uniforme? Pourquoi?
3. Quel est le rôle d'un procureur de la République?
4. Qu'est-ce qui différencie la cour d'assises des autres tribunaux?
5. A quoi sert la Cour de cassation?
6. Que pensent les Français de la justice et de la police?
7. Qu'est-ce que le plan Vigipirate? Que se passe-t-il quand celui-ci est activé?
8. Le service militaire est-il obligatoire en France? Expliquez.
9. Quelles sont les divisions administratives de la France? Sous quel nom sont-elles regroupées?
10. Quelles sont les responsabilités d'un maire? Citez-en quelques-unes.
11. En quoi consiste le rôle d'un préfet?
12. Pourquoi les Régions ont-elles été créées?
13. Comparez le rôle du Conseil départemental avec celui du Conseil régional.
14. Quel était le but de la «loi Defferre»? Quels changements cette loi a-t-elle apportés?
15. Décrivez l'attitude des Français envers le Gouvernement en général.

II. Etes-vous d'accord? Sinon, justifiez votre réponse.

1. Napoléon a été le premier à centraliser l'Etat.
2. L'autorité judiciaire en France dépend du pouvoir exécutif.
3. Les juges sont nommés par le président de la République.
4. Dans les cas très graves, douze jurés délibèrent ensemble du sort d'un criminel.
5. Les CRS et la Police nationale dépendent du Ministère de l'Intérieur.
6. Depuis l'abolition de la peine de mort en France, le taux de criminalité y est plus élevé qu'aux Etats-Unis.
7. Un maire n'est responsable que devant ses électeurs.
8. Une commune est administrée par un conseil municipal.
9. Le nombre de conseillers départementaux dépend de la population du département.
10. Les Régions sont gérées par un préfet et un Conseil régional.

III. Associez les fonctions ou institutions à gauche avec les responsabilités correspondantes à droite.

(Attention, certaines fonctions peuvent impliquer plusieurs responsabilités).

1. les CRS
2. le Garde des Sceaux
3. la Gendarmerie nationale
4. le maire
5. le préfet
6. le Conseil départemental
7. le Conseil régional

a. exécution des décisions du Gouvernement
b. services départementaux
c. chef de l'administration pénitentiaire
d. maintien de l'ordre public
e. officier de l'état-civil
f. services interdépartementaux
g. maintien de la circulation routière

IV. Discussion.

1. Que pensez-vous de l'attitude et des attentes des Français vis-à-vis de l'Etat?

2. Essayez de caractériser l'attitude des Américains envers le «Federal Government»:
   a. Quelle sorte de services assure-t-il?
   b. De quelle réputation les fonctionnaires jouissent-ils?

3. Les gens de votre pays ont-ils la même attitude que les Français envers la justice et la police?

4. Quelles sont les collectivités territoriales dans votre pays? Comment celles-ci sont-elles administrées?

5. Que pensez-vous du système de la cour d'assises? Dans le cas d'un crime un jugement devrait-il être rendu par des jurés uniquement ou par des juges et des jurés?

VI. Vos recherches sur Internet.

Afin de faciliter vos recherches et de répondre à ces questions, consultez le site du livre sur www.cengagebrain.com.

1. Pourquoi le ministre de la Justice est-il appelé «Garde des Sceaux»?

2. Dans le cas de procédures pénales, les victimes et les suspects ont-ils les mêmes droits fondamentaux au sein de l'Union européenne?

3. En quoi consiste la Journée Défense et Citoyenneté? Pourquoi est-elle importante?

4. La Police nationale dispose d'un «service volontaire citoyen». En quoi consiste ce service? Qui peut y participer?

5. Qu'est-ce qu'un «Défenseur des Droits»? Quelles sont ses missions?

Les partis politiques et les élections

● La droite et la gauche

La notion de partis politiques est née en France à l'époque de la Révolution. Cela ne doit pas surprendre, car c'est l'époque où les citoyens ont commencé à participer au gouvernement du pays, dans le cadre de l'Assemblée nationale. A cette époque-là, les conservateurs (c'est-à-dire les monarchistes, ceux qui voulaient une monarchie constitutionnelle) étaient assis à droite dans l'hémicycle de l'Assemblée. Par contre, les réformateurs (c'est-à-dire les révolutionnaires les plus radicaux, ceux qui voulaient une république) étaient assis à gauche. Depuis cette époque (et non seulement en France mais dans le monde entier), les termes «droite» et «gauche» signifient respectivement une tendance conservatrice et une tendance réformatrice et progressiste. Ces deux tendances dominent la scène politique contemporaine en France.

On a tendance à baser l'opposition droite-gauche sur le statut socio-économique des électeurs: la droite attire les dominants et ceux qui s'identifient aux économiquement forts, tandis que la gauche attire les dominés et ceux qui s'identifient aux économiquement faibles (les riches contre les moins riches). Mais la réalité est plus complexe que cela, parce qu'il y a plusieurs polarités qui divisent les Français: leur statut socio-économique, il est vrai, mais aussi leur attitude envers le rôle de l'Etat dans la vie économique. Il y a ceux qui préconisent l'intervention de l'Etat dans l'économie pour la régler; ce sont les dirigistes, qui s'alignent parfois à droite et parfois à gauche. Les dirigistes de droite préconisent l'intervention de l'Etat pour favoriser les entreprises et le

Les emblèmes des grands partis politiques
(Source: www.france-politique.fr/partis-politiques.htm)

commerce. Les dirigistes de gauche préconisent un Etat qui protège les petits commerçants et les travailleurs. D'autres réclament une économie libérale, libre de l'intervention de l'Etat. Ce libéralisme (une attitude pro-capitaliste) est normalement une caractéristique du centre-droite, mais depuis quelque temps il commence à attirer certains politiciens de centre-gauche aussi. L'opposition dominants-dominés ne correspond donc pas à l'opposition dirigistes-libéraux. D'autres points de divergence concernent l'attitude envers le rôle de l'Eglise ou bien le rôle de la police dans la société. L'opposition droite-gauche n'est donc pas si nette qu'on pourrait le croire. Ces oppositions expliquent en partie pourquoi il y a plusieurs partis politiques importants en France, et non pas seulement deux comme aux Etats-Unis. En général, la religion ne joue pas de rôle important dans la politique en France.

En termes généraux, la droite est conservatrice et favorise le maintien du statu quo. Elle prend souvent position pour l'Eglise, mais elle est essentiellement laïque. La droite symbolise la hiérarchie sociale, et elle fait appel aux classes sociales supérieures. Elle symbolise les valeurs de la vieille France, de la famille et des traditions. La gauche, en revanche, représente les réformateurs, ceux qui préconisent le changement de la structure sociale. La gauche symbolise la laïcité, c'est-à-dire la séparation de l'Eglise et de l'Etat. Elle préconise les droits de tous, y compris ceux des minorités et des femmes. Elle favorise une meilleure répartition des revenus dans toutes les classes sociales.

● Les partis politiques

En France les partis politiques changent assez souvent de nom et d'orientation à cause de nouvelles coalitions qui se forment au moment des élections. A droite, il y a actuellement un grand parti et plusieurs partis minoritaires.

L'Union pour un Mouvement Populaire (UMP) est l'héritier du groupe gaulliste, ceux qui avaient soutenu le programme du président Charles de Gaulle. Ce parti a changé de nom plusieurs fois depuis la présidence de De Gaulle. A partir de 1976 et jusqu'en 2002, il s'appelait le Rassemblement pour la République, ou RPR. En 2002, le RPR a fusionné avec d'autres partis de droite pour créer l'Union pour la Majorité Présidentielle (UMP). Après la réélection de Chirac, l'UMP a été rebaptisée Union pour un Mouvement Populaire. Ce parti, le plus grand à droite, est laïque et nationaliste. Défenseur de la famille traditionnelle, il est conservateur et partisan d'un Etat fort pour faire respecter la loi et l'ordre. Dans les affaires économiques, l'UMP est en général un parti caractérisé par un libéralisme conservateur, mais aussi un parti dirigiste dans la mesure où il prône l'intervention de l'Etat pour aider les entreprises. En même temps, il se prononce ouvertement en faveur de l'économie de marché.

Le Nouveau Centre et le **Mouvement Démocrate** (MoDem) sont des partis qui ont été créés en 2007, suite à une division dans l'Union pour la Démocratie Française (UDF, une fédération de partis du centre ou centre-droit) entre ceux qui voulaient soutenir la candidature de Nicolas Sarkozy (Nouveau Centre) et ceux qui refusaient ce soutien (MoDem). Les députés du Nouveau Centre affirment leur attachement aux valeurs sociales, libérales et européennes. La majorité des élus de l'UDF ont participé à la création du MoDem. Les députés MoDem affirment leur position indépendante, en dehors de la majorité et de l'opposition.

Le Front National (FN) a été créé en 1972 par Jean-Marie Le Pen, mais son émergence sur la scène politique date de son succès électoral aux élections européennes de 1984. C'est un parti d'extrême-droite qui est réactionnaire et xénophobe et qui déplore la décadence des mœurs. Le programme de ce parti est de renvoyer les immigrés chez eux et de rendre «la France aux Français». Il s'oppose au droit à l'avortement et il préconise le rétablissement de la peine de mort. Il proclame que l'identité nationale française est menacée: à cause des immigrés surtout, mais aussi à cause des instances de coopération internationale telles que l'Organisation des Nations Unies et l'Union européenne. Les autres partis de droite refusent de former une coalition avec le FN. Les élections présidentielles de 2012 ont indiqué que le FN devient une force politique importante en France. Aux élections européennes de 2014, le FN est arrivé en tête avec 25% des suffrages exprimés.

A gauche, il y a également un grand parti et plusieurs partis minoritaires.

Le Parti socialiste (PS), le grand parti de gauche, est le parti du président de la République actuel, François Hollande, et de la majorité des députés à l'Assemblée nationale. Avec une base très large et très diversifiée, le Parti socialiste fait appel aux personnes de toutes les classes sociales. A la base, la philosophie socialiste préconise une répartition égalitaire des richesses pour réduire les inégalités sociales. Depuis sa première arrivée au pouvoir en 1981, le PS a évolué vers une politique sociale-démocrate, vers un programme en faveur de la justice sociale et de l'amélioration des conditions de travail. Le PS refuse l'idéologie communiste. Il respecte la propriété privée, mais il favorise la puissance de l'Etat et l'intervention de celui-ci dans certains secteurs de la vie sociale et économique de la France.

Le Parti Communiste Français (PCF) est basé sur l'idéologie marxiste de la lutte des classes. Les communistes étaient très populaires après la guerre de 1940 et remportaient régulièrement 20% des voix exprimées dans les élections. Cette popularité était due d'abord à leur participation à la Résistance contre les Nazis (le communisme représentait l'antithèse de l'extrême-droite nazie) et ensuite à leur idéologie (le PCF défendait la classe ouvrière, qui constituait une grande partie de la population active). Le PCF a toujours favorisé la nationalisation des entreprises et une économie contrôlée par l'Etat, mais de nos jours il préconise une lutte électorale qui privilégie les réformes dans une société capitaliste. La popularité du PCF ne cesse d'être en déclin depuis l'arrivée de la gauche au pouvoir en 1981. La diminution de la classe ouvrière est sûrement un facteur important dans la baisse de popularité du parti. En plus, le conflit idéologique gauche-droite, basé sur la division des classes sociales, ne mobilise plus la classe moyenne qui s'est développée au cours des années 1970 et 1980.

Europe Ecologie-Les Verts est un parti qui s'appelle aussi les Verts tout court. La création des Verts en 1984 reflète à la fois une préoccupation croissante envers l'environnement et un désenchantement populaire vis-à-vis des vieux partis politiques et de leurs idéologies. Les Verts s'opposent souvent aux projets de l'Etat, au nom de l'environnement. Ils affirment que le Gouvernement donne trop souvent la priorité à la croissance industrielle et économique, aux dépens de l'écologie. L'orientation des Verts vers la gauche ne les a pourtant pas empêchés de critiquer la politique des ministres de l'Environnement quand la gauche était au pouvoir. Depuis la décentralisation administrative, les Verts ont la possibilité d'influencer les conseils municipaux et généraux, c'est-à-dire la politique locale. Dans le contexte européen, regroupés avec d'autres partis écologistes comme les Grünen en Allemagne, les Verts constituent une force politique relativement importante. Sur le plan national, pourtant, les Verts tendent à perdre leur place parce que tous les partis s'intéressent maintenant aux questions écologiques.

Front de Gauche (FG) est une coalition de partis politiques français, initiée par le PCF et le Parti de Gauche lors des élections européennes de 2009, afin de gagner plus de sièges au Parlement européen. En 2012, pour la même raison, les composantes du FG ont décidé de présenter un candidat unique à l'élection présidentielle. Jean-Luc Mélenchon est devenu le candidat officiel du FG. Au premier tour, Mélenchon est arrivé en quatrième position, derrière Marine Le Pen. Les leaders du FG ont choisi de soutenir le candidat François Hollande au second tour. Aux législatives, les députés FG sortants se sont

Les Français participent directement à différentes élections.

retrouvés devancés par les candidats socialistes dans de nombreuses circonscriptions, mais le parti a fini par obtenir 10 députés à l'Assemblée nationale. Ceux-ci font partie de la nouvelle majorité depuis 2012.

La scène politique française a bien changé depuis les années 1980. Le communisme a cessé d'être une force importante. L'extrême-droite est apparue et l'idéologie xénophobe de celle-ci fait appel aux couches sociales les moins favorisées. Le parti des Verts est apparu et ses préoccupations écologiques ont attiré des voix de droite et de gauche. Le Parti socialiste a changé de nature depuis son arrivée au pouvoir en 1981. Il a évolué vers le centre, vers la social-démocratie et il a bénéficié de tous les changements dans la société française. La France est, semble-t-il, de plus en plus dominée par les classes moyennes sans attachement idéologique.

● Les élections en France

Comme la France est une république démocratique, les élections y jouent un rôle très important. La Constitution de 1848 a accordé le droit de vote aux hommes, de toutes les conditions sociales, âgés de 21 ans au moins. Un siècle plus tard, en 1946, la Constitution de la IVe République a accordé le droit de vote aux femmes et aux hommes âgés de 21 ans minimum. En 1974, le droit de vote a été accordé à tous ceux qui avaient au moins 18 ans.

Quelles sont les conditions requises pour pouvoir voter? (1) Il faut être citoyen français. (2) Il faut avoir 18 ans. (3) Il faut être inscrit sur la liste électorale

REMARQUE IMPORTANTE		Liberté • Égalité • Fraternité

REMARQUE IMPORTANTE
Les électeurs des communes de plus de 5 000 habitants
doivent présenter, au moment du vote, un titre d'identité.

SCRUTIN N° 1	SCRUTIN N° 2
SCRUTIN N° 3	SCRUTIN N° 4
SCRUTIN N° 5	SCRUTIN N° 6
SCRUTIN N° 7	SCRUTIN N° 8
SCRUTIN N° 9	SCRUTIN N° 10
SCRUTIN N° 11	SCRUTIN N° 12

Liberté • Égalité • Fraternité
RÉPUBLIQUE FRANÇAISE

"VOTER EST UN DROIT, C'EST AUSSI UN DEVOIR CIVIQUE"

CARTE ÉLECTORALE

La présente carte remplace la carte précédemment délivrée, qui devra être détruite ; elle doit être conservée par l'électeur jusqu'à réception d'une nouvelle carte.

MINISTÈRE DE L'INTÉRIEUR

Carte électorale

et avoir une carte d'électeur afin de prouver qu'on est domicilié dans la commune. Les Français résidant à l'étranger peuvent également voter, soit par correspondance, soit à l'ambassade ou aux consulats de France. Les élections ont toujours lieu le dimanche, jour où la plupart des gens ne travaillent pas.

Les électeurs français participent directement à cinq sortes d'élections nationales, sans compter les élections européennes:

1. **Les présidentielles**   Depuis 2002, elles ont lieu tous les cinq ans *au moins*. Il arrive parfois que le président ne termine pas son mandat (De Gaulle a démissionné en 1969, Pompidou est mort en 1974). Dans ce cas, une nouvelle élection s'impose. C'est là une grande différence entre le système français et le système américain: aux Etats-Unis, les élections présidentielles ont lieu tous les quatre ans. Si le président ne peut pas terminer son mandat, le vice-président devient président jusqu'aux élections suivantes. En France, il n'y a pas de vice-président. Quand le président ne peut pas terminer son mandat, c'est le président du Sénat qui assure l'intérim, toujours bref, entre le président sortant et le suivant.

2. **Les législatives**   Elles ont lieu tous les cinq ans, ou plus souvent si le président de la République dissout l'Assemblée nationale. Chaque électeur français vote pour un député de la circonscription dans laquelle il habite.

3. **Les départementales**   Elles ont lieu régulièrement tous les six ans. Elles servent à élire le Conseil départemental de chaque département. Chaque département est divisé en plusieurs cantons, ou circonscriptions

électorales, selon sa population. Chacun des cantons élit, au scrutin binominal, deux conseillers, un homme et une femme, élus ensemble. Les premières élections de ce type auront lieu en 2015.

Ainsi, pour les élections présidentielles et législatives, le mode de scrutin est uninominal et majoritaire. Uninominal, cela signifie qu'on vote pour un nom, une personne: un président, un député. Majoritaire, cela veut dire que pour gagner il faut obtenir une majorité absolue des suffrages exprimés (50% plus une voix). Pour les élections départementales, le mode de scrutin est binominal et majoritaire. Ce nouveau mode de scrutin fait partie de la réforme «Acte III de la décentralisation», votée en 2013, un an après l'élection de François Hollande à la présidence de la République.

4. **Les municipales**   Elles ont lieu tous les six ans, et elles servent à élire les conseils municipaux pour toutes les communes de France. Les conseillers municipaux sont élus en bloc, tous en même temps. A la différence des élections déjà mentionnées, celles-ci ont un mode de scrutin par liste: c'est-à-dire qu'on ne vote pas pour une personne mais pour toute une liste de conseillers. Dans les petites communes (celles qui ont moins de 1 000 habitants), le scrutin de liste est majoritaire, c'est-à-dire que la liste qui obtient une majorité des voix exprimées est élue. Dans les grandes communes, le scrutin de liste est à représentation proportionnelle, c'est-à-dire que les sièges du conseil municipal sont répartis proportionnellement aux résultats obtenus pour chaque liste. Ainsi, le Conseil municipal d'une petite commune se compose de membres qui sont de la même tendance politique, ce qui n'est pas le cas pour les grandes communes.

5. **Les régionales**   Depuis 1986, les membres du Conseil régional sont élus au suffrage universel direct par les habitants de la Région. Les conseillers régionaux sont aussi élus par scrutin de liste, à représentation proportionnelle, pour six ans.

6. **Les européennes**   Depuis 1979, les électeurs français, ainsi que tous les autres électeurs de l'Union européenne, choisissent les députés européens (les membres du Parlement européen, dont le siège est à Strasbourg). Ces élections ont lieu tous les cinq ans (voir le Chapitre 5).

On peut représenter schématiquement les modes de scrutin comme suit:

Elections	Mode de scrutin	Fréquence
présidentielles	uninominal, majoritaire	5 ans (normalement)
législatives	uninominal, majoritaire	5 ans (normalement)
départementales	binominal, majoritaire	6 ans
municipales		
(petites communes)	liste, majoritaire	6 ans
(grandes communes)	liste, proportionnelle	6 ans
régionales	liste, proportionnelle	6 ans
européennes	liste, proportionnelle	5 ans

Le mode de scrutin utilisé aux Etats-Unis est uninominal et majoritaire à un tour. Celui-ci établit une majorité claire, mais il favorise la bipolarisation. Il prive les partis minoritaires de toute représentation. En France, les grands partis préfèrent le mode de scrutin majoritaire, pour des raisons évidentes; la représentation proportionnelle est dans l'intérêt des partis minoritaires.

Finalement, il faut mentionner un autre phénomène électoral qui est une caractéristique particulière de la Ve République: le référendum populaire. La Constitution de 1958 accorde au président de la République le droit de recourir à un référendum, c'est-à-dire de demander aux électeurs français de se prononcer directement sur une question importante. Le président Charles de Gaulle, par exemple, a eu recours à cette procédure pour changer le mode d'élection du président de la République et pour trancher la question de l'indépendance de l'Algérie dans les années 1960. En 2002, le président Jacques Chirac a demandé aux électeurs français de se prononcer en faveur du quinquennat présidentiel, et en 2005, de ratifier le traité établissant une Constitution européenne.

Puisque la France a un système multi partisan et non pas bipartisan comme aux Etats-Unis, il est très difficile pour un candidat d'obtenir une majorité absolue au premier tour. Voilà pourquoi il y a presque toujours un second tour. Le premier tour élimine tous les candidats sauf les deux qui ont obtenu le plus grand nombre de voix. Ces deux candidats se présentent au second tour et l'un des deux obtiendra forcément une majorité des voix. A titre d'exemple, nous pouvons regarder les résultats des élections présidentielles de 2012. Le premier tour a eu lieu le 22 avril, et dix candidats se sont présentés. Le tableau ci-dessous indique les cinq candidats qui ont obtenu le plus grand nombre de suffrages.

Evidemment, aucun candidat n'a obtenu une majorité, alors les deux qui ont reçu le plus grand nombre de voix (Hollande et Sarkozy) se sont présentés au second tour, quinze jours plus tard (le 6 mai). Cette fois-ci, Hollande a obtenu 51,6 % des suffrages exprimés et Sarkozy 48,4 %, ainsi Hollande a été élu.

Le premier tour remplit la même fonction que les élections «primaires» aux Etats-Unis, dans la mesure où il élimine tous les candidats sauf les deux plus importants, qui sont normalement d'opposition droite-gauche. Le scrutin majoritaire favorise la dualité droite-gauche, parce que le premier tour élimine en général les candidats des partis minoritaires, qui sont donc amenés à se rallier aux deux candidats majoritaires au second tour.

TABLEAU I: Résultats des élections présidentielles de 2012, premier tour

François Hollande	PS	28,63%
Nicolas Sarkozy	UMP	27,18%
Marine Le Pen	FN	17,90%
Jean-Luc Mélenchon	Front de gauche	11,11%
François Bayrou	MoDem	9,13%

Si l'on compare les élections présidentielles en France et aux Etats-Unis, on voit plusieurs grandes différences, en ce qui concerne (1) la durée de la campagne, (2) le coût, (3) la participation de l'électorat et (4) la méthode utilisée.

1. En France, la campagne électorale commence officiellement quinze jours avant le premier tour, tandis qu'aux Etats-Unis, avec le système d'élections «primaires», la campagne dure bien plus longtemps. Les sondages d'opinion en France sont interdits 48 heures avant le scrutin.

2. En France, la campagne électorale coûte bien moins cher. Pour se présenter aux élections présidentielles, un candidat doit recueillir au moins 500 signatures d'élus. Ces élus peuvent être des députés, des sénateurs, des conseillers régionaux ou généraux, ou des maires. Ces «parrainages» doivent venir d'au moins 30 départements différents et pas plus de dix pour cent d'entre eux ne peuvent venir du même département. Un élu ne peut parrainer qu'un seul candidat. Ce système de parrainage élimine le critère de l'argent dans la sélection des candidats. Le financement de la campagne électorale est strictement organisé et les dépenses sont limitées. Pendant les trois mois précédant le mois d'une élection, l'utilisation de la publicité politique (que le Code électoral appelle «propagande électorale») dans la presse ou dans les médias audiovisuels est interdite. Ni le Gouvernement ni aucune organisation publique ou privée ne peut utiliser la télévision ou la radio en faveur d'un candidat. Evidemment, les journalistes peuvent consacrer à la campagne toute la place qu'ils veulent, mais les candidats n'ont pas besoin d'énormes sommes d'argent pour acheter de la publicité. Pendant la campagne officielle, chaque candidat dispose gratuitement d'un temps d'antenne à la radio et à la télé. La propagande électorale est strictement contrôlée par l'Etat pour que tous les candidats bénéficient d'une égalité de traitement.

3. Le fait que les Français se passionnent pour la politique se révèle dans leur participation aux élections: 80% de l'électorat français a participé aux élections présidentielles de 2012, tandis qu'aux Etats-Unis la participation habituelle aux élections présidentielles est de 50% à 55% (58%, pourtant, en 2012). Aux élections législatives, le taux d'abstention est plus élevé, de 33% en moyenne, c'est-à-dire, un électeur sur trois ne vote pas. Comme aux Etats-Unis, l'abstentionnisme est toujours plus élevé dans les élections locales.

4. Enfin, il convient de noter encore une fois que les Français élisent leur président directement, tandis qu'aux Etats-Unis il y a un collège électoral à cet effet.

● Les «cohabitations»

Le décalage entre le mandat des députés (cinq ans) et le septennat du président (un décalage qui a été supprimé en 2000) pouvait résulter en une «cohabitation» de deux tendances politiques différentes, ce qui est arrivé trois fois dans les années 1980 et 1990 en France. Quand François Mitterrand (le candidat socialiste) a été élu président de la République en 1981, il voulait avoir une majorité de gauche à l'Assemblée nationale, afin de pouvoir mieux appliquer ses programmes. Peu de temps après son élection en 1981, il a dissout l'Assemblée nationale et a annoncé de nouvelles élections législatives. La gauche l'a emporté, et la nouvelle Assemblée nationale était donc dominée par le parti de Mitterrand. Tandis que le septennat du président ne devait se terminer qu'en 1988 (sept ans), le mandat des députés s'est terminé en 1986 (cinq ans). Aux élections législatives de 1986, la droite a obtenu la majorité à l'Assemblée nationale et le président Mitterrand a donc été obligé de nommer un premier ministre de droite, pour que ce dernier puisse gouverner en accord avec la nouvelle Assemblée nationale. Ainsi, pour la première fois sous la Ve République, un président d'une tendance politique et un premier ministre d'une autre devaient «vivre ensemble», d'où le terme «cohabitation». Un grand nombre de Français craignaient une crise ministérielle et même la chute de la Ve République. Mais cette nouvelle situation a très bien réussi. La cohabitation, qui n'était pas prévue dans la Constitution de la Ve République, avait pourtant montré que celle-ci était viable. En 1988, à la fin de son septennat, Mitterrand s'est présenté de nouveau aux élections présidentielles. Extrêmement populaire, il a gagné. Il a tout de suite dissout l'Assemblée nationale pour la seconde fois. Aux élections législatives de 1988, la gauche n'a pas obtenu la majorité, mais les socialistes ont réussi à former une coalition avec certains centristes pour réunir assez de sièges pour dominer l'Assemblée nationale. Mitterrand a nommé un socialiste au poste de premier ministre. La cohabitation s'est donc terminée en 1988 puisque le président et le premier ministre étaient de nouveau du même parti politique. Au cours du deuxième septennat de Mitterrand, il s'est produit une deuxième cohabitation. Le mandat des députés qui avaient été élus en 1988 s'est terminé cinq ans plus tard, en 1993. En 1993, il y a donc eu des élections législatives et la droite a obtenu la majorité des sièges à l'Assemblée nationale. Mitterrand a été obligé de nommer un premier ministre de droite. Ce nouveau Gouvernement de droite a «cohabité» avec un président de gauche pendant deux ans.

En 1995, le deuxième septennat de Mitterrand s'est terminé et il a choisi de ne pas se présenter une troisième fois. Une dizaine de candidats se sont présentés aux élections présidentielles. Les deux candidats qui se sont affrontés au second tour étaient Jacques Chirac (de droite) et Lionel Jospin (de gauche). C'est Chirac qui a été élu et qui est devenu le cinquième président de la Ve République.

A la différence de Mitterrand lors de ses deux élections présidentielles, Chirac avait déjà une majorité à l'Assemblée nationale quand il a assumé la Présidence de la République. Il était donc libre de nommer un premier ministre de son parti (Alain Juppé) et un Gouvernement de droite. Le gouvernement Juppé s'est pourtant avéré peu populaire, ayant tenté de mettre en œuvre une série de mesures d'austérité budgétaire qui ont provoqué en 1995 de grandes manifestations et des grèves générales dans toute la France — les plus massives depuis mai 1968. En 1997, devant la nécessité d'imposer de nouvelles mesures d'austérité afin de qualifier la France pour l'euro, Chirac a surpris tout le pays en annonçant sa décision de dissoudre l'Assemblée nationale, précipitant des élections législatives anticipées, alors qu'il avait une majorité et qu'il aurait pu simplement nommer un nouveau Gouvernement. Aux élections législatives de 1997, le parti de Chirac a perdu et la gauche a gagné une majorité des sièges. Le président Chirac a donc été obligé de nommer un premier ministre de gauche. Il a nommé Lionel Jospin, qui a formé un nouveau Gouvernement de gauche. Cette troisième cohabitation, qui a duré jusqu'en 2002, était différente des deux premières: (1) Le président de la République était de droite, tandis que le Gouvernement et la majorité étaient de gauche. Dans les deux premières, c'était le contraire. (2) Les deux premières cohabitations n'ont duré que deux ans, c'est-à-dire le temps du décalage entre le mandat du président (sept ans) et celui des députés (cinq ans). La troisième a duré cinq ans, c'est-à-dire pendant la plus grande partie du premier septennat de Jacques Chirac. (3) Les deux premières cohabitations ont résulté de la tentative du président de la République (Mitterrand) de changer la composition de l'Assemblée pour obtenir une majorité, tandis que la troisième a été provoquée par la décision de Chirac qui a dissout l'Assemblée et fait appel à de nouvelles élections alors qu'il avait déjà une majorité à l'Assemblée. En 2000, le mandat présidentiel a été réduit de sept à cinq ans (voir le Chapitre 6). Certains soutenaient qu'un mandat présidentiel de cinq ans (un quinquennat), égal au mandat législatif, réduirait l'éventualité d'une cohabitation à l'avenir.

La longue cohabitation de Chirac et Jospin s'est terminée avec les élections présidentielles de 2002. Chirac a été réélu, mais pour cinq ans cette fois-ci. La même année (2002), la droite a obtenu une grande majorité à l'Assemblée nationale (399 sièges). Cette victoire de la droite a permis à Chirac de nommer un Gouvernement de droite. Puisque les élections présidentielles et législatives ont eu lieu la même année, en 2007 et en 2012, il n'y a plus, en principe, de décalage entre le mandat du président et celui des députés. Mais une nouvelle cohabitation est toujours possible. Même si les électeurs français choisissent leur président et leurs députés la même année, ils peuvent très bien élire, par exemple, un président de gauche et une Assemblée nationale dominée par la droite, ou le contraire. En outre, il y a toujours la possibilité d'une vacance de poste du président de la République ou bien d'une dissolution de l'Assemblée nationale.

● Deux réformes électorales

Le gouvernement Jospin (1997–2002) a effectué deux grandes réformes électorales pendant la troisième cohabitation: la loi sur la limitation du cumul des mandats électoraux et la loi sur la parité entre hommes et femmes dans la vie politique. Les deux lois ont été approuvées par le Parlement en 2000.

Le cumul des mandats électoraux, c'est la possibilité d'accumuler un certain nombre de postes électoraux aux niveaux national et local en même temps. En général, les fonctions locales (maire, conseiller municipal) servent de première étape aux personnes qui envisagent une carrière politique. Certains se font élire par la suite à un poste national (le cumul le plus fréquent est celui de député-maire). Le but de la réforme a été de limiter ce cumul des mandats pour permettre aux élus de se consacrer pleinement à leurs fonctions. Par exemple, le cumul des mandats de député et de sénateur est interdit. Depuis 2000, un député ou un sénateur ne peut plus cumuler son mandat parlementaire avec celui de représentant au Parlement européen. L'exercice d'un mandat parlementaire est incompatible avec l'exercice de plus d'un mandat local (conseiller régional, général ou municipal). Cela veut dire qu'un parlementaire national ne peut exécuter qu'une seule fonction exécutive locale (président de conseil régional ou général, ou maire d'une commune). Une nouvelle loi, votée en 2013 sous la présidence de François Hollande, est allée plus loin dans cette direction: à partir de 2017, il ne sera plus possible de cumuler un mandat national et un mandat local. Ainsi, il n'y aura plus de députés-maires en France. Le cumul des mandats est limité en Allemagne, mais totalement interdit au Royaume-Uni et aux Etats-Unis.

La France est le premier pays qui a adopté une loi en faveur de l'égalité dans la représentation des hommes et des femmes au niveau politique. Parmi les pays membres de l'Union européenne, la France figurait au bas de l'échelle en ce qui concerne le pourcentage des femmes dans la législature nationale. Les débats sur la parité ont commencé en 1999. Ceux qui soutenaient la parité pensaient que les femmes, surtout en France, étaient sous-représentées dans la vie politique et que la loi devrait obliger les partis politiques à instituer un quota ou un pourcentage déterminé. Ceux qui s'y opposaient considéraient la parité comme une discrimination qui va à l'encontre de l'idéal républicain de l'égalité des sexes, races, etc. La loi sur la parité a été votée en 2000 et a été appliquée pour la première fois aux élections municipales de 2001. Cette loi a rendu obligatoire le principe de la parité pour les élections au scrutin de liste et pour la représentation proportionnelle, c'est-à-dire pour les élections européennes, régionales et municipales (sauf dans les petites communes). Ainsi, chaque liste doit être composée d'un nombre égal d'hommes et de femmes.

Le résultat de cette loi a été l'entrée massive des femmes dans les conseils municipaux en 2001. Dans les grandes communes de plus de 3 500 habitants (les seules concernées par cette loi), la proportion de femmes élues aux conseils municipaux est passée de 22% (élections de 1995) à 33% en 2001, et à 48,5% en 2008, soit une quasi-parité. D'après un décret de la Commission européenne, le seuil de 30% de femmes est considéré comme minimal. Ce seuil est donc dépassé dans toutes les grandes communes de France.

Les élections législatives de 2002 n'ont pas vu de tels résultats. Dans cette élection, au scrutin uninominal et majoritaire, la parité n'était pas une obligation stricte mais une incitation, un encouragement. Pour les législatives, les partis politiques devaient présenter un nombre égal de candidats et de candidates, avec un écart maximal de 2%, sous peine de sanction financière: ceux qui ne suivaient pas ce règlement devaient subir une pénalité financière sur l'aide publique de l'Etat aux partis politiques. Par conséquent, les femmes candidates aux législatives ont représenté 39% de l'ensemble des candidats, par rapport à 23% en 1997. Ce mode d'application de la loi sur la parité a tout de même démontré son inefficacité: le pourcentage de femmes élues à l'Assemblée nationale en 2002 est passé de 11% à 12% seulement. Pourtant, les résultats ont été meilleurs dans les élections plus récentes: en 2007, les 95 députées élues représentaient plus de 16%

de l'Assemblée nationale, et en 2012 les 155 députées élues représentaient près de 27% du corps législatif. On peut donc dire que la parité hommes-femmes progresse favorablement dans la vie politique française. Le nouveau scrutin binominal des élections départementales, qui élit un candidat et une candidate dans chaque canton, est une manière d'imposer la parité.

La loi sur la parité ne s'applique pas aux élections présidentielles: puisque chaque parti ne peut présenter qu'un seul candidat, il faut bien que ce soit un homme ou une femme. Toujours est-il qu'il y avait quatre candidates (sur 12 candidats) qui figuraient sur la liste en 2007 au premier tour. Avec la présence de Ségolène Royal au second tour, une femme était en situation éligible à la Présidence de la République pour la première fois en France. Après son élection en 2007, Nicolas Sarkozy a nommé un premier ministre, François Fillon, qui a formé un Gouvernement de quinze ministres (huit hommes et sept femmes), soit le Gouvernement le plus féminin de l'histoire de France. Après le remaniement de 2008, le nouveau Gouvernement ne comptait que 13 femmes sur ses 38 membres — loin de la parité, mais quand même un record pour la France. En 2012, aux élections présidentielles, il y avait trois candidates sur la liste au premier tour. Après l'élection de François Hollande, le premier ministre Jean-Marc Ayrault (remplacé par Manual Valls à la suite des élections municipales de 2014) a nommé un Gouvernement paritaire pour la première fois en France: 17 femmes ministres sur 34 membres du Gouvernement. La parité continue d'être respectée dans le gouvernement Valls, qui comprend 15 femmes et 15 hommes. L'idée de la parité a été inscrite dans la Constitution lors de la réforme constitutionnelle de 2008: «La loi favorise l'égal accès des femmes et des hommes aux mandats électoraux ...».

● La classe politique

En France, on parle de la «classe politique» pour désigner les personnages (hommes et femmes) qui tiennent les premières places dans la vie politique nationale. La plupart de ces personnages très connus forment une «classe» dans la mesure où ils ont reçu une certaine formation politique et économique dans les Grandes Ecoles, notamment l'Institut d'Etudes Politiques (dit «Sciences Po») et surtout l'Ecole Nationale d'Administration (l'ENA). Autrement dit, ce sont des professionnels qui se sont préparés pour une carrière dans la fonction publique. Les Français s'étonnent d'apprendre qu'un agriculteur ou un acteur de cinéma peut devenir président des Etats-Unis, un aspect de la démocratie américaine qu'ils trouvent parfois admirable et parfois scandaleux. En France, il n'en est pas ainsi. L'ENA a été créée en 1945. C'est une institution très élitiste et l'accès y est très rigoureux. Les diplômés de cette école (les «énarques») font carrière dans la vie publique en tant que préfets, diplomates et ambassadeurs, hauts fonctionnaires et peut-être ministres ou même président de la République. En un mot, ce sont les «mandarins» de la fonction publique. Jacques Chirac et Lionel Jospin, par exemple, sont des «énarques». Ségolène Royal et François Hollande sont diplômés de Sciences Po et aussi de l'ENA. L'ENA permet à une personne brillante et énergique de mettre tous ses talents au service de l'Etat.

I. Répondez aux questions suivantes.

1. Quelle est l'origine politique des termes «droite» et «gauche»?

2. Qu'est-ce que la droite représente et préconise plus particulièrement?

3. Qu'est-ce que la gauche représente et préconise plus particulièrement?

4. Comment la scène politique française a-t-elle changé depuis les années 1980?

5. Qui a le droit de vote en France? Quelles sont les conditions requises pour pouvoir voter?

6. Combien de types d'élections y a-t-il en France? Nommez-les.

7. Quelles élections ne sont pas nécessairement régulières? Pourquoi?

8. Qu'est-ce que les termes «uninominal» et «majoritaire» signifient?

9. En quoi les élections municipales, régionales et européennes diffèrent-elles des autres?

10. Pourquoi les élections présidentielles ont-elles généralement deux tours?

11. Deux cohabitations ont eu lieu sous Mitterrand. Pourquoi?

12. Comment la troisième cohabitation a-t-elle été différente des deux premières?

13. Une des réformes électorales sous le gouvernement Jospin a concerné une loi sur le cumul des mandats. Expliquez cette loi.

14. Quelles ont été les raisons de la loi sur la parité qui a été votée en 2000? En quoi cette loi consiste-t-elle?

15. En quoi des Grandes Ecoles telles que Sciences Po et l'ENA contribuent-elles à la vie politique?

II. Etes-vous d'accord? Sinon, justifiez votre réponse.

1. Le rôle de l'Eglise est important dans la vie politique en France.

2. Le FN s'adresse surtout à la classe ouvrière et préconise le droit de vote aux immigrés.

3. Les divergences entre les partis politiques de gauche sont moins profondes qu'entre les partis de droite.

4. Le PCF favorise la nationalisation des entreprises.

5. Le PS évolue vers l'extrême gauche depuis les années 1980.

6. Si le président ne peut pas terminer son mandat, c'est le président du Sénat qui le remplace jusqu'aux élections suivantes.

7. Les élections en France ont lieu le mardi.

8. Dans les grandes communes, le scrutin de liste est majoritaire.

9. Les conseillers départementaux sont élus au scrutin binominal et majoritaire.

10. Les conseillers municipaux sont souvent de la même tendance politique.

11. Le scrutin majoritaire favorise un système multi partisan.

12. L'idéologie du parti des Verts se rapproche de celle du FN.

13. Un référendum est un type d'élection.

14. Les deux candidats au second tour des élections présidentielles de 2012 étaient de droite.

15. Un député à l'Assemblée nationale peut également siéger au Parlement européen.

III. Discussion.

1. Que pensez-vous de l'élection présidentielle au suffrage universel?

2. D'après vous, est-ce une bonne idée de limiter le coût et la publicité d'une campagne électorale?

3. Y a-t-il des partis dans votre pays qui correspondent à certains partis de droite ou de gauche en France?

4. Quelles sortes d'élections y a-t-il dans votre pays? Quand ont-elles lieu? Qui a le droit de vote?

5. Les jeunes de 18 ans peuvent-ils voter dans votre pays? Quand les femmes ont-elles obtenu le droit de vote? D'après vous, celles-ci sont-elles suffisamment représentées dans la vie politique de votre pays?

IV. Vos recherches sur Internet.

Afin de faciliter vos recherches et de répondre à ces questions, consultez le site du livre sur www.cengagebrain.com.

1. Faites des recherches sur un parti politique de votre choix: son histoire, son idéologie, ses préoccupations, etc.

2. Comparez les taux d'abstention des votes dans les différentes élections et référendums en France ces vingt dernières années. Quelles constatations pouvez-vous faire?

3. Comment les partis politiques sont-ils financés? Comment les élections sont-elles réglementées?

4. Les ressortissants d'un pays membre de l'Union européenne qui vivent en France ont-ils le droit de vote?

5. Depuis 1999, des débats en France concernent la parité. En plus des lois sur l'égalité de la représentation des hommes et des femmes dans les élections, quelles autres démarches ont été entreprises?

que la politique familiale favorise la famille traditionnelle, tandis que le mouvement contemporain pour l'émancipation des femmes contribue à changer le caractère de la famille. La politique familiale fait partie d'une politique plus large, celle de la protection sociale (voir le chapitre 11).

Le mouvement féministe

Au XIXe siècle, c'est la culture française qui a créé le mot «féminisme» pour revendiquer les mêmes droits pour les femmes que pour les hommes, surtout le droit de vote. La IIIe République a voté des lois qui ont progressivement accordé plus d'égalité aux femmes: le droit d'une femme célibataire d'avoir un compte en banque (1881), le droit d'une femme mariée de disposer de son salaire (1907), le droit d'une femme mariée de ne pas obéir à son mari (1938). Bien que les Anglaises et les Canadiennes aient obtenu le droit de vote en 1918 et les Américaines en 1920, les Françaises ont dû attendre jusqu'à la fin de la Deuxième Guerre mondiale (1945). La IVe République a été la première république égalitaire en ce qui concerne les femmes. En 1946, la France est devenue le premier pays à reconnaître le principe «à travail égal, salaire égal» (bien qu'il arrive encore aujourd'hui que les femmes soient moins payées que les hommes). La Constitution de 1946 a garanti aux femmes les mêmes droits qu'aux hommes, y compris le droit de vote.

Le Code civil a été modifié progressivement à l'égard du statut de la femme. Au cours du XXe siècle, la femme est devenue l'égale de l'homme sur les plans juridique, financier, professionnel et politique. Les dernières Grandes Ecoles qui étaient réservées aux hommes, telles que l'Ecole Polytechnique, ont enfin ouvert leurs portes aux femmes. Les professions qui leur étaient traditionnellement fermées ne le sont plus. Aujourd'hui, les femmes composent 48% des actifs (travailleurs), à peu près le même pourcentage qu'aux Etats-Unis. Le taux de natalité — 2 enfants par femme en moyenne — signifie le refus d'une famille nombreuse et le désir de concilier une vie familiale avec une vie professionnelle.

L'année 1970 a marqué une date importante dans l'histoire du féminisme en France avec la fondation du Mouvement de Libération de la Femme (MLF), une organisation qui a milité pour changer certaines lois ayant rapport aux droits des femmes. «Un homme sur deux», disait le MLF, «est une femme». Le MLF a été fondé par des femmes qui avaient une orientation politique de gauche. La droite est normalement conservatrice envers le mouvement féministe. Une exception à noter est celle du président Valéry Giscard d'Estaing (centre-droite). Champion des causes féministes, Giscard a voulu montrer que les femmes pouvaient jouer un rôle efficace en politique. En 1974, Giscard a créé un poste de ministre des Droits de la Femme. Ce nouveau ministère, soutenu par le MLF, a aidé à mobiliser l'opinion française pour faire voter de nouvelles lois concernant l'avortement, la contraception, le viol et le divorce.

L'avortement et la contraception étaient interdits en France depuis 1920. Le but de ces interdictions n'était pas religieux mais démographique: c'était une tentative, de la part des pouvoirs publics, de remédier aux pertes provoquées par la de 20 ans, sans égard pour leurs revenus. En 2013, les prestations mensuelles étaient les suivantes:

pour deux enfants 128,57 €

pour trois enfants 293,30 €

pour chaque enfant en plus 164,73 €

Il y a une majoration (augmentation) mensuelle de la somme au moment où chaque enfant (sauf le premier) atteint l'âge de 14 ans (64,29 € par enfant). Ces allocations sont versées jusqu'à l'âge de 20 ans.

Le deuxième objectif de la politique familiale, très controversé, est d'avoir un impact démographique sur la population de la France. C'est donc une politique nataliste, selon laquelle les allocations constituent le moyen d'encourager les femmes à avoir des enfants (le livret de famille a de la place pour inscrire l'acte de naissance de dix enfants). La politique familiale veut influencer les pratiques familiales, notamment le nombre d'enfants, sans porter atteinte à la liberté de choix des individus. Mais il y a des critiques féministes qui voient cette politique comme une tentative peu subtile pour encourager les femmes à rester à la maison, à renoncer à la vie professionnelle et à la notion d'égalité sexuelle. En revanche, l'Etat et les collectivités locales financent un grand nombre de crèches et de garderies qui permettent à la mère de reprendre son travail avant que son enfant entre à l'école maternelle. Il reste pourtant vrai

La politique familiale en France est très développée.

que la politique familiale favorise la famille traditionnelle, tandis que le mouvement contemporain pour l'émancipation des femmes contribue à changer le caractère de la famille. La politique familiale fait partie d'une politique plus large, celle de la protection sociale (voir le chapitre 11).

● Le mouvement féministe

Au XIXe siècle, c'est la culture française qui a créé le mot «féminisme» pour revendiquer les mêmes droits pour les femmes que pour les hommes, surtout le droit de vote. La IIIe République a voté des lois qui ont progressivement accordé plus d'égalité aux femmes: le droit d'une femme célibataire d'avoir un compte en banque (1881), le droit d'une femme mariée de disposer de son salaire (1907), le droit d'une femme mariée de ne pas obéir à son mari (1938). Bien que les Anglaises et les Canadiennes aient obtenu le droit de vote en 1918 et les Américaines en 1920, les Françaises ont dû attendre jusqu'à la fin de la Deuxième Guerre mondiale (1945). La IVe République a été la première république égalitaire en ce qui concerne les femmes. En 1946, la France est devenue le premier pays à reconnaître le principe «à travail égal, salaire égal» (bien qu'il arrive encore aujourd'hui que les femmes soient moins payées que les hommes). La Constitution de 1946 a garanti aux femmes les mêmes droits qu'aux hommes, y compris le droit de vote.

Le Code civil a été modifié progressivement à l'égard du statut de la femme. Au cours du XXe siècle, la femme est devenue l'égale de l'homme sur les plans juridique, financier, professionnel et politique. Les dernières Grandes Ecoles qui étaient réservées aux hommes, telles que l'Ecole Polytechnique, ont enfin ouvert leurs portes aux femmes. Les professions qui leur étaient traditionnellement fermées ne le sont plus. Aujourd'hui, les femmes composent 48% des actifs (travailleurs), à peu près le même pourcentage qu'aux Etats-Unis. Le taux de natalité — 2 enfants par femme en moyenne — signifie le refus d'une famille nombreuse et le désir de concilier une vie familiale avec une vie professionnelle.

L'année 1970 a marqué une date importante dans l'histoire du féminisme en France avec la fondation du Mouvement de Libération de la Femme (MLF), une organisation qui a milité pour changer certaines lois ayant rapport aux droits des femmes. «Un homme sur deux», disait le MLF, «est une femme». Le MLF a été fondé par des femmes qui avaient une orientation politique de gauche. La droite est normalement conservatrice envers le mouvement féministe. Une exception à noter est celle du président Valéry Giscard d'Estaing (centre-droite). Champion des causes féministes, Giscard a voulu montrer que les femmes pouvaient jouer un rôle efficace en politique. En 1974, Giscard a créé un poste de ministre des Droits de la Femme. Ce nouveau ministère, soutenu par le MLF, a aidé à mobiliser l'opinion française pour faire voter de nouvelles lois concernant l'avortement, la contraception, le viol et le divorce.

L'avortement et la contraception étaient interdits en France depuis 1920. Le but de ces interdictions n'était pas religieux mais démographique: c'était une tentative, de la part des pouvoirs publics, de remédier aux pertes provoquées par la

Première Guerre mondiale. A partir de 1920, des milliers de femmes sont mortes à la suite d'avortements clandestins, tandis qu'un grand nombre de Françaises qui avaient les moyens financiers nécessaires partaient en Suisse, aux Pays-Bas ou en Angleterre, pays où l'avortement était légal. En 1974, Simone Veil, ministre de la Santé sous Giscard d'Estaing, a introduit devant l'Assemblée nationale un projet de loi légalisant l'avortement. La première campagne importante du MLF a été consacrée à l'avortement, rebaptisé IVG (interruption volontaire de grossesse). Ce mouvement n'a pas suscité les mêmes passions qu'aux Etats-Unis. L'Eglise en France, se trouvant à l'opposé de l'opinion publique sur cette question, a dû se résigner à ce que la loi civile s'écarte parfois de ses valeurs. En 1974, pendant le débat sur la législation de l'IVG, l'Eglise a condamné celle-ci, mais elle n'a pas exercé de pression sur les députés et n'a pas entrepris de campagne anti-avortement, à la différence des évêques à l'étranger. La plupart des députés de la Majorité (la droite) ont voté contre la «loi Veil», mais celle-ci a été soutenue par la gauche et elle est passée. A partir de 1974, l'IVG était donc autorisée mais non gratuite et elle coûtait assez cher. Le remboursement de l'IVG par

POUR L'ÉGALITÉ DES HOMMES ET DES FEMMES, LA FRANCE S'ENGAGE.

Action menée par le Ministère du travail, des relations sociales, de la famille et de la solidarité

la Sécurité sociale, accordé en 1982 par le gouvernement Mauroy (de gauche), a fait de ce phénomène, si controversé aux Etats-Unis, un acte médical libre et gratuit. Le remboursement de l'IVG n'a pas entraîné une augmentation du nombre d'avortements en France. L'Eglise s'est opposée à cette loi de remboursement mais en 1986, Jacques Chirac a annoncé qu'elle serait maintenue par son gouvernement. L'explication de ce phénomène est peut-être que les catholiques français ont pris le parti de vivre dans une société pluraliste. En tout cas, ce mouvement a tellement changé la façon dont les Français considèrent l'IVG que seule l'extrême-droite réclame encore son abolition. Aujourd'hui, l'IVG est placée dans le domaine de la conscience individuelle et elle est largement reconnue comme un choix personnel et privé. C'est la femme enceinte qui décide, mais le consentement parental est nécessaire si elle est mineure. Dans les années 1980, un médicament qui interrompt la grossesse a été développé par les chercheurs de la société pharmaceutique Roussel-Uclaf. Cette pilule abortive, découverte par hasard, a été baptisée RU 486 et a permis une solution moins traumatique à la seule méthode d'avortement qui consistait en une intervention chirurgicale dans les hôpitaux français depuis 1975.

La contraception, elle aussi, a été libéralisée en 1974. Depuis cette année-là, certaines méthodes contraceptives sont en vente libre en pharmacie, et d'autres, comme la pilule contraceptive, sont en vente sur ordonnance médicale et sont remboursées par la Sécurité sociale. Les centres départementaux de «planning familial» délivrent gratuitement des contraceptifs aux mineurs (à partir de 15 ans) même sans consentement parental. Depuis des années, la pilule est la méthode de contraception préférée, mais plus récemment, suite à la campagne contre le SIDA, le préservatif est devenu très populaire. En 1996, les évêques catholiques français ont accepté l'emploi des préservatifs comme une nécessité pour la lutte contre le SIDA. Le MLF a aussi mené une grande campagne publicitaire contre le viol, une campagne qui a profondément modifié l'attitude des Français envers cette forme de violence. En 1978, la loi a reconnu le viol comme un crime, puni pour la première fois d'emprisonnement. En 1980, la loi a garanti à la victime une protection de sa vie privée, c'est-à-dire que ses expériences sexuelles antérieures ne sont pas prises en considération devant le tribunal. Une autre campagne du MLF cherchait à libéraliser les lois concernant le divorce. Jusqu'en 1975, il était très difficile de divorcer en France, pays en principe catholique. Pour divorcer d'avec son époux ou épouse, il fallait démontrer une «faute» quelconque, ce qui était souvent difficile à prouver. En 1975, une réforme du divorce a détaché celui-ci de la notion de faute et maintenant un couple peut divorcer par consentement mutuel. Sept demandes de divorce sur dix viennent de la part de l'épouse. S'il y a des enfants, l'un des époux (d'habitude le mari) sera peut-être obligé de payer une pension alimentaire à l'autre (en général la femme) qui a la garde des enfants. En cas de divorce, la loi favorise l'exercice conjoint de l'autorité parentale aux parents divorcés. Le résultat de cette situation est l'existence de familles monoparentales et de familles recomposées, parmi les nouvelles formes familiales.

Le MLF s'est donc intéressé aux problèmes liés à l'oppression sociale des femmes. Etant donné qu'il avait à affronter des obstacles culturels très

Campagne 2008–2009 de lutte contre les violences faites aux femmes, initiée par le secrétariat d'Etat à la solidarité

puissants, il est vraiment remarquable de voir les changements que le mouvement féministe a pu effectuer, au cours des années 1970 et jusqu'à nos jours. En 2004, la «Charte de l'égalité entre les hommes et les femmes» a été remise officiellement au premier ministre Dominique de Villepin, ce qui a marqué l'aboutissement d'un important travail de concertation engagé par le ministère de la Parité et de l'Egalité professionnelle en 2003. Ce plan d'action témoigne régulièrement des engagements pris par différents groupes pour faire progresser l'égalité entre les hommes et les femmes. En 2008, le gouvernement Fillon (de droite) a lancé une campagne contre les violences conjugales, et en 2010 une loi visant à renforcer la protection des victimes de violences conjugales a été votée. En France, tous les trois jours, une femme meurt sous les coups de son conjoint ou de son ex-conjoint. Moins de 9% des femmes battues portent plainte. La politique active de lutte contre les violences faites aux femmes et les campagnes d'information et de sensibilisation ont toutefois favorisé, ces dernières années, l'augmentation des plaintes. Une loi votée en 2012 concernant le harcèlement sexuel a aggravé les peines maximales encourues et a renforcé la prévention du harcèlement sexuel dans le monde professionnel.

La famille en crise?

L'émancipation de la femme dans la société française s'est accompagnée d'une baisse de l'influence catholique. Cela se manifeste par un découplage entre la sexualité et la procréation, avec le développement de la contraception, de l'avortement, du divorce et de la procréation médicalement assistée. Ces derniers ont toujours été condamnés par l'Eglise, qui avait longtemps réglé le comportement sexuel des fidèles. Il n'est donc pas surprenant que l'évolution de la vie sexuelle ait transformé le caractère de la famille, et c'est dans le domaine familial que toutes ces transformations sont les plus visibles. Pendant les deux dernières décennies du XXe siècle, certains parlaient d'une crise de la famille. Le nombre de mariages avait continué de baisser. Ainsi, celui-ci est passé de plus de 400 000 par an dans les années 1970 à 250 000 par an dans les années 1980 et 1990. Il n'y a eu que 236 000 mariages célébrés en 2011 et 241 000 en 2012, le taux le plus bas depuis 1995. En revanche, la cohabitation des concubins et des pacsés se développe de plus en plus. Bien que 90% des couples mariés aient cohabité avant de se marier, l'union libre est vue comme une façon acceptable de vivre en couple plutôt qu'un «mariage à l'essai». Le taux de nuptialité est de 3,7 mariages pour mille habitants (contre 6,8 aux Etats-Unis).

En 2006, la France a franchi deux seuils symboliques, celui de la natalité et celui du nombre d'enfants nés hors mariage. Avec un indicateur de fécondité de deux enfants par femme en 2006, la France est devenue le pays le plus fécond de l'Union européenne, bien au-dessus de la moyenne (1,52). Selon certains, ce taux de natalité prouve que, grâce à la politique familiale, le travail des femmes n'est pas l'ennemi de la natalité, bien au contraire. Même l'arrivée prévue d'un enfant ne constitue plus une pression sociale en faveur du mariage. En fait, le mariage n'est plus le passage obligatoire de la parentalité. En 2006, la part des enfants nés hors mariage a franchi pour la première fois le seuil symbolique des 50%: un enfant sur deux a des parents qui ne sont pas mariés. En 2005, la notion de filiation «légitime» ou «illégitime» a disparu du Code civil. En 2012, la part des enfants nés hors mariage était de 56%.

Que se passe-t-il donc? La famille est-elle en voie de disparition? On pourrait dire plutôt que la conception de la famille subit de profondes mutations depuis plusieurs années. C'est l'institution du mariage qui est souvent remise en cause par les jeunes et non pas l'existence du couple ou de la famille. Un «ménage» ne signifie plus forcément un couple marié, tout comme une «famille» ne signifie plus forcément un homme, une femme et un ou plusieurs enfants. De nouvelles formes de vie familiale coexistent avec la famille traditionnelle.

La population de la France

Assez régulièrement, la République française compte ses habitants, une procédure qui s'appelle un recensement. Depuis le premier janvier 2004, le recensement de la population résidant en France est réalisé par une enquête annuelle dont les résultats sont diffusés par l'Insee (Institut national de la statistique et des études économiques). Au premier janvier 2013, la France comptait près de 66 millions d'habitants (Métropole et DOM). La population de la France, ou plutôt sa dépopulation, est un problème qui a préoccupé les pouvoirs publics dans la première moitié du XXe siècle. En 1800, peu de temps après la Révolution, la France comptait 28 millions d'habitants et était le pays le plus peuplé d'Europe. En 1900, un siècle plus tard, la population française était à 40 millions et la France était devenue le deuxième pays d'Europe, derrière une Allemagne unifiée et jugée plus féconde et menaçante. Ensuite, sont survenues les Première et Deuxième Guerres mondiales dont le résultat a été une grande mortalité. En 1946, après la Libération, la France comptait toujours 40 millions d'habitants. Sa population était donc restée stationnaire pendant la première moitié du siècle. En ce qui concerne la population aujourd'hui, la France a la densité la moins élevée d'Europe après celle de l'Espagne. Par contre, elle se positionne au deuxième rang des pays européens les plus peuplés, après l'Allemagne.

Les recensements confirment la continuation de l'exode rural. La France devient une grande banlieue: les campagnes continuent à se vider, tandis que les villes étendent de plus en plus leurs tentacules. Certaines Régions très urbanisées, comme l'Ile-de-France, la Région Rhône-Alpes et la Provence-Alpes-Côte d'Azur, attirent de plus en plus d'habitants. Les anciennes zones industrielles, telles que le Nord et la Lorraine, sont sur le déclin et le Massif central est relativement déserté. Les recensements confirment aussi le déséquilibre entre les trois «âges»: les jeunes (ceux qui ont moins de 20 ans) constituent 24% de la population, les adultes (20 à 60 ans) 52% et les personnes âgées (plus de 60 ans) 24%.

I. Répondez aux questions suivantes.

1. Qui avait l'autorité légale de marier un couple avant la Révolution? Qui possède cette autorité depuis?

2. Quelles sont les formalités nécessaires à un mariage?

3. Qui possède un livret de famille? En quoi ce livret consiste-t-il?

4. Peut-on donner n'importe quel prénom à son enfant? Expliquez.

5. Quelles sont les options dont les mères de famille disposent pour la garde de leurs enfants si elles travaillent?

6. Que fait le Gouvernement pour limiter les grossesses involontaires et les maladies sexuellement transmises chez les jeunes?

7. Qu'est-ce que le PACS? A-t-il été controversé au début? Expliquez.

8. Citez quelques conséquences juridiques du PACS.

9. Qu'est-ce que «le mariage pour tous»?

10. Quelles ont été les diverses réactions au «mariage pour tous»?

11. Quelles sont les raisons de la politique familiale en France?

12. En quoi consiste le système des allocations familiales? Expliquez en détail.

13. Que pensent certains critiques féministes du système des allocations familiales?

14. Pourquoi l'année 1970 est-elle importante dans l'histoire du féminisme en France?

15. Citez quelques campagnes menées par le MLF.

16. Quel a été le rôle de l'Eglise vis-à-vis de la loi sur l'IVG?

17. Quelle est l'attitude du Gouvernement vis-à-vis de la contraception?

18. Quels autres types de vie familiale coexistent avec la famille traditionnelle?

19. Pourquoi la République française s'intéresse-t-elle au recensement de sa population?

20. Quelles tendances observe-t-on grâce aux recensements annuels?

II. Etes-vous d'accord? Sinon, justifiez votre réponse.

1. Un enfant doit être inscrit sur un livret de famille dans un délai de cinq jours après la naissance.

2. Il faut d'abord avoir un mariage civil avant d'avoir un mariage religieux.

3. Un enfant dont les parents sont mariés porte automatiquement le nom de son père.

4. Les hommes et les femmes qui ont la même profession gagnent le même salaire.

5. Le pourcentage des femmes dans la population active atteint presque 25%.

6. La loi contre le viol garantit le respect de la vie privée de la victime.

7. Le remboursement de l'IVG a contribué à une augmentation du nombre d'avortements.

8. Le Gouvernement lutte activement contre les violences conjugales.

9. La France est un des pays les plus féconds de l'Union européenne.

10. La «Manif pour tous» est un mouvement formé d'associations de gauche.

III. Eliminez la mauvaise réponse.

1. Une fiche d'état civil indique
   a. le domicile de la personne
   b. si la personne a été emprisonnée
   c. l'identité des parents de la personne
   d. si la personne a été mariée

2. A l'âge de 16 ans, un enfant peut
   a. conduire une moto
   b. abandonner ses études
   c. se marier
   d. obtenir des contraceptifs gratuitement

3. Les allocations familiales sont versées
   a. uniquement aux mères de famille qui travaillent à la maison
   b. jusqu'à ce que les enfants atteignent l'âge de 20 ans
   c. aux mères de famille qui ont au moins deux enfants
   d. proportionnellement au nombre d'enfants

4. Parmi les tendances actuelles de la vie familiale en France, on peut dire
   a. qu'il y a de plus en plus de pacsés
   b. qu'il y a de plus en plus de mariages
   c. qu'il y a de plus en plus de jeunes qui vivent ensemble avant de se marier
   d. qu'il y a de plus en plus de naissances hors mariage

5. Les partenaires pacsés
   a. n'héritent pas automatiquement des biens du survivant
   b. peuvent faire une déclaration d'impôts commune
   c. ne peuvent pas adopter un enfant ensemble
   d. sont en majorité des couples homosexuels

IV. Discussion.

1. Que pensez-vous des droits des partenaires pacsés, comparés à ceux des couples mariés?

2. Discutez les vues des partis politiques de droite et de gauche sur l'avortement et la contraception. Comparez ces vues avec celles qui existent dans votre pays.

3. «Le mariage pour tous» existe-t-il dans votre pays? Pensez-vous qu'il pourrait ou devrait exister?

4. Comparez la vie des femmes en France et dans votre pays. Y a-t-il eu les mêmes évolutions en ce qui concerne la condition féminine?

5. Aimeriez-vous que le Gouvernement de votre pays joue un rôle semblable à celui de l'Etat français en ce qui concerne la vie familiale? Pourquoi (pas)?

V. Vos recherches sur Internet.

Afin de faciliter vos recherches et de répondre à ces questions, consultez le site du livre sur www.cengagebrain.com

1. Quelles sont les démarches à effectuer pour conclure un PACS?

2. L'Institut national de prévention et d'éducation pour la santé (INPES) met en œuvre des programmes de santé publique. Quelles sont ses interventions en ce qui concerne la contraception?

3. Quelles sont les missions du Haut Conseil à l'égalité entre les femmes et les hommes? Quelles sortes de statistiques peut-on trouver?

4. Que fait le Gouvernement pour lutter contre la violence à l'égard des femmes?

5. Quelles sont les campagnes gouvernementales contre le harcèlement à l'école, l'homophobie, le harcèlement sexuel?

Le travail et le temps libre

● La population active

Dans la France contemporaine, le travail représente un élément important de la vie quotidienne. L'ensemble de ceux qui exercent une profession (les travailleurs) et de ceux qui cherchent un emploi (les chômeurs) constitue la population active. Actuellement, la population active comprend 28,4 millions de Français, soit 45% de la population. Ceux qui ne sont pas considérés comme actifs sont les jeunes qui font des études, les retraités (ceux qui ne travaillent plus), les handicapés (ceux qui ne peuvent pas travailler), ainsi que les personnes qui élèvent leurs enfants à la maison. De nos jours, la durée de la vie professionnelle diminue, c'est-à-dire que les gens consacrent une moins grande partie de leur vie et moins de temps pendant l'année au travail. Beaucoup de jeunes poursuivent leurs études plus longtemps avant d'entrer dans la vie professionnelle. Les salariés français ont maintenant une durée légale hebdomadaire de travail de 35 heures et ils bénéficient de cinq semaines de congés payés. Ceci n'est pas le cas pour les travailleurs indépendants, les non-salariés (agriculteurs, petits commerçants, professions libérales, etc.). Une minorité des actifs disposent de moins de cinq semaines de congés annuels. Néanmoins, la réduction du temps de travail signifie une augmentation du temps libre dans la vie française, ce qui contribue au développement des loisirs et des vacances. Deux phénomènes ont profondément influencé le caractère de la population active depuis la fin de la Deuxième Guerre mondiale. Le premier est le développement du travail féminin. De plus en plus de femmes, qu'elles soient mères de famille ou non, exercent une profession. Aujourd'hui, la moitié des femmes adultes travaillent en dehors de la maison et les femmes constituent 47,5% de la population active. Le deuxième phénomène est l'afflux des travailleurs immigrés, qui sont venus occuper les postes les moins bien rémunérés. Il y a actuellement 2 600 000 immigrés actifs, soit 10% de la population active (source: Insee).

On peut diviser la population active en trois secteurs économiques, selon le genre d'activité exercée par les travailleurs. Le secteur primaire est constitué par ceux qui travaillent dans l'agriculture et la pêche, c'est-à-dire ceux qui nourrissent la nation. La France est la deuxième puissance agricole du monde, après les Etats-Unis. Le secteur secondaire se compose de ceux qui travaillent dans l'industrie et qui fabriquent des produits. La France est la cinquième puissance industrielle du monde, après les Etats-Unis, la Chine, le Japon et l'Allemagne. Le secteur tertiaire comprend tous ceux qui effectuent des services: les commerçants, les employés de bureau, les professeurs, les médecins, etc. Ce secteur réunit tous ceux qui travaillent dans le commerce, les finances, l'administration, l'éducation, la santé, le tourisme, les transports et l'informatique. Aujourd'hui, malgré leur grande productivité, les secteurs primaire et secondaire ont relativement peu d'effectifs: le secteur primaire représente seulement 3% de la population active de la France et le secteur secondaire seulement 22%. C'est le secteur tertiaire qui montre une croissance spectaculaire dans ce pays riche et surdéveloppé qu'est la France. Le secteur tertiaire représente 75% de la population active. La répartition de la population active a changé radicalement en 50 ans, comme le démontrent les statistiques suivantes:

Secteur	1954	1975	2003	2010
primaire	28%	10%	6%	3%
secondaire	37%	39%	29%	22%
tertiaire	35%	51%	65%	75%

Traditionnellement, du point de vue économique, on coupait la France en deux parties, est et ouest, riche et pauvre. On disait que l'est de la France, les Régions où dominait l'industrie (le Nord, la Lorraine, l'Alsace, la région Rhône-Alpes), constituait la zone riche, tandis que l'ouest, où dominaient l'agriculture et la pêche (la Bretagne, l'Aquitaine, le Massif central), constituait la zone pauvre. De nos jours on parle de la «tertiarisation» de la France, c'est-à-dire que les zones les plus urbanisées (l'Ile-de-France, la région Rhône-Alpes et la Provence-Alpes-Côte d'Azur) deviennent aussi les plus riches parce que de plus en plus de travailleurs font partie du secteur tertiaire.

● Les catégories socioprofessionnelles

Le genre de travail que fait un individu détermine en grande partie son mode de vie et sa classe sociale. Le Gouvernement a dressé une liste officielle des «catégories socioprofessionnelles» dont la base de classement est l'activité professionnelle. Toute la population française est répartie en huit catégories officielles:

1. **Les agriculteurs**   Cette catégorie comprend les fermiers qui exploitent leur propre terre ainsi que les salariés agricoles qui travaillent pour de grandes entreprises. Il y a de moins en moins d'agriculteurs, ce qui n'empêche pas la France d'être le deuxième pays exportateur mondial de produits agricoles.

2. **Les artisans, les commerçants et les chefs d'entreprise**   Cette catégorie comprend les patrons de petites entreprises, que ce soit un boulanger, un restaurateur ou un propriétaire de café.

3. **Les cadres et les professions intellectuelles supérieures**   C'est une catégorie dont le mode de vie est assez élevé et qui augmente rapidement. Les cadres sont ceux qui occupent des postes élevés dans la gestion d'une entreprise (les directeurs, par exemple), tandis que les professions intellectuelles supérieures comprennent les médecins, les avocats, les professeurs, les ingénieurs et les architectes. Toutes ces professions exigent un haut niveau d'études après le bac.

4. **Les professions intermédiaires**   Cette catégorie comprend les personnes occupant des postes intermédiaires entre les cadres et les employés — les gérants, les techniciens et les infirmiers — professions qui exigent également une certaine formation.

5. **Les employés**   Dans cette catégorie se trouvent le personnel de bureau, le personnel commercial (les vendeurs), les secrétaires et les employés de la fonction publique. Il y a beaucoup de femmes dans cette catégorie.

6. **Les ouvriers**   Cette catégorie diminue avec la «tertiarisation» de la France. Elle comprend les OS (ouvriers spécialisés) aussi bien que les manœuvres (non spécialisés), ceux qui travaillent dans l'industrie et dans le bâtiment.

7. **Les retraités** (voir le chapitre 11).

8. **Les autres personnes sans activité professionnelle**   Dans cette catégorie se trouvent les chômeurs, les jeunes, les femmes au foyer, les handicapés qui ne peuvent pas travailler, etc.

Peut-on sortir de la catégorie socioprofessionnelle de ses parents? Oui, mais il faut avouer que la mobilité sociale en France est difficile et assez rare, surtout pour les agriculteurs et les ouvriers. La majorité des travailleurs restent dans leur catégorie d'origine. La meilleure voie pour en sortir est la réussite scolaire, théoriquement ouverte à tous les enfants.

On peut également diviser la population active en deux grands groupes: ceux qui travaillent pour une entreprise privée (le secteur privé) et ceux qui travaillent dans le secteur public. Ce dernier comprend l'ensemble des fonctionnaires qui exercent des fonctions publiques (les employés de poste, les enseignants, le personnel hospitalier, les employés des ministères et des collectivités territoriales). Le secteur public comprend aussi tous ceux qui travaillent pour les entreprises publiques. Les entreprises publiques sont celles dont la majorité des actions appartiennent à l'Etat, et qui sont gérées par l'Etat: l'EDF (Electricité de France), la SNCF (Société nationale des chemins de fer), Radio France, la RATP (Régie autonome des transports parisiens), etc. (voir le chapitre 16). Près de 25% des Français actifs travaillent directement ou indirectement pour l'Etat, ce qui fait que l'Etat est le premier patron de France. Dans certains domaines l'Etat a le monopole (le chemin de fer, l'électricité), tandis que dans d'autres il est en concurrence avec le secteur privé (la radio, les transports publics).

● Un peu d'histoire

La révolution industrielle du XIXe siècle a profondément changé non seulement le caractère de la population active, mais aussi celui de la démographie de la France. Jusqu'à cette époque, la France avait été un pays agricole, et la majorité des Français étaient des paysans qui travaillaient dans le secteur primaire. A partir du milieu du XIXe siècle, la prolifération d'usines industrielles dans les grandes villes a créé un besoin de main-d'œuvre, et la promesse de travail a inauguré l'exode rural. La révolution industrielle a donc contribué à l'urbanisation de la France et au développement d'une nouvelle classe urbaine, la classe ouvrière. Les ouvriers (anciens paysans qui travaillaient désormais dans les mines et dans les usines) étaient exploités par les grands patrons propriétaires. Les hommes, les femmes et même les enfants étaient obligés de travailler de longues journées, jusqu'à 12 heures par jour, et souvent dans des conditions insalubres. Cette époque a vu l'élaboration des doctrines socialistes et marxistes. Selon ces doctrines, devenues très populaires chez les intellectuels et plus tard chez les ouvriers aussi, la classe ouvrière (le «prolétariat») était exploitée par le patronat «capitaliste», car ce dernier n'avait de capital que grâce à ses ouvriers. Dans les premières années de la IIIe République, à mesure que la classe ouvrière grandissait et au moment où elle avait obtenu le droit de vote, les doctrines socialistes ont commencé à exercer une influence sur les partis politiques et à travers ceux-ci, sur la législation. Les ouvriers ont commencé à ressentir le besoin de défendre leurs intérêts en créant des organisations qui puissent négocier avec le patronat: des syndicats. Mais les organisations syndicales restaient illégales depuis la Révolution: une loi votée en 1791 avait interdit les coalitions d'ouvriers et cette interdiction avait été reprise par le Code pénal en 1810. En 1884, pourtant, la loi Waldeck-Rousseau a autorisé le regroupement des ouvriers en syndicats. La notion de syndicat a donc obtenu une reconnaissance légale sous la IIIe République et à partir de 1884, le syndicalisme a pris racine en France. La première grande confédération nationale, la Confédération générale du travail (la CGT), a été créée en 1895. Ce n'est pas surprenant que ce grand syndicat soit d'inspiration marxiste.

L'idéologie marxiste a d'ailleurs dominé les rapports entre les syndicats et le patronat au cours du XXe siècle. Grâce à l'aide du mouvement syndical, la classe ouvrière a continué à faire des progrès sur le plan social et économique.

En 1936, les pays voisins de la France s'étaient laissé dominer par des régimes fascistes: celui d'Hitler en Allemagne, celui de Mussolini en Italie et celui de Franco en Espagne. Réagissant contre cette montée de l'extrême-droite à l'étranger, les Français ont voté pour la gauche. Une coalition de communistes et de socialistes, appelée le Front Populaire, a gagné une majorité à l'Assemblée nationale et Léon Blum a été nommé premier ministre. Ce Gouvernement n'a duré que peu de temps (1936–1938), mais il a accompli de grandes choses sur le plan social. Le gouvernement de Léon Blum a fixé la semaine de travail à 40 heures et il a créé, pour la première fois en France, deux semaines de congés payés pour chaque travailleur français. Jusque-là, la plupart des travailleurs ne pouvaient pas se permettre, pour des raisons financières, d'arrêter leur travail pour prendre des vacances. Mais à partir de 1936, chaque travailleur a eu le droit de ne pas travailler pendant deux semaines et d'être payé quand même. C'est cette année-là que beaucoup d'ouvriers français ont vu la mer pour la première fois. En 1956, sous la IVe République, les congés payés ont été étendus jusqu'à trois semaines et en 1969 (sous la Ve République) à quatre semaines.

Tout comme le secteur secondaire avait remplacé en importance le secteur primaire pendant la révolution industrielle, depuis la Deuxième Guerre mondiale c'est une «révolution tertiaire» qui s'est imposée dans le monde du travail en France. A mesure que les mines fermaient et que les grandes entreprises industrielles changeaient d'orientation, la classe ouvrière a diminué en importance et le Parti Communiste Français a commencé à être sur le déclin. Le Parti Socialiste, venu au pouvoir en 1981, ne représente plus les ouvriers en particulier mais tous les actifs, c'est-à-dire les travailleurs. En 1982 a été votée une série de lois concernant le travail. Ces lois ont établi la semaine de travail de 39 heures sans réduction de salaire (une mesure symbolique en faveur des travailleurs), avec des majorations pour les heures supplémentaires. Ces lois ont augmenté la durée des congés payés à cinq semaines pour tous les travailleurs salariés. En plus, la négociation des salaires est désormais collective, entre les chefs d'entreprises et les syndicats. Ces lois ont aussi fixé l'âge de la retraite à 60 ans. En 1983, l'Assemblée nationale a voté une loi sur l'égalité professionnelle entre hommes et femmes. Cette loi ne se limite pas à l'embauche mais s'étend à la rémunération et à la promotion: désormais les femmes ont les mêmes chances d'être embauchées et promues que les hommes, et elles doivent être payées le même salaire pour le même travail.

Le syndicalisme

Le but des syndicats est de défendre les intérêts des travailleurs contre le patronat. Il n'est donc pas surprenant que les syndicats français aient été influencés par les doctrines socialistes au cours de leur histoire.

Certains syndicats cherchent principalement à défendre les intérêts professionnels de leurs membres, tandis que d'autres ont une mission bien plus politique.
Avec deux millions d'adhérents, la CGT est le syndicat d'ouvriers le plus grand
et le plus puissant. Ayant adopté la doctrine marxiste de la lutte des classes, la
CGT est nettement anticapitaliste. Mais cet aspect doctrinaire et idéologique
des syndicats est en train de changer. Dans la population active, il y a de plus
en plus de cadres et de techniciens et de moins en moins d'ouvriers, ce qui
entraîne un changement dans le rôle des syndicats et dans le discours syndical.
Les syndicats ne représentent pas seulement la classe ouvrière mais aussi les
professions intellectuelles: par exemple, il y a des syndicats qui représentent
les enseignants, les médecins et les cadres. Malgré l'existence de nombreux
syndicats, seulement 8% de la population active est syndiquée (contre 13%
aux Etats-Unis, et une moyenne européenne de 23%). Le taux de syndicalisme
est trois fois plus élevé dans le secteur public que dans le secteur privé, mais il
est en baisse partout, une baisse due surtout à la tertiarisation de l'économie.

L'arme la plus puissante dont disposent les syndicats est la grève. En
annonçant une cessation totale du travail, les syndicats peuvent exercer une
grande pression sur le patronat pour augmenter le salaire des travailleurs ou
pour améliorer les conditions de travail. Le droit de grève est garanti par la
Constitution de 1958. Tous les travailleurs ont le droit de faire grève, mais dans
le secteur public il faut donner un «préavis de grève», c'est-à-dire qu'il faut
annoncer la grève à l'avance. Le droit de grève est moins utilisé aujourd'hui
qu'autrefois, mais la grève continue à être l'arme principale pour les revendications professionnelles et politiques. En 1995, par exemple, le gouvernement

Une manifestation CGT contre la réforme des retraites

Juppé a dû faire face à de nombreuses grèves — les plus importantes depuis celles de mai 1968 — dans le secteur public (les transports, les enseignants, la poste, etc.) ainsi que dans le secteur privé, en réaction contre la réforme de la Sécurité sociale. En 2003 il y a eu de grandes grèves dans la fonction publique contre la réforme des retraites des fonctionnaires. L'année 2010 a également vu de nombreuses grèves contre la réforme des retraites. Pourtant, le nombre d'heures de grève annuelles est proportionnellement moins élevé en France qu'aux Etats-Unis.

Une question qui fait débat en France depuis des années est celle du travail dominical (le droit de travailler le dimanche). D'après une loi votée en 1906, un salarié ne peut pas travailler plus de six jours par semaine, et cette loi a imposé définitivement, pour le XXe siècle au moins, le repos dominical (le dimanche étant un jour sacré dans la religion chrétienne). Aujourd'hui, malgré certaines exceptions, le repos dominical est toujours la règle en France. Un touriste américain sera surpris de voir que presque tous les magasins sont fermés le dimanche, même à Paris. Toutefois, il y a des dérogations (exceptions) qui sont limitées par le Code du travail: les hôpitaux, les pharmacies de garde, les hôtels, les restaurants et les tabacs entre autres. Les commerces de détail alimentaire peuvent rester ouverts le dimanche jusqu'à 13h00 seulement. Sous la présidence de Nicolas Sarkozy, qui était en faveur du travail dominical, le gouvernement Fillon a fait voter une loi en 2009, élargissant les dérogations à la loi pour inclure certains commerces dans les zones touristiques et d'animation culturelle: les musées, les monuments historiques, les entreprises de spectacle, les concerts, et ainsi de suite. En plus, le maire d'une commune est désormais autorisé à accorder ces dérogations. Mais les critiques de cette loi disent que les dérogations ne sont pas claires et sont sujettes à différentes interprétations.

Le débat a été relancé en 2013. Bricorama, une chaîne de magasins de bricolage, de décoration et de jardinage, a commencé à ouvrir ses magasins le dimanche en Ile-de-France. Suite à une procédure juridique entamée par le syndicat Force Ouvrière, la justice a interdit à cette chaîne l'ouverture dominicale. Bricorama, à son tour, a porté plainte contre ses deux concurrents qui avaient, eux aussi, ouvert leurs magasins le dimanche. Les deux concurrents ont été forcés par le tribunal de commerce de fermer leurs 15 magasins en Ile-de-France, mais ceux-ci ont décidé de braver l'interdiction judiciaire, malgré les lourdes amendes imposées par le tribunal de commerce. Le système actuel est critiqué par les entreprises pour plusieurs raisons. D'abord, elles jugent qu'il est appliqué de manière trop arbitraire. En plus, pour les partisans du travail dominical, entreprises et certains salariés aussi, la consommation est devenue un loisir. Le «shopping» est l'occasion de se retrouver en famille, et le dimanche est le jour idéal pour cette activité puisque la majorité des Français ne travaillent pas ce jour-là. Un autre argument de la part des salariés s'appelle «travailler plus pour gagner plus»: un employé peut augmenter son salaire en faisant des heures supplémentaires le dimanche. En revanche, selon les syndicats, qui s'opposent au travail dominical, les salariés n'auraient pas le choix de ne pas travailler le dimanche. Certains patrons n'hésiteraient pas à forcer la main à leurs employés. Selon les syndicats et certains salariés, le dimanche doit rester, même dans une société laïque, un jour privilégié pour les familles. Bref, ils veulent en finir avec le travail dominical, sauf dans les cas absolument nécessaires. Le gouvernement Ayrault, pour lequel cette question est un vrai casse-tête, a promis d'étudier les implications de la loi de 2009 et de proposer des améliorations.

Le chômage

Inspiré par la politique de Franklin Roosevelt aux Etats-Unis, le Front Populaire a institué un fonds national de chômage en 1936 pour aider ceux qui avaient perdu leur emploi. Depuis, le travail et le chômage continuent à représenter une grande préoccupation des pouvoirs publics. Pour garantir un salaire minimum à tous les travailleurs, le SMIC (salaire minimum interprofessionnel de croissance) a été créé en 1970. Chaque année, le taux du SMIC est fixé par le Conseil des ministres. En 2013, le montant horaire du SMIC était de 9,43 € et le montant mensuel pour la base légale de 35 heures par semaine était de 1 430,22 €. Dans la population active, il y a actuellement plus de trois millions de «smicards» (ceux qui gagnent le salaire minimum) qui représentent 14% des salariés. Le chômage et les bas salaires ne sont pas répartis équitablement entre les deux sexes: une grande majorité des chômeurs et des smicards sont des femmes. Les jeunes sont aussi très touchés par le chômage. Afin d'encourager l'embauche des jeunes, les entreprises qui les emploient ne sont pas obligées de payer de charges sociales sur leurs salaires, sous certaines conditions. Les années 1980 ont témoigné d'un essor spectaculaire de l'emploi précaire: beaucoup de femmes et de jeunes ont été embauchés en CDD (contrat à durée déterminée) dans les banques, dans les hôpitaux, dans les bureaux, dans le bâtiment et dans les travaux publics. Les CDD sont devenus la règle pour les personnes sans qualifications. Mais cette sorte de travail n'apporte pas de sécurité et il est impossible à ces travailleurs de louer un appartement ou d'acheter à crédit. Près de la moitié des emplois précaires aboutissent au chômage. La précarité est en pleine expansion, créant en France une classe nouvelle de travailleurs, ceux qui ont un emploi mais qui vivent dans une grande pauvreté.

Au début de 2008 le taux de chômage était seulement à 7%, mais en 2013 le taux est à 10% en Métropole, ce qui situe la France dans la moyenne européenne, et il est à 22% pour les jeunes de 15 à 24 ans. Les offres et les demandes de travail sont centralisées par Pôle emploi, une agence créée en 2008 par la fusion de deux autres. Les chômeurs doivent s'inscrire à Pôle emploi pour toucher une allocation chômage, une somme d'argent qui représente un pourcentage du salaire qu'ils percevaient avant de perdre leur emploi. Les salariés et les employeurs cotisent (contribuent une portion du salaire) au régime de l'assurance chômage, mais l'allocation reçue par les chômeurs est limitée à un certain temps, et dépend de la durée de leurs cotisations. Pourtant, une bonne partie des chômeurs ne reçoivent pas cette allocation du régime d'assurance chômage, soit parce qu'ils n'ont pas travaillé assez longtemps (ou pas du tout) et n'ont donc pas cotisé (contribué régulièrement), y compris les jeunes et les femmes qui cherchent un premier emploi, soit parce qu'ils sont au chômage depuis trop longtemps. Pour ces groupes-là, il existe un régime de solidarité, un régime d'assistance créé pour prendre le relai du régime d'assurance chômage et qui est entièrement financé par l'Etat. En 1988, le gouvernement Rocard a créé le RMI, Revenu minimum d'insertion («insertion» signifie «entrée dans la population active»). Le RMI était une allocation attribuée aux personnes sans ressources suffisantes, de plus de 25 ans (ou de plus de 18 ans avec des enfants à charge), et qui n'ont pas droit au chômage parce qu'elles n'ont pas suffisamment cotisé. En 2009 le RMI a été remplacé par le Revenu de solidarité active (RSA). La majorité des bénéficiaires du RSA sont de jeunes adultes, vivant seuls, et la grande majorité sont de nationalité française. Afin de recevoir le RSA, les bénéficiaires sont soumis à une obligation de recherche d'emploi s'ils n'en ont pas ou si celui-ci est inférieur au montant minimal du RSA. Aujourd'hui, le RSA est versé à plus d'un million de personnes. En 2013, le RSA représentait 492,90 € par mois pour une personne seule sans enfant, 739,35 € pour une personne seule avec un enfant ou avec une personne à charge, 887,22 € dans le cas de deux enfants ou personnes à charge, et 147,87 € par enfant ou personne à charge en plus. Cependant, le montant du RSA dépend des ressources. Pour ceux qui ont un salaire, mais qui gagnent peu, le RSA sert de complément afin de leur garantir un revenu minimal. Le montant du RSA est alors calculé différemment.

En 2013, pour les jeunes de 18 à 25 ans en situation précaire et qui ne sont ni à l'école, ni employés ou en formation (les «NEET»--Not in Education, Employment or Training, suivant la terminologie européenne), le Gouvernement a mis en place, dans dix territoires pilotes, la création d'un contrat «garantie-jeunes» d'un an et renouvelable, au montant de 483 euros mensuels pour 2013. En échange, et avec le soutien et l'aide des missions locales, les jeunes signataires devront s'engager à se former (participer à des groupes de travail, accepter des stages, etc.) afin de pouvoir s'insérer dans la vie professionnelle. Cette «garantie-jeunes» devrait être généralisée à l'ensemble du territoire national d'ici 2016.

● La semaine de 35 heures

Vers la fin des années 1990, le gouvernement Jospin (de gauche) est entré en négociations avec le patronat et les syndicats pour lancer une réduction du temps de travail hebdomadaire des salariés, de 39 heures à 35 heures. Le but de cette réforme était de créer de nouveaux emplois afin de réduire le chômage. Martine Aubry, ministre de l'Emploi et de la Solidarité à l'époque, a fait voter une série de lois en 1998 et en 2000, qui ont proposé une réduction du temps de travail (RTT) et ont établi un cadre précis pour son application. La durée légale du travail des salariés a été fixée à 35 heures par semaine, soit 1 600 heures par an (le calcul peut être hebdomadaire ou annuel). Les petites entreprises, celles qui emploient moins de 20 salariés, ont disposé de plus de temps que les grandes pour faire la transition et pour s'adapter au changement.

Si un salarié travaillait au-delà de 35 heures, ces heures seraient désormais payées en heures supplémentaires par les entreprises ou compensées par des heures de congé. Les lois Aubry concernaient 85% de la population active.

Inutile de dire que le patronat français était très hostile à la notion d'une baisse du temps de travail qui n'était pas compensée par une réduction de salaire équivalente. Le projet initial avait été bien accueilli par les travailleurs français, qui croyaient disposer de plus de temps libre sans rien perdre de leur pouvoir d'achat. Mais plus tard, les lois sur la réduction du temps de travail sont devenues très controversées. Elles ont divisé non seulement la gauche et la droite, mais aussi les salariés et les travailleurs indépendants, les grandes entreprises et les petites, les ouvriers et les employés. Ceux qui ne sont pas salariés et ne peuvent pas réduire leurs heures de travail — les artisans, les commerçants et les médecins par exemple — regardaient la RTT comme un rêve, un luxe. Les salariés des petites entreprises (hôtellerie, restauration, commerce) se sentaient défavorisés vis-à-vis de ceux qui travaillaient pour les grandes entreprises. La RTT a accentué les inégalités qui existaient déjà entre les deux. En somme, la RTT ne plaisait pas à tous les Français, loin de là. Les lois Aubry n'ont pas tenu leur promesse de réduire le chômage en partageant le travail.

Les élections présidentielles et législatives de 2002 ont effectué un changement de gouvernement en plein milieu de la transition vers la RTT. Face au mécontentement public concernant la RTT, le gouvernement Raffarin a proposé, en 2004, une modification, un assouplissement des lois Aubry en faveur des entreprises. En 2007, l'UMP a réclamé l'abrogation de la semaine de 35 heures. Le président Nicolas Sarkozy et le gouvernement Fillon ont considéré les lois Aubry comme un des principaux maux de la France. En 2007, l'Assemblée a voté une loi en faveur du travail, de l'emploi et du pouvoir d'achat (dite «la loi TEPA»). Cette loi permet aux employeurs d'avoir recours au volume d'heures supplémentaires qui leur semble nécessaire. La durée légale du travail reste à 35 heures, symboliquement, mais un employeur peut imposer des heures supplémentaires au salarié, jusqu'à un maximum de 48 heures par semaine. Cette loi a également défiscalisé les heures de travail supplémentaires (c'est-à-dire que le salaire supplémentaire a été exonéré de l'impôt sur le revenu) et les cotisations sociales pour le salarié et pour l'employeur ont été allégées pour ces heures supplémentaires. Cependant, depuis l'abrogation de la loi TEPA en 2012, les heures supplémentaires, qui donnent droit à une majoration de salaire, ne sont plus exonérées de l'impôt sur le revenu et les cotisations sociales pour le salarié ou pour l'employeur ne sont plus réduites.

La législation sur la durée du travail en France est plus favorable que dans les pays voisins (38,5 heures hebdomadaires en Espagne, 38 en Belgique, 38 au Portugal, 37 en Allemagne, 38 en Italie, et 37 aux Pays-Bas). Pourtant, la France a la cinquième économie du monde en ce qui concerne le produit intérieur brut. Contrairement aux idées reçues, à savoir qu'ils sont toujours en grève ou en congés, les Français travaillent plus et mieux que leurs homologues dans bien d'autres pays, avec l'un des meilleurs taux de productivité horaire du monde (le deuxième en Europe).

Le temps libre

Pour l'ensemble des Français qui exercent une profession, le temps libre (les loisirs, les divertissements et les vacances) est d'une importance capitale. La plupart des Français estiment que la sécurité de l'emploi et surtout le temps libre sont plus importants que le salaire qu'ils gagnent. Selon un sondage Sofres effectué en 2006, 42% des Français ont dit qu'ils aimeraient pouvoir renoncer à des jours de congé supplémentaires pour pouvoir gagner plus d'argent, mais 47% ont dit que cette possibilité ne les intéressait pas. Cependant, dans un sondage Sofres de 2012, 61% des Français ont dit préférer plus d'argent que de temps libre. La journée et la semaine des Français sont partagées entre le travail et le temps libre, et ce dernier est consacré aux loisirs. Certains loisirs culturels (comme la télévision, la radio, la lecture, la musique et le cinéma), certains sports individuels (comme la marche, le fitness et le cyclisme) et certaines activités domestiques (le jardinage et le bricolage, les petits travaux manuels chez soi) sont les activités quotidiennes ou hebdomadaires d'un grand nombre de Français. Pour les jeunes, il faut ajouter la téléphonie mobile, les méls, les réseaux sociaux, et les jeux électroniques. Nous allons d'abord mentionner quelques loisirs qui s'étendent sur toute l'année.

La télévision, la radio, les journaux et les périodiques Voir le chapitre 15.

L'informatique Voir le chapitre 16, «Les communications».

Les livres Les livres sont présents dans la quasi-totalité des foyers français. Pourtant, chaque génération est de moins en moins lectrice. La baisse d'intérêt pour la lecture s'explique par la concurrence d'autres formes de loisirs, notamment audiovisuelles. Les femmes représentent près de 60% de la clientèle pour les achats de livres en volume, mais le succès commercial de la série des *Harry Potter* montre que les enfants conservent un intérêt pour certains types de lecture. Bien des lecteurs prennent toujours plaisir à lire les romans classiques (Balzac, Stendhal, Flaubert, Zola, Camus) et des livres sur l'histoire. D'autres préfèrent les genres plus modernes (les romans policiers, la fiction romantique, les romans de science-fiction, les bandes dessinées). Chez les Français, il y a toujours un grand intérêt pour la littérature et pour les écrivains. Les grands journaux publient un supplément littéraire et les magazines à grand tirage présentent des critiques de la production littéraire française.

Le cinéma Il ne faut pas oublier que ce sont des Français (les frères Lumière) qui ont inventé le cinématographe en 1895. Aujourd'hui la France reste très dynamique dans la production de films et détient le deuxième rang mondial pour les investissements cinématographiques. La France est un des pays qui dispose du réseau de salles de cinéma le plus dense. Près de deux tiers des Français vont au cinéma au moins une fois dans l'année et un Français sur trois y va au moins une fois par mois. En 2011, les films français à l'écran dans l'Hexagone ont représenté 40,9% des entrées. Cette année-là, les films américains ont frôlé les cent millions d'entrées, soit une part de marché de 45,9%. La production cinématographique française reste la plus importante en Europe. Chaque année au printemps, à la cérémonie des César qui se déroule à Paris, 20 prix sont décernés pour récompenser les meilleurs films (le premier César a été décerné en 1976). Certains acteurs français comme Gérard Depardieu, Juliette Binoche et Marion Cotillard sont connus aux Etats-Unis. Le Festival de Cannes, fondé en 1946, est devenu au cours des années le festival de cinéma le plus médiatisé du monde. Le prix le plus prestigieux de ce festival est la Palme d'Or.

Les beaux-arts, le théâtre, la musique   Depuis les origines de la tradition des «rois-mécènes» (François Ier, Louis XIV) jusqu'à nos jours, l'Etat favorise et encourage les arts et la culture en France. Le Ministère de la Culture dispose d'un budget de plus de sept milliards d'euros. Le financement de la culture est assuré à 50% par l'Etat et à 50% par les collectivités territoriales. Les manifestations artistiques, théâtrales et musicales ne sont pas du tout limitées à Paris ou à l'Ile-de-France. La plupart des villes de province possèdent des musées qui sont ouverts au public. En marge des théâtres de Paris, des villes de province et des festivals renommés tels que celui d'Avignon, on a vu se développer plus d'un millier de compagnies théâtrales indépendantes. Chaque année, la Nuit des Molières est l'occasion pour le monde du théâtre français de décerner des prix pour les grands succès au théâtre (elle n'a pas eu lieu en 2012 ni en 2013 mais devrait reprendre en 2014). Environ 19% des Français de plus de 15 ans vont au théâtre au moins une fois par an. La France compte près de 300 festivals de musique et de danse. Les Victoires de la musique sont un concours musical qui a lieu tous les ans en France. Tandis que les Victoires de la musique sont consacrées à la musique populaire, il y a aussi les Victoires de la musique classique et les Victoires du jazz. Pour la Fête de la musique le 21 juin, il y a des concerts gratuits dans toute la France. Et pour les jeunes, il y a souvent des concerts de rock.

Les sports   La pratique du sport s'est considérablement développée au cours des dernières années, et la majorité des Français et des Françaises se livrent à une activité sportive (la marche, le vélo, la natation). Le football et le tennis sont les deux sports regroupant le plus d'adeptes. Le judo, la pétanque, l'équitation et le golf connaissent un succès remarquable depuis un certain temps. Les sports de découverte ou d'aventure tels le cyclisme tout terrain, la randonnée, l'escalade, le canoë-kayak comptent de plus en plus d'adeptes. Les plus grands sports auxquels les Français participent en spectateurs sont le football, le rugby et les courses cyclistes.

D'autres loisirs (comme certaines manifestations sportives et cérémonies familiales), ainsi que les fêtes et les vacances, sont organisés autour du calendrier et dépendent des saisons de l'année. Afin de donner un aperçu général des activités du temps libre en France, nous allons examiner le calendrier mois par mois. Mais tout d'abord, il faut dire un mot sur les fêtes. Il y en a beaucoup en France. Certaines sont d'origine catholique et d'autres d'origine civile. En revanche, il n'y a que onze jours fériés, jours où la plupart des gens ne travaillent pas. Pour faire une comparaison, la Saint-Patrick (le 17 mars) est une fête aux Etats-Unis, mais c'est un jour où les gens travaillent; par contre, le jour de «Thanksgiving» est toujours férié. Les jours qui ne sont pas fériés sont (à part les dimanches) des jours «ouvrables», c'est-à-dire des jours où les gens travaillent. Si un jour férié tombe un jeudi ou un mardi, beaucoup de salariés en profitent pour «faire le pont» (c'est-à-dire qu'ils prennent un jour de congé le vendredi ou le lundi pour prolonger leur week-end).

Septembre

Le mois de septembre est, à bien des égards, le premier mois de l'année en France. Pour les adultes, c'est la fin des vacances d'été, la rentrée professionnelle, le retour au travail. Pour les jeunes, c'est la rentrée scolaire: beaucoup de parents accompagnent leurs jeunes enfants à l'école le jour de la rentrée des classes, et les patrons sont encouragés à leur accorder cette possibilité. Pour les étudiants, c'est la rentrée universitaire. Le mois de septembre marque aussi le début des vendanges, ce qui offre à beaucoup d'étudiants l'occasion de trouver un travail saisonnier et de gagner un peu d'argent. Septembre, c'est aussi l'ouverture de la chasse pour plus de deux millions de chasseurs.

Octobre

Le premier dimanche d'octobre est le jour du Prix de l'Arc de Triomphe, une course de chevaux à Longchamp (près de Paris). Les courses de chevaux, qui ont lieu tous les dimanches, offrent aux Français la possibilité de jouer au tiercé, le seul sport en France qui comporte des paris organisés. Le Pari Mutuel Urbain (PMU) a été légalisé en 1930 et on peut jouer au tiercé le dimanche

Les Français se souviennent des morts à la Toussaint.

matin dans les cafés PMU. Octobre, c'est aussi le mois des salons de l'auto, qui présentent les nouveaux modèles de voiture. Octobre marque également la parution des nouveaux livres et la sortie des nouveaux films au cinéma. A la fin d'octobre, il faut remettre les pendules à l'heure d'hiver.

Novembre

Le premier jour de novembre est un jour férié, la Toussaint, jour où on se souvient des morts. La Toussaint reste une des grandes occasions pour les membres de la famille de se retrouver et de se rendre au cimetière pour placer des chrysanthèmes sur les tombes. Le 11 novembre, également un jour férié, on fête l'Armistice de la Première Guerre mondiale: il y a des cérémonies organisées à l'Arc de Triomphe à Paris où le président de la République dépose une gerbe de fleurs sur la Tombe du Soldat inconnu mort pour la patrie. En novembre, les prix littéraires français (le prix Goncourt, le prix Femina, etc.) sont attribués. On fête aussi l'arrivée du Beaujolais nouveau (un vin très apprécié et très attendu chaque année).

Décembre

Ce mois est dominé par la fête de Noël, jour férié (le 25). Les gens mettent un sapin de Noël chez eux et le décorent. Le 24, la veille de Noël, il y a le réveillon, un grand repas en famille est une tradition à laquelle la majorité des Français restent très attachés. Ce repas commence avec des huîtres, contient la

La fête de Noël à Lyon

dinde obligatoire et se termine avec la bûche de Noël au chocolat. A la messe de minuit, les églises sont plus remplies que d'habitude. Pendant la nuit, le Père Noël arrive et dépose des cadeaux dans les souliers laissés devant le sapin. Une semaine plus tard, à la Saint-Sylvestre (le 31 décembre), on fête le nouvel an avec un réveillon, mais cette fois-ci on va plus souvent au restaurant. Les jeunes vont en boîte de nuit ou en «boum». A minuit, on s'embrasse sous le gui et on prononce les vœux traditionnels de «Bonne année» et «Bonne santé».

Janvier

Le premier janvier, Jour de l'An, est férié et les échanges de vœux (par cartes ou de vive voix) pour la nouvelle année continuent jusqu'à la fin du mois. Pendant ce début d'année, les adultes offrent des étrennes (en général, de l'argent) au concierge, au facteur, aux pompiers, aux éboueurs. Certains commerçants offrent des cadeaux à leurs clients. Le premier dimanche après le Jour de l'An marque la fête des Rois. Le jour de cette fête, la famille et les invités mangent une galette, achetée chez le pâtissier et accompagnée d'une couronne en papier doré. Une fève est cachée dans cette galette et celui ou celle qui trouve la fève dans son morceau de galette devient le roi ou la reine de la fête et porte la couronne. Le mois de janvier est aussi le mois du blanc, la période des soldes pendant laquelle les gens achètent du linge de maison (draps, serviettes, etc.). L'évènement sportif le plus important est le rallye Dakar ou «Le Dakar» (anciennement rallye Paris-Dakar), une grande course automobile qui intéresse beaucoup de spectateurs. A la fin du mois il y a le Festival de la bande dessinée à Angoulême (la «B.D.» intéresse autant les adultes que les enfants en France).

Février

Le 2 février est la Chandeleur. Autrefois c'était la «fête des chandelles», et on en allumait pour protéger la maison. Mais la tradition a changé et aujourd'hui, on fête la Chandeleur en faisant sauter des crêpes et en les mangeant en famille. La Chandeleur, ainsi que la fête des Rois, offre une bonne illustration de la façon dont la plupart des fêtes françaises ont perdu leur caractère religieux. Le 14 février est la Saint-Valentin, jour où les amoureux s'envoient des cartes et s'offrent des fleurs et des cadeaux. La Saint-Valentin est aussi célébrée avec de nombreux bals dans les communes. Février marque aussi le début du Tournoi des Six Nations, qui dure jusqu'à la fin mars et pendant lequel il y a des matchs de rugby entre l'équipe de France et celles d'Angleterre, du pays de Galles, d'Ecosse, d'Irlande et d'Italie. Les écoliers français disposent de deux semaines de vacances en février-mars, ce qui encourage leurs parents à en prendre aussi. La cinquième semaine de congés payés a favorisé les départs en vacances d'hiver. Pendant ces vacances d'hiver, dites «vacances de neige», de nombreuses familles se dirigent vers les montagnes pour faire du ski et de l'alpinisme. Le taux de départ est environ de 17% (plus élevé à Paris), mais tous les vacanciers ne se rendent pas sur les pistes de ski. D'autres choisissent la mer ou la campagne. En février, commence une période (qui dure jusqu'en mai ou juin) pendant laquelle les fêtes sont «mobiles» parce qu'elles dépendent de la date de Pâques. La première de ces fêtes est le Carnaval dont la capitale est la ville de Nice. Au Carnaval, les gens se déguisent et assistent à des bals costumés. Le Carnaval se termine le jour du Mardi gras. Le lendemain, le Mercredi des Cendres, marque le début du Carême (traditionnellement une période solennelle de jeûne pour les chrétiens qui s'étend sur 40 jours jusqu'à Pâques).

Mars

Le mois de mars est souvent dominé par la politique, car c'est en mars qu'ont lieu les élections municipales, cantonales et régionales (pas toujours la même année). L'ouverture de la pêche a lieu en mars et dure jusqu'en septembre. Pendant la dernière semaine du mois de mars, on passe à l'heure d'été. La fête de Pâques tombe quelquefois en mars.

Avril

Le mois d'avril débute par le «poisson d'avril», le jour des farces: les enfants découpent des poissons en papier et les accrochent dans le dos des gens. Même les adultes font toutes sortes de blagues à leurs amis ou aux membres de leur famille. Mais la grande fête qui domine le mois d'avril est normalement celle de Pâques. La date de cette fête chrétienne est fixée par l'Eglise. Elle dépend de la pleine lune et de l'équinoxe du printemps et elle peut varier entre le 22 mars et le 25 avril. Selon la tradition française, les cloches des églises s'en vont à Rome le Vendredi saint pour se confesser; le jour de Pâques elles en reviennent et elles apportent des œufs en sucre et en chocolat aux enfants (sauf en Alsace, où c'est le lapin de Pâques qui en apporte). Au repas on sert l'agneau pascal. Comme Pâques tombe toujours un dimanche, le lundi de Pâques est un jour férié.

Mai

Le premier mai est la fête du Travail, un jour férié. Les syndicats organisent des défilés dans les villes, et les marchands de fleurs vendent des bouquets de muguet aux gens qui les offrent à leurs amis. Le 8 mai est également un jour férié: c'est une fête patriotique qui commémore la Victoire de 1945 (Deuxième Guerre mondiale). L'Ascension, fête chrétienne mobile, vient toujours 40 jours après Pâques. C'est toujours un jeudi en mai ou en juin, ce qui donne la possibilité de «faire le pont» avec le week-end. La Pentecôte, une autre fête chrétienne mobile, a toujours lieu dix jours après l'Ascension, un dimanche en mai ou en juin (le lundi de Pentecôte est férié). Il y a donc au moins trois (et parfois quatre) jours fériés au mois de mai, sans compter les «ponts». En mai, il y a aussi la fête des Mères, un dimanche à la fin du mois. Le mois de mai marque aussi le marathon de Paris dans lequel des milliers de coureurs traversent la capitale, ainsi que le Festival du film de Cannes et la finale de la Coupe de France, grand match de football qui se déroule au Parc des Princes à Paris.

Juin

Normalement, il n'y a pas de jours fériés en juin. Un dimanche est consacré à la fête des Pères, qui est moins populaire que la fête des Mères. Pour les lycéens et leurs parents, le mois de juin est le moment redouté du baccalauréat, grand examen qui consacre la fin des études secondaires et qu'il faut réussir pour entrer à l'université. En juin, il y a aussi deux grandes manifestations sportives pour lesquelles les Français se passionnent et qui attirent une foule de spectateurs: les 24 heures du Mans (une course automobile très célèbre) et le championnat de tennis au stade Roland-Garros, à Paris.

Juillet

Le mois de juillet marque le début des grandes vacances pour beaucoup de Français. Le 14 juillet, un jour férié, est la fête nationale qui commémore la prise de la Bastille par la foule en 1789 et le début symbolique de la Révolution. La veille du 14 et le jour même, il y a des bals populaires et des feux d'artifice, et on fait exploser des pétards. Le jour du 14, il y a toujours un grand défilé militaire sur l'avenue des Champs-Elysées à Paris, en présence du président de la République. En juillet, il y a des manifestations culturelles très connues, telles que le Festival du théâtre à Avignon et le Festival de la musique à Aix-en-Provence. Le grand évènement sportif de juillet est le Tour de France, une course cycliste qui remonte à l'année 1903 et qui attire actuellement 50 millions de téléspectateurs en Europe, sans compter les nombreux spectateurs qui longent les routes. Cette course est divisée en étapes et celui qui est en tête de l'étape porte le «maillot jaune», symbole du gagnant. Un cycliste américain, Greg LeMond, s'est distingué en gagnant le Tour de France trois fois. Un autre, Lance Armstrong, l'a gagné sept fois de suite, mais par la suite il a été déchu de ses titres à cause du dopage.

La Coupe du Monde, l'évènement sportif le plus populaire en France et qui est aussi une grande fête planétaire, a lieu tous les quatre ans. Elle s'est déroulée en France en juin et juillet 1998. Trente-deux équipes nationales se sont affrontées dans 64 matchs de football. Les spectateurs ont été deux fois plus nombreux que ceux qui ont regardé les Jeux olympiques. Deux millions de fans de football sont venus en France pour cet évènement. L'équipe française, «les Bleus», a gagné le championnat pour la première fois. Cette victoire a déclenché un remarquable enthousiasme patriotique. Les célébrations qui ont suivi la victoire ont rappelé à certains Français la Libération de Paris en 1945.

Août

Les Français salariés bénéficient actuellement de cinq semaines de congés payés. Pour leurs vacances, ils montrent une prédilection pour la plage et pour le mois d'août. Le résultat de ce phénomène est la fermeture de 50% des entreprises françaises au mois d'août (l'affiche «fermeture annuelle» caractérise la moitié des entreprises, petites et grandes, à ce moment-là). L'Assomption de la Vierge (le 15) est un jour férié, mais pratiquement tout le monde est déjà en vacances. C'est le ralentissement avant la rentrée en septembre.

Si on fait le bilan de ce calendrier, on doit avouer que les Français disposent de beaucoup de temps libre. En moyenne, le salarié français dispose de:

> 25 jours de congés payés
> + 104 jours de week-end
> + 11 jours fériés
> = 140 jours libres

La grande attraction en été est toujours la mer et les plages.

Si on y ajoute dix jours libres pour diverses raisons (arrêts maladie, grèves, «ponts», etc.), on arrive à un total de 150 jours par an, soit cinq mois sur douze sans travailler. En fait, les Français sont en tête des plus grands vacanciers du monde. Selon une étude internationale publiée en 2010 par Harris Interactive, un actif français prend en moyenne 37,5 jours de congés par an. Vacanciers les plus assidus, les Français passent devant les Anglais (28 jours par an), les Allemands (27 jours), et bien avant les Américains, en bas du classement des pays étudiés, avec 14 jours par an.

«La folie des vacances»

Les vacances représentent une passion nationale en France. La grande attraction en été pour la moitié des vacanciers, c'est toujours la mer et les plages. Plus de 60% des Français partent en vacances au moins une fois par an, et 70% de ceux qui partent choisissent les mois de juillet et août. Les raisons du développement de ce tourisme entre autres l'institution des congés payés, l'augmentation du niveau de vie et l'amélioration des transports et des autoroutes. La destination de prédilection est la Méditerranée. Chaque année, des millions d'estivants débarquent sur les plages, dans les hôtels et dans les campings qui longent la côte méditerranéenne. Les départs s'effectuent en vagues à partir du premier juillet, du 14 juillet, du premier août et du 15 août.

Le moment de crise, en ce qui concerne la circulation, est la fin juillet–début août. A la mi-août, un quart des Français sont en vacances. Depuis longtemps et sans grand succès, les pouvoirs publics font des efforts pour étaler les vacances et pour faciliter les départs. Les vacances scolaires (la Toussaint, février, Pâques) sont systématiquement étalées pour faciliter les départs. Mais en été, tout le monde veut partir en juillet et en août pour pouvoir profiter du beau temps. En 1976, le Gouvernement a lancé la campagne publicitaire de Bison Futé, à l'effigie d'un petit Indien américain qui donne des conseils aux automobilistes sur toutes sortes d'information routière. Ces informations, diffusées à la radio, à la télévision, dans la presse et sur Internet, concernent les itinéraires à choisir, les bouchons à éviter, les centres de dépannage, les médecins de garde et ainsi de suite. «Suivez les conseils de Bison Futé» est le slogan publié par le Ministère de l'Ecologie, du Développement durable et de l'Energie. Bison Futé a son propre site web que l'on peut consulter avant de partir en vacances. Malgré ces bons conseils, le climat de la France et les vacances scolaires conspirent à contrecarrer les efforts de Bison Futé et les grands départs continuent à poser des problèmes.

Le résultat le plus désastreux de cette folie des vacances n'est pas le nombre d'heures perdues dans les bouchons, ni les campings bondés, ni les plages surchargées: c'est le nombre d'accidents sur les routes françaises. En 1972, il y a eu 16 000 morts sur les routes de France, un taux plus élevé que dans tous les autres pays industrialisés. En 1973, l'Assemblée nationale a voté une série de lois destinées à remédier à cette situation critique. Ces lois ont institué pour la

VOUS AVEZ JUSTE OUBLIÉ UN CLIGNOTANT, IL EST JUSTE UN PEU MORT.

www.securite-routiere.gouv.fr

Ministère de la Santé, de la Jeunesse et des sports

première fois en France: (1) une limitation de vitesse à 130 km/heure (80 mph) sur les autoroutes; (2) le port obligatoire de la ceinture de sécurité; (3) le port obligatoire du casque pour les motocyclistes; et (4) l'alcootest pour mesurer le niveau d'alcool dans le sang du conducteur. Ces mesures se sont avérées très efficaces. En trente ans, le taux d'accidents mortels a baissé de plus de 60%. Le nombre de tués sur les autoroutes a diminué de 26% en 2012, confirmant une baisse régulière depuis trente ans. Le taux reste assez élevé mais bien moins que dans certains pays développés (voir Tableau II: Accidents mortels de la route, en 2010). Les Français roulent moins vite, mais la fatigue et la somnolence sont les premières causes d'accident.

TABLEAU II: Accidents mortels de la route, en 2010, par million d'habitants

Suède	28	France	62
Pays-Bas	32	Italie	68
Royaume-Uni	31	Espagne	54
Danemark	46	Etats-Unis	107
Allemagne	45	Grèce	111

(Sources: Commission européenne, National Highway Traffic Safety Administration)

Le travail

I. Répondez aux questions suivantes.

1. Qui fait partie de la population active? Qui n'en fait pas partie?
2. Quels phénomènes ont influencé et ont contribué aux caractéristiques de la population active depuis 1945?
3. Dans combien de secteurs économiques est répartie la population active? Quels sont ces secteurs?
4. Lequel de ces secteurs est le plus important? Pourquoi?
5. Comment la France était-elle divisée du point de vue économique il y a cinquante ans?
6. Combien de catégories socioprofessionnelles existent en France? Citez-en quelques-unes.
7. Quels travailleurs font partie du secteur public?
8. Quels ont été les effets de la révolution industrielle au XIXe siècle?
9. Quel type de doctrine est devenu populaire au début du XXe siècle? Pourquoi?
10. En quoi le Front Populaire a-t-il changé la condition ouvrière?
11. Qu'est-ce qui a changé la configuration du Parti Communiste et du Parti Socialiste? Expliquez.
12. Comment les syndicats ont-ils évolué? Sont-ils plus ou moins puissants maintenant qu'il y a quarante ans?
13. Expliquez comment fonctionne l'allocation chômage.
14. Qu'est-ce qu'un CDD? Expliquez.
15. En quoi consistaient les lois Aubry? Quel en était le but?

II. Identifiez brièvement les noms ou la fonction des sigles suivants.

1. Léon Blum
2. La Garantie jeunes
3. Pôle emploi
4. SMIC
5. RSA

III. Etes-vous d'accord? Sinon, justifiez votre réponse.

1. Les agriculteurs font partie du secteur secondaire.
2. Le secteur primaire représente 33% de la population active.

3. Parmi les catégories socioprofessionnelles, celle des ouvriers est en régression.

4. Les employés du secteur privé ont les mêmes avantages sociaux que ceux du secteur public.

5. L'Etat est le premier patron de France.

6. Les syndicats existent en France depuis la Révolution de 1789.

7. La CGT est le syndicat le plus puissant de France.

8. Le secteur privé possède plus d'employés syndiqués que le secteur public.

9. Les employés du secteur public n'ont pas le droit de grève.

10. Les jeunes en France sont très touchés par le chômage.

IV. Eliminez la mauvaise réponse.

1. Les trois Régions les plus urbanisées sont
   a. l'Auvergne
   b. l'Ile-de-France
   c. la Région Rhône-Alpes
   d. la Provence-Alpes-Côte d'Azur

2. Dans la catégorie des cadres et des professions intellectuelles supérieures, on trouve
   a. les ingénieurs
   b. les professeurs
   c. les patrons d'entreprise
   d. les architectes

3. De nos jours, les salariés en France
   a. ont le droit de grève
   b. ont droit à cinq semaines de congés payés
   c. ont droit à un salaire égal pour un travail égal
   d. ont le droit de prendre la retraite à l'âge de 55 ans

4. La semaine de 35 heures
   a. n'est plus légale
   b. a été controversée
   c. a accentué les inégalités entre les travailleurs
   d. permet aux salariés d'être récompensés s'ils travaillent 40 heures

5. Le RSA
   a. a remplacé le Revenu minimum d'insertion (RMI)
   b. s'adresse aux personnes sans ressources suffisantes
   c. a été contesté par les syndicats
   d. est une allocation dont le montant dépend de la situation familiale de la personne qui en bénéficie

V. Discussion.

1. Qu'est-ce que vous pensez du droit de grève? Tous les travailleurs devraient-ils l'avoir? Est-ce qu'il devrait être limité? Pourquoi (pas)?

2. D'après vous, les syndicats sont-ils nécessaires ou utiles? Justifiez votre point de vue.

3. Si votre employeur vous proposait le choix entre 35 heures de travail par semaine et deux semaines de congés payés ou 48 heures de travail hebdomadaire et cinq semaines de congés payés, que préféreriez-vous? Pourquoi?

4. Que fait le Gouvernement de votre pays pour aider les jeunes à trouver un emploi? Pensez-vous qu'ils devraient recevoir une allocation chômage même s'ils n'ont pas encore travaillé? Pourquoi (pas)?

5. D'après vous, est-ce possible d'être aussi (ou plus) productif en travaillant 35 heures par semaine plutôt que 40 heures? Discutez.

Le temps libre

I. Répondez aux questions suivantes.

1. Quelle est l'attitude des Français vis-à-vis du travail et du temps libre?

2. Quelle est la différence entre un jour «férié» et un jour «ouvrable»? entre un jour «férié» et une «fête»?

3. Que font beaucoup de Français si une fête, comme la Toussaint par exemple, a lieu un mardi?

4. Donnez un exemple de fête «mobile».

5. Quelles fêtes communes à la France et aux Etats-Unis n'ont pas lieu le même jour?

6. Quel est le mois où il y a le plus de jours fériés?

7. Pourquoi le mois de juin est-il redouté par certains parents?

8. En quel mois la moitié des entreprises françaises ferment-elles? Pourquoi?

9. Quel est le rôle de la campagne de «Bison Futé»?

10. Le taux d'accidents de la route a-t-il baissé ou augmenté au cours des trente dernières années? Pourquoi?

II. Etes-vous d'accord? Justifiez votre réponse.

1. Le mois de septembre représente le mois de la rentrée professionnelle.

2. Le mois d'octobre représente le mois de la rentrée universitaire.

3. Le mois de novembre est le mois de la rentrée littéraire.

4. La Saint-Sylvestre est fêtée en France.

5. Beaucoup d'écoliers français ont des vacances en février.

6. Les Français offrent du muguet à leurs amis au mois de mars.

7. Le Tour de France commence au mois de juin.

8. Les Français mangent des crêpes pour la fête des Rois.

9. Beaucoup de Français prennent leurs vacances dans le Midi.

10. L'Armistice de la Première Guerre mondiale n'est plus fêté.

III. Discussion.

1. En France, les automobilistes ne peuvent pas utiliser (tenir en main) leur téléphone portable quand ils conduisent. De même, chaque conducteur doit posséder un éthylotest (un appareil mesurant le taux d'alcool dans le sang) afin de vérifier, en cas de prise de boisson alcoolisée, s'il ou si elle est en état de conduire. Que pensez-vous de ces règlementations?

2. D'après vous, certaines fêtes sont-elles trop commercialisées? A-t-on vraiment besoin de dépenser de l'argent pour fêter un évènement? Justifiez votre point de vue.

3. Y a-t-il des différences entre les loisirs des Français et ceux des habitants de votre pays? Lesquelles?

4. L'Armistice de la Première ou de la Deuxième Guerre mondiale est-il un jour férié dans votre pays? Devrait-il l'être? Expliquez.

5. D'après vous, quel(le) est le jour férié (la fête) le (la) plus familial(e) dans votre pays? Pourquoi?

Le travail et le temps libre

IV. Vos recherches sur Internet.

Afin de faciliter vos recherches et de répondre à ces questions, consultez le site du livre sur www.cengagebrain.com.

1. Qui sont les NEET exactement? Combien sont-ils dans l'Union européenne? Que fait le Gouvernement en France pour essayer de les aider?

2. Quels conseils et consignes le Gouvernement donne-t-il aux automobilistes?

3. Qu'est-ce que la pénibilité au travail? Quelles dispositions sont mises en place pour la prévenir?

4. Le Gouvernement aide les vacanciers à préparer leur voyage à l'étranger et leur donne des conseils. De quels types exactement?

5. Qu'est-ce qu'un «chèque-vacances»? Qu'est-ce qu'un «bon aide» aux temps libres? Qui peut en bénéficier?

© Olga Besnard/Shutterstock.com

CHAPITRE

11

La protection sociale

Il arrive dans la vie certains évènements qui peuvent compromettre la sécurité financière des gens: la naissance des enfants, la mort d'un époux ou d'une épouse, la maladie, la perte d'un travail, etc. Ces évènements peuvent entraîner des frais médicaux considérables, ou un manque de revenus, ou bien les deux en même temps. L'ensemble des mesures qui servent à garantir la sécurité financière des citoyens en les protégeant contre ces «risques» de la vie s'appelle la protection sociale. Comme tous les pays de l'Union européenne, la France attache une grande importance et accorde une grande partie de son budget à la protection sociale. Celle-ci peut se définir comme la responsabilité collective de la part de l'Etat vis-à-vis des citoyens, ou bien, à proprement parler, de la part des citoyens les uns envers les autres. Elle est donc basée sur le principe de la solidarité nationale.

● Un peu d'histoire

Les premières mesures de protection sociale ont été instaurées pour répondre aux revendications des ouvriers et à la montée du mouvement syndical pendant la révolution industrielle. Il s'agissait de protéger les ouvriers, qui vivaient dans la misère et dont la sécurité financière était très fragile. C'est la IIIe République, nourrie de doctrines socialistes, qui a pris ces premières mesures. Dès 1898, les frais encourus pour les accidents du travail ont été mis à la charge des employeurs. En 1910, une loi a établi un système de retraite pour les ouvriers et les salariés du commerce, deux groupes qui n'avaient pas les moyens de pourvoir à leur subsistance pendant la vieillesse. Dans les années 1920, la CGT s'est mobilisée contre le patronat en faveur de la protection sociale pour ses syndiqués. Pourtant, la notion moderne de protection sociale, liée à la politique familiale, a ses origines dans les années

● **183**

1930. Les raisons qui expliquent son développement à cette époque sont les suivantes:

1. **La Première Guerre mondiale** Pendant la guerre de 1914, la France a perdu plus d'un million d'hommes, et ce massacre a eu des conséquences désastreuses pour la population française. Les années 1920 ont témoigné d'une baisse de la natalité à cause de la haute mortalité provoquée par la guerre. Il a fallu faire quelque chose pour encourager la natalité. Le Gouvernement a donc pris plusieurs mesures natalistes. Par exemple, la législation de 1920 a interdit l'avortement.

2. **La crise économique des années 1930** Celle-ci a provoqué une grande pauvreté et un taux élevé de chômage. De plus, il a fallu faire face à une augmentation du nombre des personnes âgées, qui étaient souvent sans ressources. A cette époque-là aussi, le taux de la mortalité a augmenté dramatiquement, d'une part à cause de certaines maladies graves telles que la tuberculose, mais aussi à cause d'une forte mortalité infantile.

La dénatalité engendrée par la guerre et la misère provoquée par la crise économique sont donc les deux phénomènes qui ont contribué à la conviction en France qu'il fallait une protection sociale. Les Gouvernements des années 1930 ont compris que toute une série de lois sociales étaient nécessaires pour répondre à ces problèmes. En 1930, les premières assurances sociales ont été mises en place. Ces assurances couvraient la maladie, la maternité, l'invalidité, la vieillesse et le décès. L'année 1932 marque le début de la politique nataliste, avec les premières allocations familiales.

En 1945–1946, après la guerre, les assurances sociales et les allocations familiales ont été réunies en un système compréhensif de protection sociale qui s'appelle la Sécurité sociale. Les buts de la Sécurité sociale étaient d'une part, de créer une redistribution des revenus pour aider les «économiquement faibles» et d'autre part, d'encourager la natalité. Le droit à la protection sociale figure dans la constitution de la IVe République comme dans celle de la Ve:

«La nation assure à l'individu et à sa famille les conditions nécessaires à leur développement. Elle garantit à tous — notamment à l'enfant, à la mère, au travailleur âgé, la protection de la santé, la sécurité matérielle, le repos et les loisirs. Tout être qui, en raison de son âge, de son état physique ou mental ou de sa situation économique se trouve dans l'incapacité a le droit d'obtenir de la collectivité des moyens convenables d'existence.»

Instituée d'abord pour les salariés uniquement, la Sécurité sociale a été peu à peu étendue et de nos jours, elle couvre l'ensemble de la population résidant en France. En 2000, le gouvernement Jospin a institué la Couverture maladie universelle (CMU), une protection de base sur le seul critère de résidence. La CMU donne un droit immédiat à l'assurance maladie pour toute personne résidant sur le territoire national métropolitain et dans les DOM, ainsi qu'un droit au tiers-payant, c'est-à-dire une dispense d'avance des frais pour les plus défavorisés.

Actuellement, la direction de la Sécurité sociale est placée sous l'autorité conjointe du Ministère des Affaires sociales et de la Santé et du Ministère de l'Economie et des Finances. Depuis sa création en 1945, elle a été réorganisée plusieurs fois. De nos jours, il y a trois branches principales: maladie, famille et retraite. Nous allons examiner chaque branche séparément.

● La branche maladie

Cette branche comprend plusieurs sortes d'assurances: maladie, maternité, invalidité, décès, et accidents du travail et maladies professionnelles.

L'assurance maladie est basée sur le principe que tout individu, quels que soient ses revenus, a droit à la santé et aux soins médicaux (notion qui n'est pas acceptée par de nombreux Américains). Cette assurance est régie par plusieurs règles fondamentales:

1. **La médecine libérale** Chaque médecin a le droit d'exercer librement sa profession et chaque malade a le libre choix du médecin. Pourtant, les tarifs sont fixés par convention entre les syndicats de médecins et la Sécurité sociale. La grande majorité des médecins français (99%) sont «conventionnés», c'est-à-dire qu'ils adoptent les tarifs fixés. D'ailleurs, à l'échelle américaine, les tarifs ne sont pas chers. En 2013, le tarif conventionnel d'une consultation pour un médecin généraliste au cabinet était de 23 € et une visite à domicile était légèrement plus chère. Une consultation chez un médecin spécialiste au cabinet coûtait 25 € au minimum et jusqu'à 50 ou 60 € pour certains spécialistes (cardiologues et psychiatres, entre autres).

2. **La participation financière des travailleurs** Chaque travailleur «cotise», c'est-à-dire qu'il contribue une portion de son salaire pour financer les assurances. Cette contribution est obligatoire. Les patrons cotisent, eux aussi, pour chacun de leurs employés. Le taux des cotisations est proportionnel aux salaires, mais les prestations (c'est-à-dire les paiements ou remboursements) sont les mêmes pour tous (certaines prestations sont cependant limitées en fonction des ressources de l'individu ou de la famille). Aux Etats-Unis, où les assurances sont privées, il faut cotiser pour être assuré. En France, même ceux qui ne peuvent pas cotiser (les orphelins, les étudiants, les chômeurs) sont assurés.

3. **Le «ticket modérateur»** C'est la partie des frais restant à la charge de l'assuré, la partie qui n'est pas remboursée. (Au début c'était vraiment un ticket, que l'on achetait aux bureaux de la Sécurité sociale et que l'on remettait au médecin). Le but du ticket modérateur est de modérer l'usage et d'empêcher les abus, puisque le malade doit payer une partie des frais lui-même.

Normalement, chaque assuré doit payer les frais de la consultation directement au médecin. Prenons un exemple: Une malade se rend au cabinet de son médecin pour une consultation qui coûtait 23 € en 2013. Au moment de payer, elle présente sa carte Vitale. La carte Vitale est une carte distribuée à tous les assurés sociaux. C'est une carte à puces (à microprocesseur), de la taille d'une carte de crédit. Elle ne contient aucune information d'ordre médical, mais elle permet de créer une feuille de soins électronique qui est télétransmise à la Sécurité sociale. La dame doit payer 23 € au médecin, mais la Sécurité sociale va lui rembourser 16,10 €, ou 70% des frais de la consultation. Son ticket modérateur est de 6,90 €, son coût personnel pour la consultation. La carte Vitale peut être présentée dans tous les lieux de services de santé (chez le médecin, à la pharmacie, à l'hôpital, etc.). Elle permet de garantir les remboursements en cinq jours environ. Si cette dame était bénéficiaire de la Couverture maladie universelle (CMU), elle n'aurait pas besoin d'avancer les 23 € mais seulement le ticket modérateur, en l'occurrence 6,90 €. Le reste serait payé par la Sécurité sociale directement au médecin, un système qui s'appelle «le tiers-payant». En 2013 le gouvernement Ayrault a annoncé une généralisation du tiers-payant, mesure à laquelle le candidat François Hollande s'était montré favorable. Le tiers-payant sera élargi en 2014 à d'autres familles de revenus modestes, et en 2017 à tous les Français. Le tiers payant existe déjà chez les pharmaciens.

4. Le «**tiers-payant**» C'est un mécanisme au moyen duquel la Sécurité sociale paie les frais directement au personnel des services médicaux. L'assuré n'est donc plus obligé d'avancer les frais et de se faire rembourser. Par exemple,

Dans une pharmacie conventionnée on ne paie que le «ticket modérateur».

un malade à qui son médecin a donné une ordonnance évite l'avance d'argent en achetant ses médicaments dans une pharmacie conventionnée. Dans ce cas-là, le tiers-payant paie les frais à la pharmacie et le malade ne doit payer que le ticket modérateur. Si son médicament coûte 10 € et s'il l'achète dans une pharmacie conventionnée, il ne paie que 3,50 €, le ticket modérateur. Une grande majorité des familles françaises ont aussi une mutuelle, une assurance complémentaire privée. La mutuelle rembourse le ticket modérateur, en tout ou en partie.

Dans certains cas, les frais médicaux sont remboursés à 100% et le malade est exonéré du ticket modérateur. Tel est le cas pour les traitements coûteux: les opérations chirurgicales, une hospitalisation supérieure à 30 jours, les maladies de longue durée et les médicaments indispensables: par exemple, les cancers, le diabète, la maladie de Parkinson, le SIDA. D'autres bénéficiaires de la prise en charge à 100% sont les victimes des accidents du travail et des maladies professionnelles, les femmes enceintes et les bénéficiaires de la Couverture maladie universelle.

Les frais d'hospitalisation, que ce soit dans un hôpital public ou dans une clinique privée et conventionnée, sont partiellement payés par le tiers-payant jusqu'à 30 jours de séjour (au-delà de cette limite, le tiers-payant prend en charge 100% des frais). Jusqu'à 30 jours, il y a un forfait journalier à payer, la part laissée à la charge des personnes hospitalisées. Depuis 2010, ce forfait hospitalier est de 18 € par jour. Exonérés de ce forfait sont (1) les enfants et adolescents handicapés, (2) les victimes d'accidents du travail et de maladies professionnelles, (3) les femmes enceintes pendant les quatre derniers mois de la grossesse et pendant 12 jours après l'accouchement, (4) les nouveau-nés pendant 30 jours après la naissance, (5) les pensionnés militaires et (6) les bénéficiaires de la CMU.

Un sondage effectué en 2013 par Harris Interactive révèle une satisfaction de la part des Français à l'égard de leur système de santé. Une majorité (71%) des Français estiment que l'accès aux soins médicaux est facile. Une moindre majorité (54%) déclarent être satisfaits par le niveau de remboursement, mais seulement 35% des personnes interrogées déclarent être prêtes à augmenter leurs cotisations à l'assurance maladie pour préserver le niveau de remboursement de leur santé.

L'assurance maternité prend en charge tous les frais d'accouchement (à 100%) et comprend sept examens prénatals (à partir du 4e mois de grossesse) et un examen postnatal pour la mère (ces examens sont d'ailleurs obligatoires, si on veut toucher l'assurance maternité). En France, la santé de la mère et de son bébé est vraiment une affaire d'Etat. Si la mère doit prendre congé de son travail pour donner naissance, elle reçoit une indemnité égale à son salaire journalier de base jusqu'à un «plafond» ou somme maximum, pendant un maximum de 16 semaines (à partir du troisième enfant, c'est un congé de six mois). Si elle décide d'allaiter son bébé, elle reçoit aussi une prime d'allaitement pendant quatre mois, parce que l'allaitement est jugé très sain pour le bébé. Depuis 1999, il y a aussi un congé paternité. Ce congé accorde au père 11 jours de congé consécutifs pour la naissance ou l'adoption d'un premier enfant (18 jours en cas de naissances multiples) dans les quatre premiers mois de la vie de l'enfant.

L'assurance invalidité prend en charge tous les travailleurs qui ne sont plus capables d'exercer leur profession à cause d'une maladie ou d'un accident. Tous les frais médicaux sont payés à 100%, et les invalides reçoivent une pension jusqu'à l'âge de 60 ans, âge où ils sont pris en charge par l'assurance vieillesse (la retraite).

L'assurance décès bénéficie aux «ayant droits» (un conjoint — époux ou épouse — un partenaire pacsé, des enfants, des parents ou d'autres personnes qui dépendaient financièrement de la personne décédée). Si le décédé était salarié, cette assurance garantit le paiement d'un capital au survivant. Si le conjoint ou partenaire survivant a plus de 55 ans, il peut, sous certaines conditions, recevoir une pension de réversion.

L'assurance des accidents du travail et des maladies professionnelles constitue une branche séparée, avec une gestion distincte, parce qu'elle est entièrement financée par les employeurs (le salarié ne cotise pas). C'est la partie la plus ancienne de la Sécurité sociale. En cas d'accident du travail ou de maladie professionnelle, tous les frais médicaux sont payés à 100%. Le mécanisme du tiers-payant permet d'éviter l'avance des frais. Pour compenser la perte des revenus, la victime reçoit une indemnité de travail journalière jusqu'au moment de sa récupération.

TABLEAU I: La Sécurité sociale

I. La branche maladie

1. Assurance maladie (financée par les cotisations ouvrières et patronales)
    - 70% honoraires des médecins, dentistes et oculistes (fixés par convention)
    - 35–65% pharmacie (100% pour les médicaments indispensables, avec tiers-payant)
    - 80% frais d'hospitalisation (dans un hôpital public ou une clinique privée) pris en charge par le tiers-payant, sauf le forfait journalier jusqu'à 30 jours (100% à partir du 31e jour)
    - 100% interventions chirurgicales, tiers-payant
2. Assurance maternité
    - 100% tous les frais d'accouchement
    - indemnité de travail (maximum 16 semaines, 6 mois à partir du 3e enfant)
    - prime d'allaitement (4 mois)
3. Assurance invalidité (incapacité professionnelle pour une raison médicale)
    - 100% tous les frais médicaux
    - pension jusqu'à l'âge de 60 ans
4. Assurance décès
    - selon les conditions, un capital payé ou une pension de réversion versée aux personnes dépendantes de la personne décédée

5. Assurance des accidents du travail et maladies professionnelles (financée par le patronat seul)
   - 100% tous les frais médicaux
   - indemnité de travail jusqu'à la récupération de la victime

II. La branche famille (financée par le patronat seul)

1. non soumises à une condition de ressources (pour toutes les familles)
   - allocations familiales pour compenser la naissance des enfants
   - allocation parentale d'éducation
   - allocation de garde d'enfant à domicile
   - allocation d'éducation spéciale

2. soumises à une condition de ressources (pour les familles aux revenus modestes)
   - allocation accueil du jeune enfant
   - complément familial
   - allocation de rentrée scolaire
   - allocation de logement

III. La branche retraite

   - double condition, âge et durée de cotisation
   - retraite (assurance vieillesse) calculée sur le salaire moyen des 25 meilleures années

La carte Vitale est distribuée à tous les assurés sociaux.

La branche famille

Les allocations familiales sont des prestations versées aux familles pour compenser les frais de naissance, de garde et d'éducation des enfants. Certaines allocations sont versées sans conditions de ressources financières, c'est-à-dire que toutes les familles, riches ou pauvres, les reçoivent. Par exemple:

1. Une allocation familiale est payée mensuellement à toute femme qui a à charge au moins deux enfants âgés de moins de 20 ans (voir le Chapitre 9).

2. Une allocation parentale d'éducation est payée au parent qui suspend son travail pour élever un enfant, pour compenser son manque de revenu; elle lui est payée à partir du deuxième enfant et jusqu'à ses trois ans.

3. Une allocation de garde d'enfant à domicile rembourse le coût de la garde des enfants âgés de moins de 6 ans, quand les deux parents travaillent; l'Etat se charge d'assurer une place à la garderie pour les enfants dont les parents travaillent.

4. Une allocation d'éducation de l'enfant handicapé, payée pour compenser les frais entraînés pour un enfant handicapé jusqu'à l'âge de 16 ans ou jusqu'à 20 ans s'il ne travaille pas.

5. Une allocation journalière de présence parentale, payée pour chaque jour de congé pris par un parent à cause d'une maladie ou d'un accident de l'enfant (42,92 € pour un parent en couple et 51,00 € pour un parent isolé, en 2013).

Comme la politique familiale se donne pour but de promouvoir la natalité, les prestations familiales et tout un ensemble d'avantages ont été généralisés à toute la population. Le code reflète un idéal, celui de la famille comptant au moins trois enfants dont la mère reste au foyer. En plus, il y a certaines prestations familiales qui sont destinées aux familles aux revenus modestes. Par exemple:

1. Une allocation accueil du jeune enfant, payée à toutes les femmes, mariées ou non, au septième mois de la grossesse, payée en une fois, et puis à partir du mois de la naissance jusqu'aux 3 ans de l'enfant (en 2013, cette allocation était de 916,70 €, payés en une fois, puis de 183,34 € par mois).

2. Le complément familial, payé au couple ou à la personne qui assure la charge de trois enfants ayant l'âge de 3 ans ou plus (166,18 € en 2013).

3. Une allocation de rentrée scolaire, payée une fois par an pour compenser les frais de la rentrée de chaque enfant à l'école, jusqu'à l'âge de 18 ans (en 2013, 362,28 € par enfant de 6 à 10 ans, 382,27 € par enfant de 11 à 14 ans, 395,51 € par enfant de 15 à 18 ans).

4. Une allocation de logement, payée pour aider une famille à payer son loyer mensuel. Cette allocation est payée (1) aux personnes qui n'ont pas droit aux prestations familiales mais qui ont au moins un enfant à charge, (2) aux

personnes qui ont à charge un parent de plus de 65 ans, (3) aux personnes qui ont à charge un parent ou un enfant infirme, (4) aux personnes âgées, (5) aux personnes handicapées et (6) aux bénéficiaires du RSA (Revenu de solidarité active).

Toutes ces prestations sont exonérées d'impôts, mais elles ne sont payées qu'aux personnes dont les revenus sont au-dessous d'un certain plafond et elles dépendent du nombre d'enfants. Il est important de noter que les prestations familiales égalent en moyenne 35% des revenus disponibles des familles et jusqu'à 50% dans certaines catégories défavorisées.

● La branche retraite

Tandis que la proportion des jeunes dans la population française diminue, la proportion des personnes du «troisième âge», ceux qui ont plus de 60 ans, augmente grâce à une plus longue espérance de vie (84 ans pour les Françaises, 77 ans pour les Français). Le troisième âge représente actuellement 15 millions de personnes, soit 24% de la population française. Cette augmentation du nombre de personnes âgées aggrave le déséquilibre entre la population active (45%) et non active (55%), et la seconde doit être soutenue par la première. La branche retraite représente, à elle seule, 35% d'un déficit de 11,5 milliards d'euros pour la Sécurité sociale en 2013.

© Eric Fahrner/Shutterstock.com

Le troisième âge représente 24% de la population française.

L'assurance vieillesse concerne les gens qui quittent le travail à 60 ans ou plus et qui prennent la retraite (comme la «Social Security» aux Etats-Unis). La retraite est calculée à partir du salaire moyen des 25 meilleures années, jusqu'à un plafond. Comme aux Etats-Unis, les cotisations de la population active servent à financer les retraites des personnes âgées. Il existe en France plus de 600 régimes de retraite, alors ici on ne pourra donner que des informations générales.

Il y a eu en France trois réformes des retraites en dix ans. Ces réformes ont toutes plus ou moins le même but: elles visent à préserver l'équilibre financier du système français des retraites et à combler un déficit estimé à 20 milliards d'euros d'ici à 2020. Une première réforme des retraites a été votée en 2003. Celle-ci a aligné la retraite des fonctionnaires avec celle des salariés du secteur privé. Elle a également imposé une double condition pour la pleine retraite: celle de l'âge (60 ans) et celle de la durée de cotisation (40 ans depuis 2008). Cette double condition était une nouveauté pour les fonctionnaires, qui jusqu'alors pouvaient prendre la retraite à l'âge de 60 ans sans égards pour la durée des cotisations. La réforme de 2003 a ouvert la voie à une transition progressive de l'allongement de la durée de cotisation: durée de 42 ans, puis 43, voire 44 ans pour l'ensemble des travailleurs. Depuis longtemps, certains fonctionnaires pouvaient prendre la retraite à 55 ans (les professeurs) ou même à 50 ans (les policiers), mais il leur serait désormais impossible de totaliser 40 ans de service à cet âge-là. Tous les salariés, dans le secteur public ou privé, auraient donc intérêt à travailler après l'âge de 60 ans s'ils n'avaient pas accumulé les années nécessaires. Depuis, une seconde réforme a été votée en 2010, et celle-ci a fixé l'âge de la retraite à 62 ans. Une troisième réforme proposée en 2013 par le gouvernement Ayrault est un prolongement de celles de 2003 et de 2010. D'après celle-ci, il y aura une augmentation des cotisations vieillesse salariales et patronales. La durée des cotisations sera de 43 ans en 2035 et l'âge de la retraite sera progressivement poussé à 67 ans. Cependant, le Gouvernement envisage la création d'un «compte-pénibilité» pour les salariés ayant un métier considéré comme pénible. Ainsi, ceux qui travaillent de nuit, dans le bruit, sont exposés à des agents chimiques, etc., pourraient accumuler des points qui leur permettraient de partir plus tôt à la retraite.

En plus de l'assurance vieillesse (la retraite), les personnes âgées bénéficient de toute une série de mesures sociales. Titulaires de la carte Senior (nommée carte Vermeil à l'origine à cause de sa couleur), qui prouve leur appartenance à ce groupe, les personnes du troisième âge reçoivent des réductions pour les transports publics. Elles sont exonérées de certaines taxes (si leurs revenus ne dépassent pas un certain plafond). Celles qui n'ont pas de gros revenus peuvent recevoir une allocation logement pour les aider à payer leur loyer et une aide-ménagère (se faire aider par quelqu'un qui fait les courses, prépare les repas, fait le ménage, etc.). Enfin, l'Etat et les collectivités territoriales ont créé des restaurants du troisième âge pour fournir des repas à frais réduits, et des clubs du troisième âge qui effectuent des activités de distraction artisanale, touristique, etc.

● Le budget social

Comment ce système est-il financé? Nous avons déjà vu que chaque salarié cotise et que les patrons cotisent également pour chaque salarié. Le taux de cotisation varie selon la profession et selon le salaire, mais nous pouvons dire qu'en général le salarié cotise environ 20 à 25% de son salaire, tandis que le patron cotise environ 45 à 50% du salaire qu'il verse à son employé. Pourtant, les cotisations salariales et patronales ne suffisent jamais à financer le système et l'Etat doit toujours y contribuer aussi. En réalité, les entreprises financent 43% des dépenses du budget social, les travailleurs 45%, et l'Etat doit combler le déficit (12%). En 1990, une Contribution sociale généralisée (CSG) a été créée par le gouvernement Rocard. La CSG, une taxe prélevée directement sur les salaires, était destinée à contribuer aux recettes de la Sécurité sociale. Cette «contribution solidarité» est un prélèvement proportionnel dont une bonne part n'est pas imposable, tout comme les autres charges sociales. En 1996, le gouvernement Juppé a institué une nouvelle taxe pour réduire le déficit de la Sécurité sociale: la Contribution au remboursement de la dette sociale (CRDS). Ces deux taxes s'ajoutent aux cotisations. La fiche de paie que chaque salarié reçoit mensuellement montre non seulement les cotisations et les taxes retenues, mais aussi les cotisations patronales, celles qui sont payées par l'employeur. Voir comme exemple un bulletin de paie (p. 194). Comme cet exemple le montre, environ deux tiers des cotisations sont à la charge des entreprises. Il est aussi à noter que la plupart des cotisations salariales sont exonérées d'impôts et ne font pas partie du salaire net imposable. Seules les taxes (la CRDS et une partie de la CSG) sont calculées sur le salaire net imposable.

En 2000, l'Organisation mondiale de la santé a déclaré que la France avait «le meilleur système de santé au monde». Les Français dépensent individuellement bien moins que les Américains pour les frais de santé. Les dépenses de l'Etat français pour la protection sociale sont plus importantes proportionnellement que celles du Canada, du Royaume-Uni et des Etats-Unis (presque tous les pays européens et le Canada ont un système national de protection sociale). Un résultat est que le taux de mortalité infantile est nettement inférieur en France qu'aux Etats-Unis. En général, les Français sont satisfaits de leur système de protection sociale. Pourtant, la protection sociale continue à poser des problèmes de financement en France, dus surtout à l'augmentation progressive du coût des soins médicaux et aussi au vieillissement de la population. Depuis des années, le déficit de la «Sécu» est un sujet important dans les débats politiques. Pour les salariés, les cotisations constituent le prélèvement obligatoire le plus important et les Français s'en plaignent. Mais pas trop: s'ils n'aiment pas les cotisations, ils estiment que les prestations sociales sont un droit, et ils y tiennent. Les sondages révèlent que les Français sont attachés de façon permanente à la Sécurité sociale et qu'ils croient à l'Etat-providence. Ils acceptent l'idée que le système est déficitaire, mais ils sont tout à fait hostiles à toute augmentation des cotisations et à toute baisse des prestations. Ils rêvent de maintenir le niveau de protection sans augmenter les cotisations. Comme nous

BULLETIN DE PAIE

Période du 01/01/2013 au 31/01/2013			
Désignation	Gains	Cotisations salariales	Cotisations patronales
Salaire brut	4000,00		
Sécurité sociale Maladie		30,00	524,00
Sécurité sociale Vieillesse		182,35	353,20
Assurances chômage		96,00	166,00
Retraite complémentaire		220,79	305,34
Retraite supplémentaire		186,36	372,72
Cotisation de mutuelle		20,00	40,00
CSG déductible		221,59	
Allocations familiales			216,00
Aide au logement			2,68
Accidents du travail			40,00
Autres charges patronales			42,00
Salaire net imposable	3042,91		
CSG non déductible		104,28	
CRDS non déductible		21,72	
Net à payer	2916,91		
Total cotisations		1 083,09	2 101,94

l'avons déjà vu, les Français critiquent souvent l'Etat, mais ils en attendent tous les avantages. Aucun homme ou femme politique, de droite ou de gauche, n'envisagerait sérieusement de toucher à la sacrée «Sécu»: Il y a un consensus politique sur la notion de protection sociale.

I. Répondez aux questions suivantes.

1. En quoi consistait la protection sociale à la fin du XIXe siècle et au début du XXe siècle?

2. Quelles sont les raisons qui ont contribué à la mise en place d'un système de lois sociales?

3. Quels étaient les buts de la Sécurité sociale?

4. Qui peut bénéficier de la Sécurité sociale? Expliquez.

5. Quelles sortes d'assurances la branche maladie comprend-elle?

6. En quoi l'assurance maladie est-elle différente de l'assurance des accidents du travail et des maladies professionnelles?

7. Pourquoi la branche retraite est-elle la plus coûteuse pour le système de la Sécurité sociale?

8. En quoi consistent les réformes des retraites votées depuis 2003?

9. Quelles sont les grandes lignes du financement du budget social?

10. Les Français sont-ils satisfaits de la Sécurité sociale? Expliquez.

II. Eliminez la mauvaise réponse.

1. Dans le cas de l'assurance maladie, chaque assuré
   a. est remboursé à 100% en cas de maladie grave
   b. doit aller chez un médecin conventionné
   c. reçoit les mêmes prestations
   d. doit normalement payer un ticket modérateur

2. Comment le système des cotisations fonctionne-t-il?
   a. Le taux des cotisations est proportionnel au salaire.
   b. Tout travailleur est obligé de cotiser à la Sécurité sociale.
   c. Tout patron est obligé de cotiser pour ses employés.
   d. Les personnes qui ne peuvent plus cotiser ne sont plus assurées.

3. Les prestations comme l'allocation de rentrée scolaire
   a. ne sont pas imposables
   b. dépendent du revenu
   c. sont uniquement versées aux familles d'au moins trois enfants
   d. font partie de la branche des allocations familiales

4. Les médecins conventionnés
   a. sont des fonctionnaires
   b. peuvent exercer librement leur profession
   c. adoptent les tarifs fixés par les syndicats et la Sécurité sociale
   d. représentent la grande majorité des médecins français

5. Dans le cas d'une naissance,
    a. le père peut prendre 11 jours de congé
    b. la mère a droit à un congé de six mois si elle a déjà deux enfants
    c. les frais d'accouchement sont gratuits si les parents ont déjà un enfant
    d. la mère reçoit une allocation pour jeune enfant jusqu'à ce que celui-ci ait trois ans

III. Etes-vous d'accord? Sinon, justifiez votre réponse.

1. La solidarité nationale est à la base de la protection sociale.
2. Les allocations familiales datent des années 1930.
3. Dans une pharmacie conventionnée, on ne doit payer que le ticket modérateur.
4. La carte Vitale a remplacé l'ordonnance que le médecin donnait avant au malade.
5. Si un malade reste plus de trente jours à l'hôpital, il n'est plus remboursé.
6. Lors d'une visite chez le médecin, le tiers-payant est à la charge de l'assuré.
7. La CSG est une taxe sur les salaires qui contribue aux coffres de la Sécurité sociale.
8. Les maladies graves sont remboursées à 100%.
9. Les personnes du troisième âge avec peu de revenus peuvent recevoir des allocations spéciales.
10. La CMU est une protection de base sur le seul critère de résidence.

IV. Discussion.

1. En tant que travailleur ou futur travailleur, seriez-vous d'accord pour cotiser en vue d'une assurance maladie pour tous les habitants de votre pays? Pourquoi (pas)?
2. Les prestations familiales que les familles reçoivent en France sont exonérées d'impôts. Est-ce une bonne ou une mauvaise idée d'après vous?
3. Est-ce que le Gouvernement d'un pays devrait être responsable de la protection sociale de tous ses habitants? Justifiez votre réponse.
4. En France, il faut travailler pendant 42 ans avant de prendre sa retraite. D'après vous, l'âge de la retraite devrait-il augmenter? Pourquoi (pas)?
5. Que pensez-vous de la politique nataliste de la France en ce qui concerne les allocations familiales mensuelles? Toute famille avec un seul enfant devrait-elle pouvoir également en bénéficier? Justifiez votre point de vue.

🌐 V. Vos recherches sur Internet.

Afin de faciliter vos recherches et de répondre à ces questions, consultez le site du livre sur www.cengagebrain.com

1. Les familles composées d'au moins trois enfants peuvent bénéficier d'une carte de famille nombreuse. En quoi consiste cette carte? A quels avantages la famille a-t-elle droit?

2. Quelle est l'opinion des Français sur la santé, la protection sociale, la famille et la solidarité. Change-t-elle au fil des années?

3. Qu'est-ce que l'affiliation à la sécurité sociale étudiante? Est-elle obligatoire pour les étudiants qui poursuivent leurs études?

4. Qu'est-ce que l'Aide médicale de l'Etat (AME)? Qui peut en bénéficier?

5. La charte de la personne hospitalisée contient une liste des droits du malade. Relevez quelques-uns de ces droits.

Les religions

«La fille aînée de l'Eglise»

Comme on le dit souvent et depuis longtemps, la France est un pays catholique. On appelle la France «la fille aînée de l'Eglise» parce qu'elle a été le premier pays à devenir officiellement catholique. Partout où l'on va en France, on voit des témoignages de la religion catholique qui sont indissolublement

La messe à l'église Saint-Sulpice à Paris

associés à son passé historique et culturel: les magnifiques cathédrales gothiques (Notre-Dame de Paris, Reims, Chartres, parmi tant d'autres), les calvaires en Bretagne, la grotte de Lourdes dans les Pyrénées, qui attire des millions de pèlerins, et même le nom des rues (le boulevard Saint-Michel, la rue Saint-Nicolas, la place Sainte-Geneviève, etc.). Tous les petits villages de France ont une église. De nombreux écrivains (Pascal, Chateaubriand, Claudel, Mauriac, Bernanos) se sont inspirés du catholicisme dans leurs ouvrages littéraires et on ne peut pas étudier la littérature française sans tenir compte de la culture catholique. En un mot, la religion catholique constitue une des plus riches influences culturelles dans la société française.

TABLEAU: Les croyants en France aujourd'hui

En France, depuis 1872, il est interdit de distinguer les personnes sur la base de leur appartenance confessionnelle ou de leur origine ethnique, lors des recensements. Le résultat est que les statistiques officielles sur les religions sont quasi inexistantes. Les sondages ne fournissent pas plus de précisions. Ainsi, il y aurait entre 26 millions et 40 millions de catholiques et entre quatre millions et sept millions de musulmans, selon les sondages. Les chiffres donnés ici ne sont donc que des estimations approximatives, basées sur plusieurs sources.

- chrétiens catholiques: 56% des adultes interrogés (18 ans et plus)
  — dont 72% de pratiquants occasionnels
  — dont 12% de pratiquants réguliers
  — dont 16% ne pratiquent jamais
  — 302 941 baptêmes en 2010 (421 295 en 1996); 36% des enfants nés en France en 2010 ont été baptisés catholiques
  — 30% des mariages sont catholiques (41% en 1999)
  — 30% des élèves ont des leçons de catéchisme (90% en 1945)
  — près de 2 millions d'élèves et 63 000 étudiants sont inscrits dans l'enseignement catholique
- musulmans: 6% des adultes interrogés
  — dont 36% se disent pratiquants
  — dont 80% jeûnent pendant le Ramadan
- chrétiens protestants: (surtout calvinistes et luthériens): 2%
- juifs (la plus grande communauté juive de l'Union européenne): 1%
  — dont 20% se disent pratiquants
- bouddhistes et autres religions: 3%
- 32% des Français se disent sans religion (le groupe le plus important pour les jeunes âgés de 18 à 24 ans)

(Sources: Conférence des évêques en France, sondage Institut CSA 2012)

Le christianisme

La religion chrétienne a commencé à se propager en Gaule à l'époque gallo-romaine. C'est pendant l'époque franque, en 496, que le roi Clovis s'est converti au christianisme et s'est fait baptiser à Reims. A ce moment-là, la France est devenue officiellement un pays catholique, et elle l'est restée, pendant plus de mille ans, jusqu'à la Révolution. En 800, Charlemagne, roi des Francs, s'est fait couronner empereur de l'Occident et de tous les chrétiens par le pape. Par ce geste, il a institué le principe de la monarchie de droit divin, c'est-à-dire que le roi des Francs était aussi un chef chrétien, choisi par Dieu pour gouverner. Il y avait désormais et jusqu'à la Révolution, une association étroite entre la monarchie française et l'Eglise catholique. Les premières menaces contre l'hégémonie catholique sont apparues au XVIe siècle avec la Réforme protestante. Toute l'Europe était alors déchirée entre les catholiques qui restaient fidèles à l'Eglise romaine et ceux qui rejetaient certaines de ses doctrines, c'est-à-dire les protestants. Entre 1562 et 1598, la France elle-même a souffert des guerres de religion qui opposaient les catholiques aux protestants. Afin de rétablir la paix et la stabilité, le nouveau roi, Henri IV de Bourbon, s'est converti au catholicisme pour pouvoir accéder à la couronne de France après la mort d'Henri III de Valois en 1589. En 1598, il a promulgué l'Edit de Nantes qui garantissait la liberté religieuse en France. L'Edit de Nantes a accordé aux protestants (appelés les «Huguenots») la liberté de conscience et l'égalité civile avec les catholiques. Cependant, cette liberté n'a pas empêché leur déclin numérique: le culte protestant ne s'est jamais répandu en France. Pendant le premier siècle de la dynastie des Bourbon, les Huguenots ont été plus ou moins tolérés en France, jusqu'au moment où Louis XIV a révoqué l'Edit de Nantes en 1685. A partir de ce moment-là, plus de 200 000 Huguenots se sont expatriés. Voilà des raisons historiques qui expliquent le nombre réduit de protestants en France aujourd'hui. La plus grande concentration se trouve en Alsace, région qui a été longtemps dans la sphère d'influence allemande.

Ainsi, l'histoire de l'Ancien Régime a été dominée par la présence de l'Eglise catholique. La première grande crise de l'Eglise date de l'époque de la Révolution. Comme l'Eglise s'était toujours associée à la monarchie, elle était hostile à la République et les républicains ont manifesté la même hostilité envers la noblesse et l'Eglise. Dès le début de la Révolution, en 1789, les possessions de l'Eglise ont été confisquées et sont devenues des biens nationaux dont l'Etat pouvait disposer. Ainsi, même avant l'exécution de Louis XVI, l'Assemblée nationale a vendu les propriétés — considérables — de l'Eglise, a aboli les ordres monastiques et a décrété que la religion catholique n'était plus la religion officielle de l'Etat. Plus tard (1793), sous l'influence des Jacobins, la Convention a poursuivi ses projets pour déchristianiser la France. Le calendrier catholique a été remplacé par un calendrier républicain. Beaucoup

L'Edit de Nantes a accordé la tolérance du protestantisme en France.

d'églises ont été saccagées et détruites. Le culte catholique a été remplacé par le culte de l'Etre suprême, une religion non chrétienne qui reconnaissait l'existence d'un Dieu créateur et dont Robespierre s'est proclamé le Grand Prêtre. Le peuple français est pourtant resté attaché au christianisme. Une dizaine d'années plus tard, en 1801, le Consul Napoléon Bonaparte a signé un Concordat avec le Vatican: le catholicisme est redevenu la religion officielle de la France. Cependant, l'Eglise était clairement subordonnée à l'Etat.

Au cours du XIXe siècle, l'Eglise est demeurée pro-monarchique et anti-républicaine. Voilà pourquoi elle était en bonnes grâces pendant le Premier Empire (Napoléon Ier), la Restauration (les rois Bourbon) et le Second Empire (Napoléon III). Les catholiques les plus conservateurs ont été hostiles à la IIIe République pendant les vingt premières années du régime (1870–1890). Cette situation a changé en 1890 quand le pape a ordonné aux catholiques français de se rallier à la République. A partir de cette date et jusqu'à nos jours, le sentiment monarchiste n'existera pratiquement plus en France. Si les catholiques français ont commencé à soutenir la République, les gouvernements de la IIIe République, cependant, ont évolué de plus en plus vers une politique anticléricale (anti-Eglise). D'abord, parce que l'Eglise prendra le parti de la bourgeoisie contre la classe ouvrière (et celle-ci va gagner une grande importance politique pendant la révolution industrielle à la fin du XIXe siècle). Ensuite, parce que l'Eglise va se trouver, au tournant du siècle, du mauvais côté d'une controverse célèbre au sujet d'un militaire juif, Alfred Dreyfus.

Le judaïsme

Il y a des juifs en France depuis le Moyen Age, et ils ont toujours été plus ou moins exclus de la société française et parfois persécutés. En 1791, la Révolution avait proclamé l'émancipation civique et politique des juifs, la France devenant ainsi le premier pays d'Europe à conférer aux juifs les pleins droits civiques. C'est au XIXe siècle que la communauté juive s'est vraiment intégrée à la société française. Les juifs français considéraient la France comme leur patrie. Ils étaient d'ailleurs tellement patriotiques que, quand l'Alsace a été perdue en 1870, un grand nombre de juifs qui habitaient en Alsace sont partis pour la France. Cependant, de nombreux catholiques français ne considéraient pas les juifs comme leurs compatriotes et les traitaient plutôt comme des étrangers, comme un peuple à part. L'antisémitisme a toujours existé en France, mais il a pris un caractère dramatique en 1898, avec l'affaire Dreyfus, une des affaires judiciaires les plus célèbres de l'histoire moderne.

La France avait été vaincue par les Allemands en 1870 et la réputation de l'armée française avait été ternie par cette défaite militaire humiliante. En 1894, le capitaine Alfred Dreyfus a été faussement accusé d'avoir vendu des secrets militaires aux Allemands. En raison d'un document forgé, Dreyfus a été condamné par un conseil de guerre à la prison à perpétuité et il a été déporté à l'île du Diable, en Guyane. Sa famille et ses amis ont crié à l'injustice et n'ont pas cessé de militer en sa faveur, mais l'armée, qui voulait protéger son prestige à tout prix, est restée intransigeante. En 1898, le célèbre romancier Emile Zola a publié dans le journal *L'Aurore* une lettre ouverte au président de la République. Dans cette lettre intitulée «J'accuse», Zola a dénoncé l'antisémitisme des officiers de l'armée, ainsi que l'illégalité du procès de Dreyfus. A cause de cette publication, Zola a été poursuivi par la justice, dans un procès qui a passionné la France. A partir de ce procès, l'affaire Dreyfus est devenue une affaire publique et nationale. Il était d'autant plus facile de croire que Dreyfus était coupable de trahison qu'à l'époque, beaucoup de catholiques considéraient que les juifs n'étaient pas de vrais Français. La droite (les antidreyfusards) traitait les non-catholiques de «mauvais Français», donc de traîtres: un juif, disaient-ils, ne peut pas vraiment être français. L'Eglise a pris parti pour les antidreyfusards: le journal catholique *La Croix* a entrepris une campagne contre les juifs. La gauche (les dreyfusards) a défendu le capitaine et a traité ses accusateurs d'antisémites, en disant que Dreyfus avait été jugé coupable, contre toute évidence, uniquement parce qu'il était juif. Un dessin paru dans le journal *Le Figaro* en 1898, intitulé «Un dîner en famille» et devenu célèbre depuis, illustre bien la fracture de la société française à propos de cette affaire (voir page 205). Après le procès de Zola, le colonel Henry, qui avait forgé le document, a tout avoué puis s'est suicidé. Au bout de plusieurs années et de nombreux procès, la Cour de cassation a renversé le jugement du conseil de guerre en 1906. Dreyfus a été ramené en France et enfin réhabilité, mais cet évènement a rangé l'Eglise dans le camp des antisémites et a polarisé la société française.

La réaction à l'affaire Dreyfus a favorisé l'arrivée de la gauche au pouvoir en 1902 et ce nouveau gouvernement a poursuivi une politique nettement anticléricale. En 1905, une nouvelle loi a proclamé la séparation de l'Eglise et de l'Etat. Selon cette loi, toujours en vigueur aujourd'hui, «la République ne reconnaît, ne salarie ni ne subventionne aucun culte». Cette loi garantit pourtant, comme l'avait fait l'Edit de Nantes, le libre exercice des cultes. Le Concordat de 1801 a cessé d'exister et la République française n'a plus de religion officielle. Aujourd'hui, l'Etat est laïque (sauf dans les départements

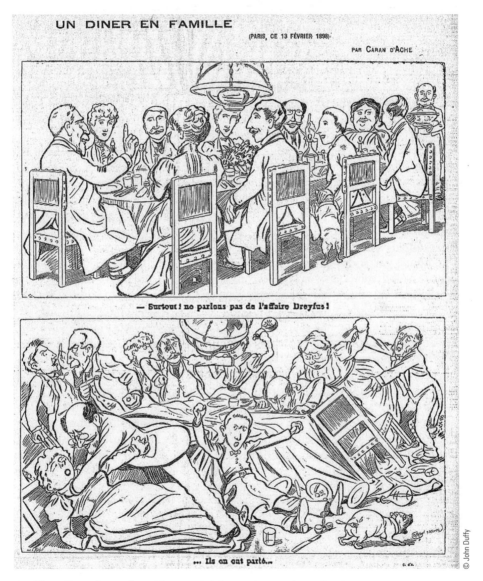

L'affaire Dreyfus a divisé la société française en deux factions.

«concordataires» d'Alsace et de Lorraine — le Haut-Rhin, le Bas-Rhin et la Moselle, dits «Alsace-Moselle» — qui n'ont été rendus à la France qu'en 1918). Ce principe de la séparation de l'Eglise et de l'Etat s'appelle la *laïcité*. L'Etat laïque reconnaît toutes les religions sans en adopter aucune. Le principe de la laïcité a joué un grand rôle au cours du XXe siècle et continue au XXIe.

L'antisémitisme était encore très fort pendant les premières décennies du XXe siècle. La vie politique de cette époque a été profondément influencée par l'Action Française, organisation catholique et antisémite (qui publiait un journal du même titre). Mais en 1926, le pape a condamné l'Action Française d'une façon absolue. Il a interdit aux catholiques de participer à cette organisation et de lire ses publications, sous peine d'excommunication. Après cela, l'Action Française s'est affaiblie, au moment où des mouvements antisémites grandissaient ailleurs en Europe. En 1936, le Front Populaire, une coalition de la gauche, a gagné une majorité à l'Assemblée nationale et Léon Blum, un juif, a été nommé chef du Gouvernement. A la veille de la Deuxième Guerre mondiale, à l'époque où les voisins de la France (l'Espagne, l'Allemagne et l'Italie) étaient dominés par des mouvements fascistes et antisémites, la France avait donc un premier ministre juif et un Gouvernement de gauche. Cela n'a pas empêché l'antisémitisme de reprendre le dessus pendant l'occupation allemande (1940–1944). Les collaborateurs, dans la France occupée ainsi que dans la France «libre» (Vichy), ont continué la persécution des juifs que les Nazis avaient initiée. Dans la nuit du 16 juillet 1942, plus de 13 000 juifs français (hommes, femmes et enfants) ont été arrêtés à Paris et dans sa banlieue. Le régime de Vichy a mobilisé la police française pour participer à l'opération. Une bonne partie des personnes arrêtées ont été emprisonnées provisoirement dans le Vélodrome d'Hiver (15e arrondissement), avant d'être déportées vers les camps d'extermination allemands. Cette rafle du Vélodrome d'Hiver (appelée depuis «la rafle du Vel d'Hiv») a été la plus grande arrestation massive de juifs en France pendant la guerre. Beaucoup de juifs qui ont échappé à la déportation ont bénéficié de la complicité et de l'aide clandestine d'un grand nombre de Français. Il est significatif qu'après la guerre, très peu de juifs français sont partis pour le nouvel état d'Israël, créé en 1948 pour les réfugiés juifs d'Europe. La majorité d'entre eux ont décidé de rester en France.

Pendant les années 1950 et 1960, la montée d'un antisémitisme virulent dans les pays de l'Afrique du Nord a incité des centaines de milliers de juifs à quitter ces pays et à s'installer dans la Métropole, notamment dans les banlieues populaires des grandes villes — les mêmes banlieues où les immigrés nord-africains musulmans allaient venir s'installer plus tard. Jusqu'à la fin du XXe siècle, les agressions antisémites ont été souvent attribuées à la montée de l'extrême-droite en France dans les années 1980. Par exemple, quand le cimetière juif à Carpentras (Vaucluse/Provence-Alpes-Côte d'Azur), le plus ancien de France, a été saccagé et profané en 1990, le Front National a été accusé d'avoir provoqué cet acte antisémite. En 1995, lors du 53e anniversaire de la rafle du Vel d'Hiv, Jacques Chirac a prononcé un discours qui a rappelé le rôle des Français dans l'Holocauste. Le président de la République a dit: «Il est, dans la vie d'une nation, des moments qui blessent la mémoire et l'idée que l'on se fait de son pays. Ces moments, il est difficile de les évoquer, parce que l'on ne sait pas toujours trouver les mots justes pour rappeler l'horreur, pour dire le chagrin de celles et ceux qui ont vécu la tragédie… Il est difficile de les évoquer, aussi, parce que ces heures noires souillent à jamais notre histoire et sont une injure à notre passé et à nos traditions. Oui, la folie criminelle de l'occupant a été secondée par des Français, par l'Etat français.» Ce discours a marqué pour la première fois la reconnaissance officielle des crimes commis par la France contre les juifs.

Depuis le début du XXIe siècle, la France connaît une recrudescence de violence contre la religion juive: des personnes juives ont été agressées, des synagogues et des écoles juives ont été incendiées et des cimetières juifs ont été profanés. L'éclatement en 2000 de la seconde Intifada (un soulèvement palestinien contre Israël) a déclenché en France une nouvelle vague de violence et d'agressions qui a opposé les juifs français aux musulmans français. Lorsque ces conflits se manifestent, ils ont lieu surtout dans les écoles, parmi les jeunes de la seconde génération d'immigrés, dans les quartiers populaires des grandes villes. Ils prennent la forme de menaces, de graffitis, d'insultes, d'intimidations et de blessures. Les habitants de ces quartiers se plaignent de la nouvelle présence de «bandes communautaires», de jeunes qui se rassemblent à cause de leur appartenance confessionnelle ou de leur origine ethnique et qui persécutent ceux qui n'en font pas partie. L'antisémitisme s'est implanté dans les HLM (habitations à loyer modéré) et dans les ZUS (zones urbaines sensibles). La hausse du nombre d'actes antisémites enregistrés en 2003 a attiré l'attention du président de la République: «Quand on s'attaque à un juif, il faut bien comprendre que c'est à la France entière qu'on s'attaque», a expliqué M. Chirac.

Une boucherie kasher dans le Marais (4e arrondissement) à Paris

En 2009, M. Sarkozy a exprimé le même sentiment en déclarant: «les antisé-mites, les islamophobes, les racistes n'ont (...) rien à faire sur le territoire de la République française». En France, 614 actes antisémites ont été enregistrés en 2012, contre 389 en 2011 (source: Service de protection de la communauté juive). Toutefois, les attaques en France contre les musulmans et leurs lieux de culte, depuis le 11 septembre 2001, ont été aussi sinon plus nombreuses que les agressions contre les juifs. L'ambiance s'est détériorée à tel point que, ces dernières années, plusieurs milliers de juifs français sont partis s'installer en Israël ou aux Etats-Unis, un phénomène nouveau pour la France. Selon un sondage effectué en 2012 par l'Agence des droits fondamentaux de l'Union européenne, trois juifs européens sur quatre (76%) estiment que l'antisémi-tisme a progressé au cours des cinq dernières années, en particulier par le biais d'Internet. Ce sentiment est particulièrement fort en Hongrie, en France et en Belgique.

● Le catholicisme et la laïcité

L'histoire du XIXe siècle est l'histoire d'un conflit entre l'esprit monar-chiste et catholique d'une part, et l'esprit républicain d'autre part. La laïcité, idéal de la IIIe République, était le principe qui devait réconcilier les citoyens français et faire coexister les diverses croyances religieuses en reléguant la reli-gion au domaine privé. Dès 1881, la République a voté la laïcisation des écoles, l'instauration du divorce et la suppression des prières publiques à l'ouverture des sessions parlementaires. Cet esprit séculier est devenu encore plus marqué avec la Séparation en 1905. Précipitée par la polarisation politique engendrée par l'affaire Dreyfus, la Séparation a achevé le cycle ouvert par la Révolution un siècle auparavant. Les prêtres ne sont plus salariés de l'Etat, ils dépendent de la générosité des fidèles (sauf en Alsace-Moselle, où les cultes catholique, luthérien et israélite reçoivent une subvention payée par l'Etat). La religion est devenue une affaire personnelle et privée. Il faut remarquer que la Séparation, grande offensive laïque, a été approuvée par la majorité des Français. Selon un sondage publié en 2008 par le quotidien *La Croix,* 77% des catholiques estiment que les autorités religieuses ne devraient pas prendre position sur les grands enjeux de la société. L'immense majorité souligne aussi son attachement à la loi de 1905 sur la Séparation. Selon un sondage réalisé par l'Ifop en 2012, seulement 17% des personnes interrogées pensent que l'Eglise doit intervenir en politique. Pour la plupart des Français, la religion est une question person-nelle qui n'a rien à voir avec la politique. Les journalistes ne posent jamais de questions personnelles sur la religion aux candidats politiques, et les politi-ciens ne parlent jamais de Dieu dans leurs discours politiques. En plus, la reli-gion est rarement une affaire sociale, comme elle l'est souvent aux Etats-Unis, avec des clubs, des pique-niques, etc. Le principe de la laïcité ne s'applique pas seulement aux catholiques. En 2013, à Conflans-Sainte-Honorine (Yvelines,

Ile-de-France), une fonctionnaire qui travaillait à la mairie a été mutée parce qu'elle avait distribué des calendriers de son temple baptiste à des collègues à la mairie lors des fêtes de fin d'année en 2011 et en 2012. Le juge chargé de l'affaire a déclaré que «un chef de service n'a pas à faire de prosélytisme, quelle que soit sa religion».

Le débat sur la laïcité se ranime de temps en temps autour d'un évènement particulier. Les visites papales en France donnent régulièrement lieu à des manifestations d'associations attachées à la séparation de l'Eglise et de l'Etat. Ainsi, quand le pape Jean-Paul II a annoncé son intention de visiter la France au mois de septembre 1996, à Tours, pour présider aux cérémonies commémorant le 16e centenaire de la mort de Saint-Martin et ensuite à Reims, pour fêter le 15e centenaire du baptême de Clovis, les avis étaient partagés. Dans les médias, certains ont proclamé que le baptême de Clovis en 496, il y a 1500 ans, marquait le moment de la christianisation de la France. D'autres ont protesté en disant que fêter le baptême de Clovis c'était renouer avec la tradition monarchiste, cléricale et antirépublicaine. La controverse, baptisée «l'affaire Clovis», s'est d'autant plus aggravée que le pape est venu en France le 21 septembre, date de la proclamation de la République en 1792, pendant la Révolution. D'après la loi de la Séparation de 1905, l'Etat ne peut pas subventionner des évènements religieux, mais le gouvernement Juppé a justifié les dépenses encourues par la visite de Jean-Paul II en rappelant que le pape est un chef d'Etat (le Vatican). Le président Jacques Chirac a accueilli le pape à Tours et l'a appelé le chef spirituel de tous les Français (mais tous les Français ne sont pas chrétiens). La messe célébrée par le pape à Reims a rassemblé 200 000 fidèles, mais sa visite a suscité une mobilisation laïque. Des manifestations hostiles se sont déroulées dans toute la France, contre la notion d'une France catholique, contre le viol de la Séparation et contre le financement public de cette visite. L'année suivante (1997), la visite du pape pour les Journées Mondiales de la Jeunesse a attiré plus d'un million de fidèles, le plus grand rassemblement religieux en France depuis la Libération.

Le président Nicolas Sarkozy a pris position à plusieurs reprises en faveur du dialogue avec les religions, la religion chrétienne en particulier. Dans un discours prononcé à Rome en 2007, il a déclaré que «la laïcité... n'a pas le pouvoir de couper la France de ses racines chrétiennes». Il a préconisé une «laïcité positive» qui reconnaît l'importance de la vie spirituelle dans la société. Ce discours n'a pas tardé à provoquer de nombreuses réactions dont la plupart ont dénoncé les propos du président de la République, les interprétant comme une négation de la laïcité républicaine. La «laïcité positive» implique que la laïcité républicaine serait une laïcité négative, antireligieuse. Or, disaient les critiques, la laïcité est une neutralité envers toutes les religions et toutes les croyances. Cette polémique s'est intensifiée lors de la visite en France du pape Benoît XVI en 2008. Certaines associations de défense des droits de la femme ont appelé les Français à protester contre l'intervention de l'Eglise catholique dans les affaires publiques et la position du pape sur le droit à l'avortement et à la contraception.

La crise du catholicisme

La religion catholique reste majoritaire en France. La visite du pape en France en 2001 a rassemblé plus de deux millions de personnes. Celle de 2008 a attiré 200 000 pèlerins à Lourdes et 260 000 fidèles à Paris. Cependant, les pratiques religieuses des Français catholiques semblent diminuer. Il est difficile d'interpréter les sondages sur la religion parce que les Français considèrent leurs pratiques et croyances religieuses comme une affaire très personnelle dont ils ne parlent pas publiquement. Voilà ce qui explique peut-être pourquoi les sondages se contredisent souvent. Selon un sondage, 80% de la population française se déclare catholique. Toutefois, selon un autre, une légère majorité de la population se dit athée (c'est-à-dire qu'ils ne croient pas en Dieu). Parmi les croyants, ceux qui assistent régulièrement à la messe du dimanche constituent une minorité. A ceux-ci, il faut ajouter les catholiques qui vont à la messe deux ou trois fois par an: pour les grandes fêtes (Noël, Pâques) ou pour certains évènements familiaux (les baptêmes, les premières communions, les mariages et les enterrements). Et puis, il y a ceux qui se disent croyants mais qui ne donnent aucun signe extérieur de religion. Interrogés en 2011 sur leur croyance en Dieu, près d'un tiers des Français n'avait pas de certitude à ce sujet: 36% ont répondu oui, 34% non, et 30% ne se sont pas montrés affirmatifs. A la question «Quels sont les éléments de la vie personnelle qui donnent du sens à la vie?», les réponses ont été les suivantes: trouver l'amour 92%, avoir des enfants 87%, s'épanouir dans son travail 87%, s'engager dans une association caritative 62%, et croire en Dieu 45%. La croyance en Dieu est arrivée en dernière position (source: Harris Interactive). L'attachement des Français à l'Eglise diminue d'année en année. Les statistiques témoignent du déclin de l'Eglise et d'une diminution régulière de la pratique religieuse des catholiques français, surtout chez les jeunes. Même dans les régions très catholiques, comme la Bretagne, les séminaires ferment leurs portes et il y a de moins en moins de prêtres. Beaucoup de paroisses n'ont plus de prêtre et certains prêtres sont obligés de se déplacer dans trois ou quatre paroisses chaque dimanche. Financièrement, l'Eglise catholique en France est assez pauvre parce que le nombre de fidèles ne cesse de diminuer. Chaque année, il y a de moins en moins de mariages religieux, de moins en moins d'enfants baptisés.

Pourquoi cette déchristianisation de la France? Certains spécialistes l'attribuent à l'indépendance croissante des Français vis-à-vis de l'autorité cléricale, surtout dans le domaine de la vie privée. Le Vatican a toujours été intransigeant dans sa condamnation de l'IVG (interruption volontaire de grossesse), des contraceptifs, des relations sexuelles hors mariage, des relations homosexuelles et du divorce. Or, toutes ces pratiques sont admises par le Code civil depuis les dernières années du XXe siècle. Lorsqu'il est question de savoir si l'Eglise catholique doit modifier ses positions pour tenir compte des changements dans la société (attitudes envers la contraception, le mariage des prêtres, l'ordination des femmes, le remariage des divorcés, l'euthanasie, l'avortement, l'homosexualité), les Français dans leur ensemble se prononcent massivement et toujours majoritairement pour le changement. En se focalisant sur les personnes de confession catholique, la demande de changement est moindre, mais toujours majoritaire. Cependant, ces résultats (sondage Ifop 2013) masquent la tension entre les pratiquants plus réticents à accepter ces changements d'une part, et les non-pratiquants plus nombreux à les souhaiter. Si la croyance chrétienne est difficile à mesurer, toute l'évidence montre que l'institution de l'Eglise ne représente plus la majorité des Français. Les catholiques traditionnels, croyants et pratiquants, sont en voie de devenir, eux aussi, une minorité.

● L'islam

La deuxième religion en France est l'islam, qui n'est plus uniquement une religion d'immigrés. Sur les cinq à six millions de musulmans en France, il y a quatre millions de Français d'origine maghrébine (nord-africaine). Il existe plus de 2 200 mosquées (lieux de culte musulman) en France. La présence de cette religion sur le territoire français doit pourtant ses origines au phénomène de l'immigration.

Nous avons vu qu'en 1905, la IIIe République a voté la séparation de l'Eglise et de l'Etat et a adopté la laïcité comme principe fondamental. Ce qui peut sembler paradoxal, c'est que l'Assemblée nationale a approuvé, en 1920, une subvention pour faire construire une mosquée à Paris. La France métropolitaine comptait alors peu de pratiquants du culte musulman, mais elle possédait un immense empire colonial où les musulmans étaient très nombreux. Ces musulmans de l'empire avaient combattu pour la France pendant la Première Guerre mondiale, sans bénéficier pourtant de la nationalité française. L'islam était donc devenu un enjeu politique: la France coloniale avait besoin de la loyauté de ses sujets musulmans.

La Grande Mosquée de Paris date des années 1920.

Dans les années 1970, la France n'avait plus d'empire colonial, mais l'islam a commencé à exercer une influence importante à cause des travailleurs immigrés du Maghreb. Entre 1975 et 1980 la religion musulmane s'est manifestée dans les usines, sur les chantiers et dans les cités HLM (logements subventionnés par l'Etat). Des associations musulmanes se sont mises en place et ont commencé à ouvrir des salles de prière et des écoles islamiques dans les usines et dans les HLM. Ce mouvement a été encouragé par les autorités françaises, qui cherchaient à assurer la paix sociale dans la Métropole où s'étaient installés trois millions de musulmans. Comme l'inflation de cette époque s'accompagnait du chômage, qui touchait surtout les manœuvres (les ouvriers non spécialisés), le Gouvernement ne voulait pas que les immigrés se tournent vers des mouvements syndicaux ou communistes. Pour le Gouvernement, l'islam paraissait un recours contre la puissante CGT (syndicat d'inspiration marxiste). Au début des années 1980, la construction de nouvelles mosquées a été projetée et l'islam est devenu très visible en France. L'islam est une religion qui a mauvaise presse en France. Les Français s'en méfient souvent, à cause de l'oppression des femmes dans certains pays musulmans, à cause de la prise d'otages et des actes violents effectués par des terroristes palestiniens dans le dernier quart du XXe siècle, à cause de Saddam Hussein et de l'invasion du Koweït en 1990, à cause des attentats contre New York et Washington en 2001 et enfin, à un degré non négligeable, à cause du souvenir de leur propre guerre en Algérie (1954–1962). Bien des évènements ont contribué à la perception dégradée de l'islam dans l'opinion française. L'hostilité envers l'islam en France depuis le 11 septembre 2001 a été renforcée par la confusion des termes «musulman», «intégriste», «fondamentaliste», «islamiste» et «terroriste». (Les intégristes musulmans sont des fondamentalistes qui tiennent à l'islam intégral, à une conception ultra-conservatrice de celui-ci. Les islamistes sont des militants qui cherchent à instaurer un régime politique fondé sur la stricte application de l'islam.) D'après la Commission nationale consultative des droits de l'homme (CNCDH), les violences les plus graves contre les musulmans en France émanent pour la plupart de militants d'extrême-droite.

Depuis 2011, les actes antimusulmans sont recensés par le Ministère de l'Intérieur en partenariat avec le Conseil français du culte musulman (CFCM). A titre d'exemple, une trentaine de tombes musulmanes ont été profanées en 2011 dans le carré militaire d'un cimetière à Carcassonne (Aude, Languedoc-Roussillon), avec des slogans comme «La France aux Français» et «Les Arabes dehors». En 2012, à Carros (Alpes-Maritimes, Provence-Alpes-Côte d'Azur), neuf tombes musulmanes ont été taguées avec des croix gammées et en 2013, une vingtaine de tombes ont été profanées à Vitry-sur-Seine (Val-de-Marne, Ile-de-France). D'après un rapport de l'Observatoire contre l'islamophobie, 201 actes antimusulmans ont été enregistrés en 2012, représentant une hausse de 28% par rapport à 2011.

La grande majorité des musulmans en France cherchent à y vivre paisiblement. Tandis que les traditions catholiques sont enracinées en France depuis près de 2000 ans, la présence de l'islam est toute récente. Le contact avec la société française a produit un déracinement culturel pour les immigrés musulmans et a provoqué un conflit de générations quand leurs enfants sont entrés à l'école. Ce conflit est plus marqué chez les filles que chez les garçons. D'après la tradition musulmane, les jeunes filles n'ont pas les mêmes droits que leurs frères. Elles doivent se couvrir la tête d'un voile en public. Elles tiennent une place soumise et de second rang dans la maison paternelle. A la différence des jeunes Françaises non musulmanes, elles n'ont pas le droit de porter une jupe courte, de se maquiller, d'aller au cinéma ou de danser avec un garçon. Toutes ces pratiques sont interdites par la religion musulmane, ou au moins par la branche conservatrice de celle-ci. Dans les écoles françaises, pourtant, les filles apprennent qu'elles peuvent mener une vie professionnelle et qu'elles ne doivent plus obéissance à leur futur mari. Bref, elles sont libérées de la tutelle de leur père, sinon de leur religion. Pour certaines Maghrébines donc, l'école est un lieu de révolte, de libération et d'espérance: elles y rencontrent un autre monde, le monde de la société occidentale.

● La question du voile islamique

En septembre 1989, le principal d'un collège de la banlieue parisienne a refusé d'admettre trois jeunes filles musulmanes, âgées de 13 et 14 ans, parce que celles-ci ne voulaient pas ôter le voile qu'elles portaient sur la tête. Cet évènement a déclenché une grande querelle médiatique, dite «l'affaire du voile». En France, l'éducation, la religion et l'immigration sont des domaines passionnels. Quand un évènement comme celui du voile réunit tous les trois, le résultat est explosif.

Le principal du collège a défendu sa prise de position au nom de la laïcité de l'école publique. Il a été vivement critiqué pour son intolérance et sa discrimination raciale par les médias, par un cardinal de l'Eglise, par un rabbin, par SOS Racisme (une organisation antiraciste). Toutes ces critiques ont été lancées parce que les droits individuels de ces jeunes filles n'avaient pas été respectés. L'affaire du voile a créé une opposition entre les défenseurs et les ennemis de la laïcité. Dans cette nouvelle guerre de religion on a pu distinguer au moins trois grands groupes d'opinion publique:

1. Les *antilaïcs*, ceux qui voulaient affirmer leur différence, comme le cardinal et le rabbin, et qui s'opposaient à la laïcité au nom des droits individuels. Composé de catholiques et de juifs aussi bien que de musulmans, ce groupe revendiquait le droit des jeunes filles de porter le voile à l'école. La solidarité de ce groupe venait de leur opposition à la laïcité.

2. Les *laïcs tolérants*, ceux qui défendaient la laïcité en général (du moins une certaine définition de celle-ci) mais qui ne voulaient pas exclure les minorités et qui préconisaient leur intégration, comme SOS Racisme et Mme Mitterrand. Ce groupe comprenait les Français pour qui les signes extérieurs de conviction religieuse ne remettent pas en question les notions de l'Etat républicain et de l'école laïque.

3. Les *laïcs doctrinaires,* ceux qui s'opposaient au port du voile au nom d'une doctrine anticléricale militante. Ce groupe comprenait les Français pour qui la religion est une affaire privée et devrait le rester, aussi bien que ceux pour qui toute pratique religieuse est archaïque et rétrograde. Certains des doctrinaires avaient aussi un objectif féministe: combattre la pression religieuse qui tient la femme en position d'infériorité. Pour ceux-ci, l'école doit être l'endroit de l'égalité sociale et sexuelle. Refuser le port du voile à l'école, disaient les doctrinaires, c'est montrer aux jeunes filles qu'elles ont et doivent avoir les mêmes droits que les garçons. Même SOS Racisme était divisé: des filles dans ce groupe normalement solidaire refusaient catégoriquement le port du voile au nom de l'égalité des sexes.

Mais, ont répondu les laïcs tolérants, comment faire la différence entre les filles qui réclament le droit de porter le voile et celles qui sont forcées de le porter? Quel est le devoir de la République? Il est peut-être temps, disaient-ils, de changer la conception de la laïcité. Au départ, c'était un esprit de combat qui militait pour la République et contre l'influence catholique sur la politique. Cette «guerre» a été gagnée en 1905 avec la Séparation et la dualité n'existe plus. L'idéologie militante doit laisser place au respect des différences dans une société pluraliste. A beaucoup d'égards, la laïcité est comprise aujourd'hui comme une neutralité respectueuse de la diversité, une tolérance qui permet à chacun de penser ce qu'il veut. L'école doit être un instrument d'intégration sociale qui ne dérange et n'influence personne dans ses croyances. Reconnaître l'islam, publiquement et officiellement, est sans doute une étape nécessaire vers cette intégration.

Les débats ont été longs et acharnés. Lionel Jospin, alors ministre de l'Education nationale (gouvernement Rocard), a sollicité l'avis du Conseil d'Etat, haute juridiction administrative. Le Conseil d'Etat a affirmé que les élèves avaient le droit d'exprimer et de manifester leurs croyances religieuses à l'intérieur des établissements scolaires, à condition qu'il n'y ait ni pression ni propagande et que ni l'ordre dans l'établissement ni le fonctionnement de l'enseignement ne soit troublé. Autrement dit, le port du voile dans une école publique a été jugé compatible avec la laïcité. Ce jugement rendu par le Conseil d'Etat n'a pas contenté les enseignants dont la majorité était hostile au texte. Depuis cette première affaire du voile, le débat continue d'être vif. Ainsi, de nombreux autres cas se sont présentés dans les établissements scolaires au cours des années suivantes. La controverse s'est déchaînée de nouveau sous le gouvernement Balladur. En 1994, François Bayrou, ministre de l'Education nationale à l'époque, a demandé aux chefs d'établissements scolaires de supprimer «la présence de signes si ostentatoires que leur signification est précisément de séparer certains élèves des règles de vie commune de l'école». Certains signes religieux plus «discrets» (tels que la croix catholique) n'ont pas été interdits par la directive ministérielle (et le premier ministre Edouard Balladur a affirmé que la kippa juive n'était pas un signe ostentatoire). Il était clair pour tout le monde que seul le voile islamique était visé. Le Conseil d'Etat a renversé cette directive en affirmant que le voile n'est pas un signe ostenta-toire. Une dizaine d'années plus tard, en 2003, une jurée voilée a été obligée de quitter la cour d'assises de la Seine-Saint-Denis (Ile-de-France). Le magistrat, en remplaçant la jeune femme, a affirmé le principe de la laïcité non seulement à l'école mais aussi dans la justice. Entre 1994 et 2003, plus de 100 jeunes filles qui refusaient d'enlever le voile ont été exclues des écoles, mais la moitié ont réussi à faire annuler leur expulsion par les tribunaux. En 2003, le premier ministre Jean-Pierre Raffarin s'est fermement prononcé contre le port du voile islamique à l'école, traitant celui-ci de symbole «des attitudes ostentatoires et du prosélytisme». Après des mois d'un débat passionné, le président Jacques Chirac s'est prononcé en faveur d'une loi interdisant les signes religieux dans les écoles (depuis 1989 jusqu'en 2003, aucun Gouvernement n'avait voulu légiférer sur la question). D'après le président Chirac, «la laïcité n'est pas né-gociable». En 2004, l'Assemblée nationale et le Sénat ont adopté le texte de la nouvelle loi: «Dans les écoles, les collèges et les lycées publics, le port de signes ou tenues par lesquels les élèves manifestent ostensiblement une appar-tenance religieuse est interdit. Le règlement intérieur rappelle que la mise en œuvre d'une procédure disciplinaire est précédée d'un dialogue avec l'élève». L'exclusion de l'élève est ainsi réservée comme ultime recours. Cette loi, qui interdit le port de la kippa et de la croix chrétienne ainsi que le voile, est entrée en vigueur à partir de la rentrée scolaire 2004. Elle est applicable dans les départements et les territoires d'outre-mer, même ceux qui ont une majorité musulmane (il est à noter que le port du voile dans les écoles publiques est interdit dans plusieurs pays à majorité musulmane, dont l'Indonésie, la Tunisie et la Turquie). Certains sondages indiquent que la moitié des Français et près de trois quarts des Françaises se déclarent opposés au port du voile islamique dans les écoles. En 2013 il était également question d'interdire le port du voile dans les universités. Selon un sondage réalisé par l'Ifop, 78% des Français sont opposés au port du voile islamique dans les salles de classe universitaires. Les sympathisants de gauche sont contre à 67%, tandis que les sympathisants de l'UMP y sont opposés à 91% et ceux du FN sont contre à 95%. Les jeunes sont les plus favorables (mais 11% seulement) et les retraités sont les plus défavorables (86%).

Selon certains sociologues, le voile est intimement lié à la peur du mariage mixte. Dans de nombreuses familles musulmanes traditionnelles, le port du voile est vu, inconsciemment peut-être, comme un refus de mariage, comme un code caché dans les vêtements disant «je ne serai jamais de la famille d'un Français non musulman». L'interdiction du voile serait une tentative de sup-primer cette opposition au mariage mixte, pratique plus répandue en France que dans la plupart des pays européens. Il est à noter que dans les pays où le port du voile est plus accepté, comme aux Etats-Unis par exemple, le taux de mariages mixtes est bien plus bas. Pour d'autres, les valeurs humanitaires défendues par la République, telles que la liberté et le respect de l'individu, sont précisément celles que cette même République détruit en invoquant la loi qui interdit le port du voile.

● Des affrontements culturels

En plus de l'affaire du voile et des conflits entre diverses factions religieuses, l'implantation relativement récente de l'islam et de certaines cultures musulmanes en France créent des tensions entre les autorités, l'opinion publique et les pratiquants de religion musulmane. Une série d'évènements ayant eu lieu en 2008 peut servir d'exemples.

- En Bretagne, la cour d'assises d'Ille-et-Vilaine a accepté de reporter le procès d'un Français musulman à cause du Ramadan. La demande des avocats a cité «les contraintes diététiques et les obligations culturelles» qui s'imposaient à leur client musulman «qui aura déjà vécu quatorze jours de jeûne», d'après les avocats, à l'ouverture de son procès et qui «ne sera pas en pleine capacité de se défendre». SOS Racisme a déclaré qu'il voyait dans cette décision une atteinte au principe de la laïcité (source: *Le Monde*).

- En Ile-de-France, le maire de Vigneux (Essonne) a refusé de prêter le gymnase municipal pour un tournoi de basket féminin entre les mosquées du département, dès qu'il a appris que l'entrée des spectateurs serait réservée aux femmes exclusivement. Il a estimé que cette demande était «discriminatoire» (source: *Le Monde*).

- A La Verpillière (Isère/Rhône-Alpes), la possibilité d'ouverture de la piscine municipale, le lundi, pour un créneau de deux heures réservé aux femmes, a été dénoncée comme une atteinte à la laïcité et une victoire du communautarisme. Dépassé par la polémique de droite comme de gauche, le maire a finalement renoncé au projet (source: *Le Monde*).

- Deux jeunes Français de religion musulmane se sont mariés en 2006 à Mons-en-Barœul (Nord). La nuit de leurs noces, le mari a découvert que sa femme n'était pas vierge, qu'elle lui avait menti. Il a demandé réparation à la justice sur la base d'un article du Code civil qui permet de prononcer la nullité du mariage «s'il y a eu erreur dans la personne ou sur des qualités essentielles de la personne…». La loi ne dresse pas une liste des «qualités» qui peuvent être considérées comme «essentielles» par les époux, mais parmi les «erreurs» dans des cas précédents figurent la découverte que le conjoint est divorcé, ou qu'il a menti sur sa nationalité ou qu'il est inapte à avoir des relations sexuelles normales. Le tribunal de Lille a annulé le mariage en 2008. Cette décision a immédiatement provoqué un tollé, du monde politique au monde associatif. A la demande de la Garde des Sceaux, le procureur général de Lille a fait appel. Quelque six mois plus tard, la cour d'appel de Douai (Nord) a invalidé le jugement rendu par le tribunal de Lille. Estimant que la virginité n'est pas une qualité essentielle pour la vie matrimoniale, la cour d'appel a souligné que le mensonge qui ne porte pas sur une qualité essentielle n'est pas un fondement valide pour l'annulation d'un mariage. Les conjoints sont donc de fait toujours mariés et devront avoir recours au divorce (sources: *Le Monde*, TV5, Agence France-Presse).

- Un petit garçon nommé Islam, 9 ans, rêvait de participer à un jeu télévisé pour enfants qui est suivi chaque soir par 200 000 téléspectateurs d'une chaîne de télévision pour enfants. Mais quand, après avoir été présélectionné, il s'est présenté, accompagné de sa mère, aux studios de la chaîne de télévision, les responsables du casting lui ont déclaré que son prénom poserait problème. Ceux-ci auraient dit à la mère d'Islam: «Il faut que vous compreniez que le nom de votre enfant fait référence à une religion que les Français n'aiment pas beaucoup. Cela pourrait choquer». La mère d'Islam s'est tournée alors vers les associations, estimant que son fils avait été victime de discrimination. Reçue par SOS Racisme, la mère n'a pas apprécié l'accueil qu'on lui a fait. Selon son témoignage rapporté par l'hebdomadaire *La Vie*, on lui aurait dit: «Il faut reconnaître qu'en France, Islam est un prénom difficile à porter». Un responsable de SOS Racisme affirme que l'association aidera la famille dans son action judiciaire contre la chaîne de télévision (source: *Le Monde*).

- En 2008, pour la première fois en France, une pratique religieuse a été jugée incompatible avec l'obtention de la nationalité française par le Conseil d'Etat. Une Marocaine de 32 ans, mariée avec un Français et mère de trois enfants nés en France, s'est vu refuser la nationalité à cause du port de la burqa, une longue robe tombant jusqu'aux pieds et ne laissant voir les yeux que par une fente. Le Conseil d'Etat a estimé que cette pratique religieuse était «radicale» et en conflit avec le principe d'égalité des sexes. Il a pris en compte le niveau de pratique religieuse pour se prononcer sur la capacité ou l'incapacité d'assimilation d'une personne étrangère dans la société française (sources: *Le Monde* et le *New York Times*).

- Une loi a été votée en 2010 qui stipule que «nul ne peut, dans l'espace public, porter une tenue destinée à dissimuler le visage» (voir le chapitre 2).

Bien que le port du voile soit interdit uniquement dans le secteur public, des discussions sur l'extension de cette loi à l'interdiction du voile dans le secteur privé ont été déclenchées par «l'affaire Baby Loup». Ainsi, à la fin de l'année 2008, une employée d'une crèche privée dans les Yvelines (Ile-de-France), la crèche Baby-Loup, a été licenciée parce qu'elle était voilée à son lieu de travail qui interdisait le port de signes religieux dans ses règlements. La salariée a porté plainte. En 2011, le licenciement de la salariée a été confirmé par la Cour d'appel de Versailles. Au début de l'année 2013, cette décision a été annulée par la Cour de Cassation. Cependant, fin 2013, la Cour d'appel de Paris a confirmé le licenciement de l'employée. Une nouvelle décision de la Cour de Cassation en juin 2014 a également validé, cette fois-ci, le licenciement de la salariée. Néanmoins, l'affaire Baby Loup n'est pas encore terminée puisque la salariée avait précédemment mentionné la possibilité de saisir la Cour européenne des Droits de l'homme (CEDH) pour contester la décision de son licenciement.

I. Répondez aux questions suivantes.

1. Pourquoi appelle-t-on la France «la fille aînée de l'Eglise»?
2. Qu'a fait Henri de Bourbon pour pouvoir accéder au trône de France?
3. En quoi consistait l'Edit de Nantes?
4. Quelles crises l'Eglise a-t-elle traversées pendant la Révolution?
5. Quelle a été l'attitude de la IIIe République envers l'Eglise?
6. En quoi consistait l'affaire Dreyfus?
7. Quelles ont été les conséquences de cette affaire?
8. Quelle loi a été promulguée en 1905? Pourquoi?
9. Pourquoi l'Alsace et la Lorraine sont-elles «concordataires»?
10. Que s'est-il passé sous le régime de Vichy vis-à-vis des juifs?
11. La France a-t-elle reconnu les crimes commis contre les juifs? Expliquez.
12. Les visites papales en France sont-elles controversées? Expliquez.
13. Les Français catholiques vont-ils souvent à l'église? Expliquez.
14. Pourquoi la IIIe République a-t-elle soutenu la construction d'une mosquée à Paris?
15. Citez quelques exemples de la visibilité croissante de l'islam en France.
16. L'hostilité envers l'islam en France a-t-elle augmenté ou diminué? Expliquez.
17. Pourquoi le contact avec la culture française présente-t-il plus de conflits pour les jeunes filles musulmanes que pour les garçons?
18. Quelle est l'origine de l'affaire du voile?
19. Comment les laïcs et les anti-laïcs ont-ils réagi face à l'affaire du voile? Comment le Gouvernement a-t-il réagi?
20. Quelle est l'importance de l'affaire Baby Loup ?

II. Etes-vous d'accord? Sinon, justifiez votre réponse.

1. La religion catholique a eu peu d'influence sur la culture française.
2. La France est devenue officiellement catholique à partir du Ve siècle.
3. La monarchie de droit divin date de l'époque du roi Clovis.
4. La plupart des protestants français habitent dans le Midi.
5. Napoléon a redonné un statut officiel au catholicisme.
6. L'affaire Dreyfus a exacerbé l'antisémitisme en France.

7. La République française n'a plus de religion officielle depuis 1905.

8. Le régime de Vichy a persécuté les juifs.

9. Beaucoup de juifs français sont partis en Israël après la Deuxième Guerre mondiale.

10. L'islam est la deuxième religion en France.

III. Associez les évènements à gauche avec les personnages historiques à droite. Expliquez brièvement en quoi chaque évènement consiste.

1. l'Edit de Nantes
2. le culte de l'Etre suprême
3. le Concordat de 1801
4. l'affaire Dreyfus
5. les signes ostentatoires de religion à l'école

a. François Bayrou
b. Emile Zola
c. Louis XIV
d. Napoléon Ier
e. Maximilien Robespierre

IV. Discussion.

1. Que pensez-vous de l'affaire du voile? Un tel débat pourrait-il se produire dans votre pays? Pourquoi (pas)?

2. Y a-t-il une crise de la religion dans votre pays? Si oui, est-elle comparable à celle en France?

3. Que pensez-vous de la séparation de l'Eglise et de l'Etat telle qu'elle existe en France? Cette séparation est-elle du même type dans votre pays?

4. En France, les politiciens ne parlent pas de religion dans leurs discours. Est-ce le cas dans votre pays? Pensez-vous que la religion devrait avoir une place dans la politique? Pourquoi (pas)?

5. Le Gouvernement d'un pays devrait-il tenir compte des diverses coutumes et croyances religieuses de ses habitants? Justifiez votre réponse.

V. Vos recherches sur Internet.

Afin de faciliter vos recherches et de répondre à ces questions, consultez le site du livre sur www.cengagebrain.com.

1. Une personne peut-elle refuser des soins à l'hôpital en fonction de sa religion? Peut-elle y pratiquer sa religion?

2. Qu'est-ce que l'Observatoire sur la laïcité? Quel est son rôle?

3. Qu'est-ce qu'un diplôme de «la laïcité»? Qui est le public visé par cette formation?

4. Qu'est-ce que les Français pensent du catholicisme?

5. En dehors du catholicisme, les principales religions en France sont l'islam, le judaïsme et le protestantisme. Faites des recherches sur une de ces religions.

L'immigration

L'Institut national de la statistique et des études économiques (l'Insee) fait une distinction entre un *étranger* et un *immigré*. Certains étrangers résidant en France sont nés en France, mais la majorité d'entre eux sont des immigrés qui ont une nationalité autre que française. D'après une enquête de recensement de 2008, il y a 3,7 millions d'étrangers vivant en France métropolitaine (6% de la population). En ce qui concerne le nombre d'étrangers, la France se situe dans la moyenne de l'Union européenne (en Espagne le pourcentage est le double). Les immigrés sont des personnes nées à l'étranger qui sont venues en France en vue de s'établir sur le territoire de façon durable, pour trouver du travail, pour se regrouper avec leur famille ou pour demander un asile politique. Il y a 5,3 millions d'immigrés en France (8% de la population). Parmi ceux-ci, plus de 2 millions sont devenus français par acquisition de la nationalité. Voilà pourquoi le nombre d'immigrés est plus élevé que celui d'étrangers. Un immigré peut donc être français s'il a acquis la nationalité française après son entrée en France par naturalisation, par mariage ou par filiation; inversement, un étranger né en France ne sera pas considéré comme immigré. Les immigrés sont concentrés dans les régions les plus peuplées et industrialisées: dans la région parisienne, sur la côte méditerranéenne, dans la Région Rhône-Alpes, en Alsace et dans le Nord. Voici des statistiques de 2010 concernant l'origine géographique des immigrés en France (source: Insee):

	Etrangers	Immigrés
Europe	1,5 million (40%)	2 millions (37%)

(surtout le Portugal, l'Italie, l'Espagne, la Pologne et le Royaume-Uni)

Afrique	1,5 million (40%)	2,3 millions (43%)

(surtout les pays du Maghreb: l'Algérie, le Maroc et la Tunisie, mais aussi les anciennes colonies françaises: le Sénégal, le Mali, le Togo et la Côte d'Ivoire)

Reste du monde, principalement les pays d'Asie (la Turquie comprise)

        0,7 million (20%)   1 million (19%)

Total   3,7 millions   5,3 millions

    Bien que les ressortissants européens soient plus nombreux, les autres groupes d'immigrés sont plus visibles, précisément parce qu'ils viennent de cultures non européennes et qu'ils introduisent en France des différences raciales. La proportion des immigrés dans la population française est à peu près stable depuis 1975. Ce n'est pas parce que les immigrés ne viennent plus en France, mais plutôt parce que beaucoup d'immigrés sont devenus français, soit par naturalisation soit par la naissance en France de la deuxième génération.

● Un peu d'histoire

L'immigration en France n'est pas un phénomène nouveau. Depuis long-temps, la France, pays libéral, offre un asile aux réfugiés politiques, suivant une longue tradition. Avant les années 1980, les Français jouissaient d'une assez bonne réputation en ce qui concerne leur conduite vis-à-vis des étrangers: un peu chauvins peut-être, mais tolérants et non racistes. Après la Première Guerre mondiale et jusque dans les années 1950, certains Américains noirs — les chan-teuses Joséphine Baker et Eartha Kitt, les écrivains James Baldwin, Richard Wright et Langston Hughes entre autres — ont choisi de vivre en France à une époque où ils étaient victimes de discrimination raciale aux Etats-Unis. Dès les années 1930, années de crise économique, la France a été submergée par des milliers de travailleurs venus de pays voisins plus pauvres (l'Espagne, l'Italie et plus tard le Portugal). A cette époque-là, le taux d'immigration en France était proche de celui des Etats-Unis. A la veille de la Deuxième Guerre mondiale, la France était, après les Etats-Unis et le Canada, le seul pays industrialisé dont une bonne partie de la population était d'origine étrangère (En 2011, la France a reçu 57 000 demandes d'asile; à cet égard, elle se situe au deuxième rang dans le monde, après les Etats-Unis). Ces immigrés n'ont pas tardé à s'intégrer dans la société française, malgré parfois certaines hostilités locales. En effet, la France a pu assimiler ses immigrés européens, qui, blancs et catholiques pour la plupart, n'ont pas eu trop de mal à adopter la culture de leur nouvelle patrie. Même les Allemands, malgré trois guerres d'agression en moins de cent ans, sont bien accueillis en France. L'immigration a commencé à poser des problèmes sociaux pour la France à partir des années 1960, c'est-à-dire après l'effondrement de son empire colonial.

Dès la fin de la Deuxième Guerre mondiale, la France s'est engagée dans deux guerres coloniales. La première, en Indochine (1945–1954), s'est termi-née avec le départ des forces françaises de cette colonie, peu de temps avant l'engagement des forces américaines. C'est surtout la guerre d'Algérie (1954–1961) qui a déchiré la France et qui a provoqué la fin de la IVe République (voir le Chapitre 6). A la différence de l'Indochine, l'Algérie était considé-rée comme une partie intégrale de la France plutôt que comme une colonie. De nombreux Français — dits «pieds noirs» à cause des bottes noires que portaient les soldats français arrivés en Algérie au XIXe siècle — y habitaient depuis plusieurs générations et ne faisaient pas de distinction entre l'Algérie et la France. Quand les Algériens se sont révoltés contre les colons français en 1954, le résultat a été une espèce de guerre civile entre le Gouvernement à Paris soutenu par les pieds noirs, d'un côté, et les révoltés algériens de l'autre. Des milliers d'Algériens — les harkis — ont choisi de se battre du côté de la France, tandis qu'un certain nombre de Français soutenaient la cause de l'indépendance algérienne. La guerre civile n'opposait donc pas exactement les divisions raciales et culturelles. Cette guerre a beaucoup influencé l'opi-nion des Français aujourd'hui vis-à-vis des immigrés algériens. En 1961, à la demande du président De Gaulle, la majorité des Français se sont prononcés en faveur de l'indépendance de l'Algérie. Près d'un million de pieds noirs et 20 000 harkis ont été rapatriés en Métropole. Après l'indépendance, les harkis étaient considérés par de nombreux Algériens comme des traîtres et des collaborateurs. Selon les sources, entre 30 000 et 150 000 harkis auraient été massacrés en Algérie. Ceux qui ont été ramenés en France étaient victimes du racisme, parqués pendant des années dans des camps d'internement en dehors des villes. (En 2001, le président Chirac a décidé d'instituer une Journée nationale d'hommage aux harkis le 25 septembre)

De Gaulle a continué une politique de décolonisation en Afrique. Aujourd'hui, la France maintient de bonnes relations avec la plupart de ses anciennes colonies d'Afrique et fournit une assistance technique, financière, et parfois militaire à ces pays en voie de développement. Pendant les «Trente Glorieuses» (1945–1975), années d'une expansion économique extraordinaire, la France manquait de main-d'œuvre, surtout pour le travail manuel. Ce manque était comblé par des travailleurs qui arrivaient des anciennes colonies. Ces immigrés non européens posent, de nos jours, des difficultés particulières pour une société qui se voyait homogène depuis longtemps.

Parmi les immigrés non européens nous pouvons distinguer trois grands groupes raciaux: (1) les Asiatiques, (2) les noirs et (3) les Maghrébins.

Les Asiatiques Les Asiatiques se composent surtout des réfugiés d'une ancienne colonie française: l'Indochine. Ils sont souvent propriétaires de restaurants et de boutiques qui attirent une clientèle importante. A Paris il y a tout un

© ChameleonsEye/Shutterstock.com

La plupart des enfants d'immigrés s'intègrent à la société française.

quartier «chinois» dans le 13e arrondissement. Les Indochinois jouissent d'une opinion publique globalement favorable: ils ont la réputation d'être travailleurs et polis et on apprécie la prospérité qu'ils apportent au pays. Les enfants indochinois sont souvent vantés pour leur succès scolaire. On compare souvent la conduite des Indochinois, favorablement, à celle des Maghrébins qui, selon certains, provoquent des troubles qui nécessitent l'intervention de la police.

Les noirs   Parmi les noirs qui habitent dans la Métropole, il faut distinguer deux groupes bien différents. D'abord, il y a des noirs qui ne sont pas immigrés puisqu'ils sont français. Ce sont les Antillais, originaires des Antilles (la Martinique et la Guadeloupe) et, par extension, des autres départements d'outre-mer (la Guyane, la Réunion et Mayotte). Juridiquement, ce sont des citoyens français. En venant dans la Métropole, ils n'ont fait que changer de département. Les Antillais sont instruits comme tous les Français et ils travaillent souvent dans la fonction publique. Ensuite, il y a les Africains immigrés, originaires des anciennes colonies françaises d'Afrique occidentale. Certains de ces immigrés ne sont pas instruits et ils travaillent surtout comme manœuvres. D'autres sont étudiants dans les universités françaises. A la différence des immigrés non instruits, les étudiants africains retournent généralement dans leur pays à la fin de leurs études.

La nationalité française ne garantit pas une grande considération de la part des Métropolitains pour leurs compatriotes antillais. Mais ce sont surtout les Africains qui se plaignent, par exemple, de la discrimination dans le logement. Ils sont souvent relégués aux HLM les plus délabrées. Certains étudiants africains racontent que les chambres à louer qui sont disponibles au téléphone ne le sont plus, mystérieusement, quand ils se présentent en personne. Mais les noirs ne sont pas mal vus par tous. Au contraire, les années 1980 ont témoigné d'une nouvelle mode «black» dans la musique, dans l'habillement et dans les arts en France.

Les Maghrébins   Ce sont les Maghrébins qui constituent le plus grand groupe d'immigrés non européens (plus de 30% des immigrés en France). Plus visibles parce que plus nombreux, ils posent aussi le cas le plus problématique en ce qui concerne l'intégration dans la société française. La première vague d'immigration maghrébine en France a eu lieu dans les années 1950, à l'époque où l'Algérie faisait partie de la France. Pour la plupart, ces immigrés algériens parlaient uniquement arabe et ils n'étaient pas instruits. Ils sont venus vivre dans les HLM de la banlieue des grandes villes et ils travaillaient comme manœuvres dans les usines et sur les chantiers. L'Algérie est devenue un pays indépendant en 1962. Le Maroc et la Tunisie avaient déjà obtenu leur indépendance auparavant, mais bien des travailleurs de ces pays ont continué à venir en France avec leurs familles, attirés par l'espoir de trouver un emploi lucratif.

Les travailleurs occupaient les postes les moins qualifiés et les moins bien payés. Leurs conditions de logement et de confort n'étaient pas bonnes. En plus, ils étaient souvent touchés par le chômage. Le chômage entraîne la pauvreté, qui provoque à son tour des problèmes sociaux tels que la criminalité dans les quartiers pauvres, le trafic de drogue et la délinquance des jeunes. Bref, les Maghrébins se trouvaient le plus souvent marginalisés. La situation était encore aggravée par le fait que les Maghrébins sont presque toujours de religion musulmane, religion qui exige dans ses manifestations les plus conservatrices un mode de vie qui est peu compatible avec celui de la société occidentale. Cela pose des problèmes particuliers pour leurs enfants nés en France, les Franco-Maghrébins, qu'on appelait, dans les années 1980 et 1990, les «Beurs». Le terme «Beur» a été largement répandu par les médias pour désigner les Franco-Maghrébins, ceux qui étaient de deuxième génération, de religion musulmane et résidant en France. Les jeunes Franco-Maghrébins mènent souvent une vie dure et ils doivent faire face aux conflits qui existent entre la culture islamique à la maison et la culture française à l'école. Ils ont du mal à réconcilier ces deux cultures. Les jeunes Franco-Maghrébins constituent une bonne partie des classes sociales les plus défavorisées. Chez eux comme chez tous les enfants de cette condition sociale, le taux de délinquance et d'échecs scolaires est très élevé. Ils sont souvent victimes d'une société raciste et xénophobe.

Dès les années 1980, la France avait perdu son visage tolérant et accueillant. Un grand nombre de Français commençaient à avoir peur de ces «envahisseurs». Plusieurs facteurs, comme le taux élevé du chômage, l'impression d'insécurité dans les grandes villes et une méfiance générale envers l'islam, ont profondément influencé les attitudes des Français vis-à-vis des Maghrébins. Les années 1980 ont témoigné d'une montée du racisme et de la xénophobie. L'importance numérique de ces immigrés a été jugée inquiétante.

Une manifestation en faveur des immigrés clandestins

● L'immigration et la politique

Ces attitudes n'ont pas tardé à avoir des conséquences politiques, notamment la montée spectaculaire de l'extrême-droite, jugée raciste et xénophobe. Cette tendance politique est représentée surtout par le Front National. Selon les dirigeants de ce parti, l'identité nationale est menacée par la présence des immigrés en France. L'intégration des Maghrébins dans la société est impossible, disent-ils, à cause de leur refus obstiné d'abandonner leurs mentalités et leurs habitudes, tandis que les minorités européennes partagent les valeurs de la civilisation occidentale et chrétienne, comme les «Français de souche». La campagne du FN a fait appel aux craintes de beaucoup de gens, surtout ceux qui se sentaient les plus menacés économiquement par la présence des immigrés.

Le Front National a remporté un grand succès aux élections municipales de 1983 et à nouveau aux élections européennes de 1984. Ces victoires ont provoqué une grande réaction antiraciste, surtout chez les jeunes. En 1983, une grande marche en faveur de l'égalité des droits et contre le racisme a été organisée. Plusieurs milliers de jeunes ont participé à cette marche, qui est partie de Marseille en octobre pour arriver à Paris début décembre. Cette manifestation a été baptisée la «Marche des Beurs» par les médias. Le cri des manifestants était «J'y suis, j'y reste», pour montrer la présence durable et irréversible des Beurs dans la société française. Une deuxième marche contre le racisme a été organisée en 1984 et c'est dans celle-ci qu'est apparu pour la première fois SOS Racisme. SOS Racisme est une organisation antiraciste, fondée par un groupe de jeunes à la suite d'un incident raciste qui avait eu lieu dans le métro parisien. La victime de cet incident, un Sénégalais, était un de leurs amis, leur copain, leur «pote». Les fondateurs de SOS Racisme ont compris l'urgence qu'il y avait à assimiler les jeunes Beurs à la société française et ils croyaient que l'intégration des juifs français pouvait servir d'exemple et de modèle. SOS Racisme s'oppose aux intégristes musulmans, c'est-à-dire aux «puristes» ou «fondamentalistes» qui tiennent à l'islam intégral (une conception ultra-conservatrice de celui-ci) et qui refusent de s'adapter à la vie en France. Mais l'intégration des Beurs n'est qu'un but secondaire de l'organisation. SOS Racisme a été créé pour lutter contre la xénophobie en général et pour promouvoir une société tolérante et multiculturelle. Sa devise était «Touche pas à mon pote» et plus de deux millions de ses badges ont été vendus. «Touche pas à mon pote» est devenu un idéal d'amitié, un grand mouvement de solidarité de la jeunesse qui militait pour une politique d'intégration.

Mais les incidents touchant au racisme ont continué à dominer les médias et à préoccuper les Français. En novembre 1989, l'affaire du voile islamique a déclenché un débat sur la laïcité des écoles (voir le Chapitre 12). Peu de temps après, le maire d'une ville de la région parisienne a refusé de scolariser des enfants étrangers et le ministre de l'Education nationale a dû intervenir pour rappeler à ce maire ses devoirs. En 1990, plusieurs agressions ont été commises contre des Maghrébins et ont abouti à la mort des victimes. La même

Le badge de SOS Racisme

année, un cimetière juif à Carpentras (Vaucluse/Provence-Alpes-Côte d'Azur), a été saccagé et profané, un évènement qui a choqué la France et qui a attiré l'attention de la presse internationale. Pour protester contre cet acte, une manifestation a été organisée à Paris et la participation a été massive. Quelques mois plus tard, l'Assemblée nationale a adopté (par 308 voix contre 265) une loi réprimant tout acte ou propos raciste, antisémite ou xénophobe de la part des autorités publiques.

Les années suivant l'élection de Jacques Chirac à la Présidence de la République (1995) ont été également marquées par le drame continu de l'immigration. En 1996, à Paris et dans plusieurs autres villes françaises, il y a eu des manifestations en faveur de la régularisation des immigrés clandestins, ou «sans-papiers». La même année, l'église Saint-Hippolyte à Paris a accueilli un groupe de familles étrangères en situation irrégulière. Le curé et plusieurs paroissiens ont fait un jeûne pendant quatre jours pour attirer l'attention publique sur la situation des sans-papiers. L'évènement le plus dramatique de 1996, pourtant, a été l'occupation en été de l'église Saint-Bernard à Paris. Plus de 200 Africains sans-papiers se sont réfugiés dans l'église. Au bout de deux mois, la police a enfoncé la porte de l'église Saint-Bernard et a évacué de force les occupants. Un évêque catholique a dénoncé «l'injustice et l'immoralité» d'un certain nombre de lois sur l'immigration. Un autre mouvement, celui-ci en faveur des droits des femmes musulmanes, au nom de Ni Putes ni Soumises, a été créé en 2003. Ce mouvement féministe, qui a attiré l'attention de l'opinion publique, lutte contre les violences faites aux femmes, surtout dans les quartiers à grande concentration musulmane: viols collectifs; pressions pour porter le voile islamique, pour arrêter l'école, pour se marier sans pouvoir choisir librement son mari, pour séparer les hommes et les femmes

dans les lieux publics; pressions patriarcales empêchant les femmes de disposer librement de leur corps et de leur vie. Le mouvement Ni Putes Ni Soumises dénonce les violences et la dégradation de la condition féminine dans les quartiers populaires. Il a fêté son dixième anniversaire en 2013.

● La nationalité française

Mais qui est français? Le droit à la nationalité française repose sur deux notions fondamentales: le droit du sang (être né d'un parent français) et le droit du sol (être né sur le territoire français). La notion de nationalité a évolué en fonction des intérêts politiques de l'Etat. En 1851, par exemple, à une époque où l'Etat voulait faciliter l'acquisition de la nationalité française par les travailleurs immigrés (Belges, Suisses, Allemands), le double droit du sol a été instauré: toute personne née en France d'un parent lui-même né en France est française à la naissance. Le double droit du sol aura des implications au siècle suivant et s'appliquera aux enfants de parents algériens puisque l'Algérie était un département français jusqu'en 1962. En revanche, le régime de Vichy (1940–1944) a retiré la nationalité française à des milliers de juifs français et à de nombreux membres de la Résistance (dont Charles de Gaulle). Depuis les années 1990 surtout, la question de la nationalité française figure dans les débats politiques. En général, la droite cherche à restreindre ou à supprimer certains modes d'acquisition de la nationalité française, tandis que la gauche tend à faciliter cette acquisition. Une loi votée en 1993, par exemple, a supprimé le double droit du sol pour les ressortissants de l'Algérie et elle a augmenté le délai jusqu'à deux ans pour acquérir la nationalité française suite au mariage avec un ressortissant français. Une loi votée en 1998 par contre, a rétabli le double droit du sol pour les enfants d'Algériens et a ramené à un an le délai permettant l'acquisition de la nationalité par mariage. De plus, cette loi a accordé la possibilité pour les enfants nés en France de parents étrangers et vivant sur le sol français depuis cinq ans d'acquérir la nationalité française à l'âge de 13 ans avec l'autorisation de leurs parents et dès l'âge de 16 ans sans cette autorisation. En résumé: Selon le Code civil, une personne née de parents français (le droit du sang) ou bien une personne née en France d'un parent lui-même né en France (le double droit du sol), est automatiquement française. Le Code civil précise encore que toute personne née en France peut acquérir la nationalité française (le droit du sol). Pour les adultes, les deux voies principales pour acquérir la nationalité française sont la naturalisation et le mariage avec une personne française. Il y a plus de 100 000 naturalisations par an et on ne doit pas appeler ces nouveaux citoyens des étrangers. Les étrangers qui demandent la nationalité française sont en général instruits et actifs. Enfin, il faut mentionner le nombre élevé de mariages mixtes: près d'un million d'immigrés sont en union avec une personne non immigrée. En 2010, le taux de mariages mixtes sur tous les mariages était de 12%. Il existe également un grand nombre de mariages dits «blancs», c'est-à-dire qui ne sont pas sincères mais qui permettent aux immigrés de régulariser leur situation vis-à-vis des autorités françaises. Les époux qui participent à un mariage blanc s'exposent à cinq ans d'emprisonnement.

Pour les immigrés qui ne sont pas français, un grand débat concerne le droit de vote: Faut-il permettre aux étrangers, qui composent parfois jusqu'à 30% de la population d'une commune et qui paient des impôts locaux, de participer aux élections municipales? Ce qui est à noter, c'est que le Parlement européen a approuvé, en 1989, une loi qui permet aux ressortissants européens vivant dans une commune d'un autre pays membre de l'UE de voter aux élections municipales et européennes, alors que les immigrés qui viennent de pays non membres de l'UE sont exclus du droit de vote aux mêmes élections. Le Danemark et les Pays-Bas ont déjà accordé le droit de vote municipal à tous les étrangers habitant sur leur territoire. Certains préconisent cette mesure pour la France, mais d'autres s'y opposent et favorisent le statu quo, qui exige qu'un étranger soit naturalisé avant de pouvoir voter en France.

En 2003, le ministre de l'Intérieur, Nicolas Sarkozy, a proposé une loi qui a établi la création d'un fichier d'empreintes digitales pour tous les demandeurs de visa en France, même touristiques. En 2006, Sarkozy a annoncé sa nouvelle politique pour «promouvoir une immigration choisie et non plus subie», c'est-à-dire, encourager l'immigration à des fins professionnelles et limiter l'immigration pour motif familial. En 2007, après l'élection de Sarkozy à la Présidence de la République, son ministre de l'Immigration et de l'Intégration, Brice Hortefeux, a fait voter une loi qui a complété les réformes engagées par les lois de 2003 et 2006 relatives à l'immigration. Le but de ces lois est de durcir les règles d'entrée et de séjour des étrangers sur le sol français et de lutter contre l'immigration clandestine:

- la durée maximale de rétention administrative des étrangers en situation irrégulière est portée de 12 à 32 jours

- à la régularisation automatique des immigrés clandestins vivant en France depuis plus de dix ans est substituée la régularisation au cas par cas

- afin d'obtenir une carte de séjour, les candidats à l'immigration devront suivre des cours pour apprendre à respecter les principes de la République française, y compris l'égalité des sexes et la laïcité, et pour avoir une connaissance suffisante de la langue française (l'année 2011 a vu une chute de 30% des naturalisations à cause de cette stipulation)

- pour le rapprochement familial, l'étranger vivant en France devra désormais prouver qu'il peut faire vivre sa famille à partir des revenus de son travail, sans tenir compte des allocations familiales (la France avait déjà les conditions de regroupement familial les plus restrictives d'Europe, avec l'Autriche, avant l'entrée en vigueur de la loi Hortefeux)

- dans le cas d'une naturalisation par mariage avec un(e) Français(e), un mariage «mixte», il faudra désormais justifier quatre ans de vie commune après le mariage

Selon les critiques des lois Sarkozy et Hortefeux, la politique du «cas par cas» ne respecte pas l'égalité de droit. A la suite de ces lois, l'acquisition de la nationalité française par mariage est devenue plus difficile. Les cas suivants peuvent servir d'exemple. En 2010, un ressortissant d'un pays du Maghreb s'est vu refuser la nationalité française parce qu'il obligeait sa femme française à porter la burqa (source: *Le Figaro*). En 2011, un Algérien marié à une Française depuis quatre ans s'est également vu refuser sa demande de nationalité française pour «défaut d'assimilation» parce que son épouse ne prenait la parole qu'après son accord et qu'il ne respectait donc pas le principe de l'égalité homme-femme (source: *L'Express*).

Le principal reproche des Français vis-à-vis des immigrés est le refus de s'adapter aux valeurs de leur pays d'accueil. Pour beaucoup de Français, le modèle est l'idéal républicain qui cherche à assimiler, à intégrer. Le symbole de cet idéal républicain est l'équipe de football française interraciale («black-blanc-beur») qui a gagné la Coupe du Monde en 1998. Cet idéal est un droit reconnaissable sur le plan juridique, mais il n'est pas toujours réalisable en pratique. Un autre modèle reconnaît les différences. Aujourd'hui, certains demandent le respect des particularismes culturels et ils critiquent l'Etat destructeur des cultures minoritaires. Ainsi, un contre-exemple est le match de football France-Algérie qui s'est déroulé à Paris en 2002. Dans le même stade où l'équipe «black-blanc-beur» avait gagné le championnat mondial, la Marseillaise a été sifflée par des Beurs qui voulaient montrer leur hostilité à la République française dont ils étaient citoyens (le même phénomène s'est produit en 2008 lors d'un match France-Tunisie). Malgré les difficultés, un certain nombre d'immigrés, et surtout leurs enfants, s'intègrent à la société française mieux qu'on ne le pense. La République, plus ou moins respectueuse des différences culturelles, continue à les absorber. Mais le racisme est toujours présent. Selon un sondage Sofres effectué en 2007 dans lequel les personnes interrogées étaient «de couleur» (noirs, Arabes, Asiatiques), 56% des interrogés se disaient personnellement victimes de discrimination raciale: 25% rarement, 19% de temps en temps et 12% souvent. Selon une enquête du Bureau international du travail en 2007, quatre employeurs sur cinq choisissent, à diplôme égal, un candidat d'origine métropolitaine de préférence à un candidat d'origine maghrébine ou noire.

Selon un sondage Harris effectué en 2007, 32% des Français jugeaient qu'il y avait trop d'immigrés dans leur pays. Six ans plus tard dans un sondage effectué en 2013, 69% des sondés estimaient qu'il y avait trop d'immigrés en France (Commission nationale consultative des droits de l'homme). En 2012, l'Organisation de coopération et de développement économiques (OCDE) a publié une vaste enquête comparative qui a évalué l'intégration des immigrés et de leurs enfants dans l'ensemble de ses 34 pays membres. En matière de revenu, l'Hexagone compte parmi les pays où le taux d'immigrés dans les familles les plus pauvres est le plus élevé: le taux de pauvreté des ménages immigrés en France est 4,5 fois supérieur à celui des natifs (les écarts les plus forts sont aux Etats-Unis). En matière d'éducation, les résultats ne sont pas excellents non plus, mais la réussite scolaire des filles d'immigrés en France est particulièrement remarquable: 43% d'entre elles obtiennent un diplôme universitaire, faisant presque aussi bien que les filles d'origine française et largement mieux que la moyenne de l'OCDE. En termes d'insertion sur le marché du travail, la France est toutefois systématiquement en dessous de la moyenne: environ 14,5% des immigrés sont au chômage. Concernant le logement et l'accès aux soins médicaux, en revanche, la France est plutôt bien placée: une partie des inégalités sociales est compensée par le système français de protection sociale.

Depuis plusieurs années, l'immigration et l'intégration des Roms sont une source de problèmes pour l'administration. «Roms» est un terme adopté par l'Union romani internationale en 2002 pour désigner un ensemble de populations ayant en commun une origine indienne et vivant de nos jours en Europe et en Amérique. Ces groupes sont connus aussi par les termes «tziganes» et «gitans», et en anglais «gypsies» ou «romas». Tandis qu'un grand nombre de Roms se sont intégrés dans la vie sociale en Roumanie et en Bulgarie, d'autres continuent à vivre selon leur mode de vie nomade, en voyageant en caravanes et en travaillant à la journée. Pour un grand nombre d'Européens, les Roms sont associés à la mendicité et à la délinquance (cambriolages, pick-pockets, trafics illicites, etc.). Une minorité semi-nomade, de Roumanie et de Bulgarie, a commencé à circuler en France et ailleurs en Europe, depuis l'entrée de ces deux pays dans l'Union européenne en 2007. Bien qu'ils soient bénéficiaires du principe européen de libre circulation, les Roms sont expulsables après un séjour de trois mois en France s'ils n'ont pas trouvé un travail rémunéré.

En 2010, le président Nicolas Sarkozy a décidé d'organiser des retours massifs de Roms en Roumanie, ce qui a déclenché une vaste polémique. Une circulaire du ministère de l'Intérieur a demandé aux préfets de faire évacuer 300 campements illicites, «en priorité ceux des Roms». D'après certains experts en droit constitutionnel, cette dernière expression contrevient aux principes de la non-discrimination. Le Parlement européen a adopté une résolution dans laquelle il a pressé la France et les autre pays membres de suspendre les expulsions des Roms.

En 2012, après l'arrivée de la gauche au pouvoir, les expulsions ont continué et ont même augmenté. La polémique sur les expulsions s'est aggravée en 2013 quand une collégienne rom et un lycéen rom ont été expulsés de France. Des milliers de jeunes ont défilé dans les rues de Paris et dans d'autres villes pour protester contre cet acte, et ils ont réclamé la démission de Manuel Valls, à l'époque ministre de l'Intérieur dans le gouvernement Ayrault. Valls a été vivement critiqué par de nombreux élus socialistes, ses collègues, mais soutenu par les élus de droite, qui à leur tour ont critiqué le Parti socialiste. Un sondage BVA effectué en 2013 a révélé que trois Français sur quatre (74%) soutenaient Valls et sa politique.

I. Répondez aux questions suivantes.

1. Dans quelles régions de France trouve-t-on le plus d'immigrés?
2. De quels pays viennent les principaux groupes d'immigrés?
3. Que s'est-il passé pendant et après la guerre d'Algérie?
4. Pourquoi l'immigration en France a-t-elle commencé à poser des problèmes à partir des années 1960?
5. Quels sont les trois grands groupes d'immigrés non européens?
6. Quel groupe d'immigrés réussit le mieux en France? Pourquoi?
7. En quoi le statut des noirs antillais et celui des noirs africains sont-ils différents? En quoi se ressemblent-ils? Expliquez.
8. Quel groupe d'immigrés est très touché par le chômage? Pourquoi?
9. Pourquoi la vie des jeunes Beurs est-elle plus complexe que celle de leurs parents?
10. Pourquoi les années 1980 ont-elles vu la montée du racisme et de la xénophobie en France?
11. Qu'est-ce que le Front National pense des immigrés?
12. Qu'est-ce que l'organisation SOS Racisme? Quel est son but principal?
13. Pourquoi les problèmes liés à l'immigration ont-ils été accrus pendant la «cohabitation» de 1986–1988?
14. Pour quelles raisons l'Assemblée nationale a-t-elle voté une loi contre tout acte ou discours raciste au début des années 1990?
15. Les étrangers peuvent-ils voter aux élections en France? Expliquez.
16. Quels ont été les buts principaux des lois Sarkozy sur l'immigration?
17. Qu'est-ce que les Français reprochent principalement aux immigrés?
18. Comment la France se compare-t-elle aux autres pays de l'OCDE vis-à-vis des immigrés?
19. Qui sont les Roms?
20. La présence des Roms en France est-elle controversée?

II. Etes-vous d'accord? Sinon, justifiez votre réponse.

1. En France, la population est composée de 8% d'immigrés.
2. Avant la Deuxième Guerre mondiale, les immigrés avaient autant de problèmes à s'intégrer que maintenant.
3. Pendant la guerre d'Algérie, les harkis se sont battus contre la France.

4. La loi Hortefeux a complété les lois Sarkozy sur l'immigration.

5. Le mariage avec un(e) Français(e) permet d'obtenir une carte de séjour.

III. Identifiez en une phrase les slogans ou termes suivants.

1. les pieds noirs
2. l'immigration choisie
3. les «sans-papiers»
4. «Touche pas à mon pote»
5. le droit du sang et le droit du sol

IV. Discussion.

1. En quoi l'attitude du gouvernement français diffère-t-elle de celle du gouvernement de votre pays vis-à-vis des immigrés légaux et illégaux? En quoi est-elle semblable?

2. Quels sont les deux plus grands groupes d'immigrés dans votre pays? Dans quelles régions habitent-ils? A votre avis, réussissent-ils bien à s'intégrer? Pourquoi (pas)?

3. Pensez-vous que les travailleurs immigrés qui vivent depuis long-temps dans leur pays d'adoption mais qui ont gardé leur nationalité d'origine devraient pouvoir voter? Pourquoi (pas)?

4. D'après vous, est-ce qu'un immigré qui a pris la nationalité de son pays d'adoption devrait avoir le droit de se présenter comme candidat aux élections présidentielles? Pourquoi (pas)?

5. Les gouvernements de certains pays ne reconnaissent pas la double nationalité, mais la France la reconnaît. Pensez-vous qu'un immi-gré qui a pris la nationalité de son pays d'adoption devrait pouvoir garder celle de son pays d'origine? Pourquoi (pas)?

V. Vos recherches sur Internet.

Afin de faciliter vos recherches et de répondre à ces questions, consultez le site du livre sur www.cengagebrain.com.

1. Qu'est-ce qu'un contrat d'accueil et d'intégration? Qui doit le signer?

2. Quelles sont les conditions de vie (salaire, logement, mobilité, santé, vie citoyenne, etc.) des immigrés et descendants d'immigrés?

3. Il faut au moins posséder un niveau linguistique B1 pour pouvoir faire sa demande de naturalisation en France. En quoi consiste ce niveau?

4. Un étranger en situation irrégulière ou sans ressources peut recevoir une aide au retour dans son pays. En quoi consiste cette aide? Quelles en sont les conditions?

5. Quels sont les rapports publiés par la Commission nationale consul-tative des droits de l'homme en ce qui concerne les discriminations et le racisme en France?

© ChameleonsEye/Shutterstock.com

L'éducation

Le plus grand service public

L'Education nationale est le premier service public en France. Elle emploie plus d'un million de personnes dont près de 900 000 enseignants (professeurs). Elle consomme la plus grande partie (plus de 21%) des dépenses totales de l'Etat (sans compter celles pour la recherche et les universités) et constitue l'une de ses plus grandes responsabilités. Le système scolaire et universitaire est à la fois très uniforme et très centralisé. Aux Etats-Unis, ce n'est pas du tout le cas: chaque état a son propre département d'éducation et chaque municipalité a un ou plusieurs districts scolaires qui sont gérés par un conseil local élu. Ceci permet une grande variété dans les niveaux, dans les programmes d'études, dans les salaires du personnel enseignant, etc. En France, par contre, toutes les écoles publiques (maternelles, primaires et secondaires) sont sous la tutelle du Ministère de l'Education nationale, situé rue de Grenelle à Paris. Tous les programmes d'études sont fixés par décret ministériel et tous les diplômes sont accordés par l'Etat, d'où une grande uniformité dans les établissements scolaires, peu importe leur localisation. On ne s'étonnera pas d'apprendre que le système éducatif français est hautement centralisé et ressemble à cet égard à l'administration préfectorale des départements (les deux ont été créés par Napoléon). Suivant la politique de décentralisation administrative mise en œuvre au début des années 1980, le gouvernement Mauroy a transféré la responsabilité de la construction et de l'entretien des bâtiments scolaires aux collectivités locales (des écoles maternelles et primaires aux communes, des collèges aux départements, des lycées aux Régions). Mais toutes les décisions concernant les programmes pédagogiques, le recrutement et la rémunération du personnel enseignant dépendent du Ministère. Pour l'administration scolaire, la France métropolitaine est divisée en 26 districts qui s'appellent des académies. En général, il y a une académie par Région, et le siège de celle-ci se trouve dans la plus grande ville (l'Académie de Bordeaux, l'Académie de

Strasbourg, etc.). Les Régions les plus peuplées — l'Ile-de-France, la Région Rhône-Alpes et la Région Provence-Alpes-Côte d'Azur — contiennent deux ou trois académies. Il y a aussi neuf académies pour les DOM-COM. Chaque académie est dirigée par un recteur qui représente l'Etat et qui est responsable auprès du ministre de l'Education nationale. Celui-ci est un ministre très important dans le Gouvernement, un ministre qui est toujours très visible dans les médias et très connu du public français. Mais il y a une autre raison qui explique cette prééminence médiatique: les Français se passionnent pour l'éducation. Tout ce qui se passe rue de Grenelle figure à la une des journaux et provoque des débats parfois très animés. Toute réforme appliquée par le ministre de l'Education nationale est susceptible de mobiliser l'opinion publique contre le Gouvernement.

⬢ Un peu d'histoire

Sous l'Ancien Régime, toutes les écoles étaient dirigées par l'Eglise, notamment par l'ordre des Jésuites. Quand les Jésuites ont été expulsés de France en 1762, à la suite d'un conflit entre Louis XV et le Vatican, leurs écoles ont été fermées et on a commencé à parler du besoin d'une éducation séculière et nationale. Après la Révolution, l'Assemblée nationale a proclamé le droit de tous les citoyens à un enseignement public et gratuit. La Révolution a donc fixé, pour la première fois, les principes de l'enseignement ouvert à tous, sans pouvoir pourtant les réaliser. Après la Révolution, Napoléon Bonaparte a laissé à l'Eglise le monopole de l'enseignement primaire, mais il s'est assuré celui de l'enseignement secondaire et supérieur en créant, en 1808, deux établissements publics, le lycée et l'université d'Etat. Ces établissements devaient assurer une éducation séculière aux enfants, peu nombreux à cette époque, qui poursuivaient leurs études au-delà du niveau primaire. En 1833, la loi Guizot a créé une école primaire publique pour garçons dans chaque commune de plus de 500 habitants. En 1850, sous la IIe République, la loi Falloux a autorisé l'existence d'écoles privées et confessionnelles (religieuses) à tous les niveaux, mettant fin au monopole de l'Etat et autorisant de façon limitée l'aide publique aux écoles privées. C'est à partir de cette loi que les écoles publiques et privées coexisteront. En outre, la loi Falloux a décrété la création dans chaque commune d'une école primaire pour filles (aujourd'hui presque toutes les écoles de France sont mixtes).

C'est en 1881 et 1882, sous la IIIe République, qu'ont été votées les lois scolaires de Jules Ferry, premier ministre à l'époque. La IIIe République a enfin réalisé les promesses de la Ière: l'enseignement public en France est laïque, gratuit et obligatoire. Voilà les trois grands principes, établis par les lois Ferry:

1. L'école publique doit être laïque, c'est-à-dire séparée de la religion, parce qu'elle doit former des citoyens libres et développer l'autonomie de leur jugement. L'instruction religieuse est remplacée par une instruction morale et civique. La religion n'est pas enseignée à l'école, mais une journée est

réservée à l'instruction religieuse. (Pendant longtemps, il n'y avait pas de cours le jeudi pour que les enfants puissent assister à des cours de catéchisme si les parents le désiraient). La laïcité n'a jamais été appliquée en Alsace-Moselle (les départements «concordataires» — voir le Chapitre 12), où les écoles publiques sont toujours confessionnelles, bien que, depuis 1974, l'enseignement religieux n'y soit plus obligatoire.

2. Dès que l'accès à l'enseignement est considéré comme un droit, l'école doit être gratuite. Au début, les lois Ferry appliquaient ce principe seulement à l'enseignement primaire, mais l'enseignement secondaire est également devenu gratuit en 1933. Les manuels scolaires sont «gratuits» dans la mesure où ils sont prêtés aux élèves, jusqu'à la classe de troisième dans les collèges. Dans les lycées, les manuels sont le plus souvent à la charge des familles. Les frais du ramassage scolaire (le transport des élèves) sont pris en charge par les collectivités territoriales.

3. L'enseignement remplit une fonction sociale. Etre instruit est un devoir que chacun doit à la société. Voilà pourquoi l'école doit être obligatoire. A l'époque des lois Ferry, l'école était obligatoire de 6 ans à 13 ans. Depuis 1959, la scolarité est obligatoire jusqu'à 16 ans.

Les principes des lois Ferry sont en vigueur dans les écoles publiques en France depuis plus d'un siècle. L'enseignement public est majoritaire dans le système éducatif (nous parlerons de l'enseignement privé plus loin). Avant de parler des développements plus récents, il faut d'abord expliquer le système actuel de l'éducation.

● L'organisation de l'enseignement

L'enseignement en France est organisé selon plusieurs «degrés» et «cycles» suivant l'âge de l'enfant:

1. le premier degré, ou le primaire, qui comprend les niveaux pré-élémentaire (2 à 5 ans) et élémentaire (6 à 11 ans); les enfants qui sont scolarisés dans ces niveaux s'appellent des *écoliers*;

2. le second degré, ou le secondaire, qui comprend deux cycles: le premier cycle (12 à 15 ans) et le second cycle (16 à 18 ans); les enfants scolarisés dans le secondaire s'appellent des *élèves*;

3. le supérieur, les universités, qui comprend trois cycles et dont nous parlerons plus loin; ceux qui étudient dans le supérieur s'appellent des *étudiants*.

L'enseignement pré-élémentaire, facultatif, est dispensé dans les écoles maternelles. Bien que la scolarité ne soit obligatoire en France qu'à partir de l'âge de 6 ans, un nombre croissant d'enfants de 2 ans et la totalité des enfants de 3 ans sont scolarisés en maternelle. Dans ces écoles, les enfants font du chant, du dessin, des travaux manuels et des jeux éducatifs. Les professeurs des écoles maternelles doivent avoir la même formation que les enseignants des écoles élémentaires. Ils sont formés dans les Ecoles Supérieures du Professorat et de l'Education (ESPE).

La seconde partie de l'enseignement du premier degré est dispensée dans une école élémentaire. Pendant la première année, les élèves apprennent la lecture, l'écriture et le calcul. Ensuite, ils suivent en moyenne 24 heures de cours par semaine et ils font du français, une langue étrangère ou régionale, des mathématiques, de l'histoire-géographie, des sciences expérimentales, du chant, du dessin, de l'instruction civique et morale et de l'éducation physique.

L'enseignement secondaire est divisé en deux cycles qui correspondent à deux sortes d'établissements. Le premier cycle est dispensé dans un collège. Le collège comprend les classes de sixième, cinquième, quatrième et troisième (à l'inverse du système de progression américain). Au collège, les élèves ont un «tronc commun» d'études, c'est-à-dire qu'ils suivent tous plus ou moins les mêmes cours. Il y a quelques options à choisir (comme la première et la deuxième langue étrangère), mais il n'y a pas de sélection qui répartit les élèves dans des catégories différentes, selon leur succès scolaire (voir Tableau I: Heures de cours hebdomadaires, page 239). A la fin du premier cycle les collégiens passent un examen de contrôle qui confère le brevet des collèges, un diplôme qui ne conditionne pas le passage en second cycle, mais qui est nécessaire pour certains emplois et certaines écoles professionnelles. L'orientation des élèves se fait alors par le conseil de classe, qui est composé de professeurs, de plusieurs représentants des parents, et de deux élèves élus par leurs camarades de classe. Le conseil de classe, en tenant compte des succès scolaires de l'élève et des vœux de sa famille, donne son avis sur l'arrêt ou la poursuite des études et sur le choix d'un second cycle long ou court. Cette orientation est décisive mais non pas définitive. Si les parents ne sont pas d'accord avec la décision, ils peuvent faire appel devant une commission départementale. Pour chaque élève il y a trois possibilités:

1. Si l'élève n'a pas reçu de bonnes notes et s'il a atteint l'âge de 16 ans parce qu'il a redoublé une ou plusieurs fois, il peut abandonner ses études et entrer dans la vie active (le monde du travail). Chaque année, il y a 100 000 élèves qui abandonnent leurs études sans diplôme.

2. Si l'élève a démontré des aptitudes plutôt techniques, le conseil de classe peut recommander le second cycle court (deux ans), qui est dispensé dans un LP (lycée professionnel). Ce cycle conduit à deux diplômes, un BEP (Brevet d'études professionnelles) ou bien un CAP (Certificat d'aptitude professionnelle). Ces diplômes préparent un élève pour l'insertion professionnelle (l'exercice d'un métier). Le CAP est un diplôme qui mène à un métier précis (boulanger, fleuriste, charpentier, cuisinier, etc.). Le BEP est

TABLEAU I: Heures de cours hebdomadaires

Collège (11 à 15 ans)
Sixième: 25 heures par semaine en moyenne

Français	5 h	Technologie	1,5 h
Maths	4 h	Arts plastiques	1 h
Langue vivante	4 h	Education musicale	1 h
Histoire/Géographie/Education civique	3 h	Education physique	4 h
Sciences de la Vie et de la Terre	1,5 h		

Lycée (15 à 18 ans)
Terminale L: 27 heures par semaine en moyenne

Philosophie	8 h	Accompagnement personnalisé*	2 h
Langues vivantes	4 h	Education physique et sportive	2 h
Histoire/Géographie	4 h		
Littérature	2 h	Education civique, juridique et sociale	0,5 h
Littérature étrangère en langue étrangère	1,5 h	Options	3 h

Terminale ES: 27 heures par semaine en moyenne

Philosophie	4 h	Langues vivantes	4 h
Maths	4 h	Accompagnement personnalisé*	2 h
Sciences économiques et sociales	5 h	Education physique et sportive	2 h
Histoire/Géographie	4 h	Education civique, juridique et sociale	0,5 h
		Options	1,5 h

Terminale S: 30 heures par semaine en moyenne

Philosophie	3 h	Langues vivantes	4 h
Physique/Chimie	5 h	Education physique et sportive	2 h
Maths	6 h		
Histoire/Géographie	2 h	Education civique, juridique et sociale	0,5 h
Sciences	3,5 h		
Accompagnement personnalisé*	2 h	Options	2 h

* L'accompagnement personnalisé est un dispositif qui a été mis en place en classes de seconde en 2010 et dont le but est d'aider les élèves à s'adapter au lycée et se préparer à l'enseignement supérieur.

Une école maternelle à Paris

reconnu dans les secteurs d'activité tels que l'électronique, la mécanique, l'automobile, l'hôtellerie et la restauration, l'alimentation, le secteur sanitaire, pour donner quelques exemples. Les titulaires du CAP et du BEP peuvent aussi poursuivre leurs études vers un baccalauréat professionnel, préparé en deux ans. L'enseignement technique et professionnel a été longtemps dévalorisé dans le système éducatif en France. Il est vrai que les LP doivent accueillir les moins bons élèves. Mais l'enseignement dans les LP est souvent plus efficace parce que les élèves voient la perspective d'un métier comme un but de leurs efforts.

3. Si l'élève a démontré des capacités intellectuelles et se destine aux études supérieures, le conseil de classe peut recommander le second cycle long (trois ans), dispensé dans un LEGT (lycée d'enseignement général et technologique), dans les classes de seconde, de première et de terminale. Les classes de seconde sont communes à tous les lycéens. Dès le passage en première, les élèves doivent choisir une filière (une «branche»), en fonction de l'examen de fin d'études qu'ils comptent passer. Jusqu'en première, le français est la discipline la plus importante pour tous les élèves et à la fin de l'année de première, ils doivent se présenter aux épreuves de français. Les élèves du baccalauréat général doivent passer une deuxième épreuve, selon la filière, en fin de première. L'année de terminale est entièrement consacrée à la préparation du baccalauréat, examen et diplôme qui sanctionne la fin du secondaire et qui donne accès à l'université.

Il existe trois sortes de baccalauréat.

(1) Le **baccalauréat général** sanctionne une formation littéraire, scientifique ou économique et sociale. Depuis 1993, le baccalauréat général a trois grandes filières:

L   filière littéraire—langues, philosophie, histoire, géographie
ES   filière économique et sociale—sciences économiques et sociales
S   filière scientifique—sciences physiques et naturelles, mathématiques

Presque tous les bacheliers généraux (élèves titulaires du baccalauréat général) poursuivent leurs études dans le supérieur.

(2) Le **baccalauréat technologique,** créé en 1968, sanctionne une formation générale associée à une formation technologique d'ensemble. L'élève peut choisir parmi huit filières technologiques:

- sciences et technologies de laboratoire

- sciences et technologies du design et des arts appliqués

- sciences et technologies du management et de la gestion

- sciences et technologies de la santé et du social

- techniques de la musique et de la danse

- hôtellerie

- sciences et technologies de l'agronomie et du vivant

- sciences et technologies de l'industrie et du développement durable

Plus de 80% des bacheliers technologiques poursuivent des études supérieures, mais ce baccalauréat ne leur permet pas de rejoindre les filières universitaires générales.

(3) Le **baccalauréat professionnel,** créé en 1985 seulement, sanctionne une formation plus concrète qui conduit à un métier. Il existe de nombreuses filières qui offrent des enseignements spécialisés, par exemple dans l'électronique, le génie, la construction mécanique, le commerce, les arts plastiques. Ce diplôme est ouvert en priorité aux élèves qui sont titulaires d'un CAP ou d'un BEP. Une grande majorité de bacheliers professionnels (87%) entrent dans la vie active après avoir obtenu leur diplôme. Le baccalauréat professionnel connaît un grand succès depuis sa création, ce qui contribue actuellement à une revalorisation de la voie professionnelle.

Il est difficile d'expliquer l'importance du baccalauréat (appelé «bac» ou, dans le passé, «bachot») dans la conscience nationale française. On a même créé le verbe «bachoter», qui signifie «travailler pour préparer le bachot». Tous les ans, au mois de juin, les médias parlent du bac et spéculent sur le nombre d'élèves qui seront reçus. Quelle que soit la filière choisie, le baccalauréat a toujours mis l'accent sur la culture générale. Il a donc un grand prestige, un caractère «sacré» et même les élèves qui n'ont pas l'intention

Les élèves du lycée mangent à la cantine.

Un lycée à Paris

d'entrer à l'université tiennent souvent à le réussir. Cet examen, auquel plus de 600 000 candidats se présentent chaque année, pose de nombreux problèmes pratiques au Ministère. Le taux de réussite est en général de plus de 80%, ou quatre candidats sur cinq. Ceux qui ne réussissent pas du premier coup ont la possibilité de se présenter une deuxième fois.

Le baccalauréat a été créé en 1808 par Napoléon. Cet examen a longtemps servi de barrière qui distinguait l'élite bourgeoise du prolétariat, mais il a été démocratisé progressivement: tandis qu'en 1930 on ne délivrait encore que 15 000 diplômes de bachelier, en 2011 on en a accordé plus de 500 000. La démocratisation du diplôme a entraîné une certaine dévalorisation. Toujours est-il que le baccalauréat est investi des aspirations sociales et économiques de la société française. Au fur et à mesure que le pourcentage des réussites augmente — et c'est là justement l'ambition du Ministère — le bac se banalise et être bachelier ou bachelière aura moins de distinction à l'avenir. En revanche, ne pas avoir le bac a déjà une signification assez grave: les «sans-bac» sont exclus d'un grand nombre de formations et de nombreux emplois aussi. Le bac opère ainsi une sorte de sélection négative. A la session de 2011, plus de 661 000 candidats se sont présentés en Métropole et plus de 567 000 ont obtenu le diplôme, soit un taux de réussite de 85%. Sur 100 bacheliers, 50 ont obtenu un baccalauréat général, 23 un baccalauréat technologique et 27 un baccalauréat professionnel.

La sélection au niveau secondaire　La sélection est d'abord la distinction entre les bons et les moins bons élèves, entre ceux qui réussissent dans leurs études et ceux qui échouent. Les bons élèves prolongent leurs études jusqu'au supérieur, tandis que les autres abandonnent plus tôt et commencent à travailler plus jeunes. Quoi de plus normal? Mais en France le concept de la sélection scolaire a depuis longtemps une résonance sociale et politique, dans la mesure où les enfants de la classe bourgeoise, plus avantagés et poussés par leur famille, réussissent plus facilement que les enfants de la classe ouvrière. Ces derniers échouent plus souvent et ils sont obligés de rester dans la classe ouvrière parce qu'ils n'ont pas les diplômes requis pour monter l'échelle sociale. Un écart se développe, déjà à l'école élémentaire, entre les enfants des familles culturellement privilégiées et les enfants qui sont moins motivés par leur famille à cause de la classe sociale à laquelle ils appartiennent. Ceux-ci redoublent plus souvent et sont moins nombreux à parvenir aux classes terminales du secondaire. Aujourd'hui, on compte plus de bacheliers parmi les enfants de cadres et de professeurs que parmi les enfants d'ouvriers. Sur dix enfants dont les parents sont chefs d'entreprises, enseignants, cadres, ingénieurs ou exercent une profession libérale, neuf obtiennent le bac et près de huit un diplôme supérieur. Mais la moitié des enfants d'ouvriers n'obtiennent pas le bac. Les enfants d'immigrés sont parmi les plus handicapés. Cette sélection signifie donc un système officiel qui perpétue les divisions sociales. Pendant longtemps, elle a été vivement critiquée par la gauche, qui préconisait un système plus démocratique et moins élitiste. De plus, le système éducatif français aggravait cette sélection, disaient les critiques, en orientant les élèves trop tôt et en les dirigeant vers des filières intellectuelles ou professionnelles correspondant à leur classe sociale. Autrement dit, les enfants d'ouvriers étaient orientés trop tôt vers les métiers techniques avant d'apprendre s'ils avaient d'autres talents. Un enfant de plombier ou d'éboueur, disaient-ils, pourrait devenir journaliste ou professeur s'il recevait la formation convenable. Les partis politiques de gauche et les syndicats d'enseignants dénonçaient donc ces injustices scolaires: le genre d'études que faisait un élève était décidé trop tôt, selon sa classe sociale, et ce choix engageait tout son avenir; il serait plus juste de faire ce choix plus tard, en fonction des talents de l'élève et de sa maturité. En 1975, René Haby, ministre de l'Education nationale sous le président Giscard d'Estaing, a fait voter une réforme qui remettait la sélection à un âge plus tardif. Cette réforme égalitaire, appelée la «réforme Haby», a créé un «tronc commun» d'études dans le collège unique et dans les classes de seconde du lycée, où il n'y a plus de filières et où tous les élèves, répartis dans les classes sans distinction, reçoivent plus ou moins la même formation. L'orientation des élèves vers l'instruction intellectuelle ou pratique a donc été remise au passage en première.

Dans le but d'améliorer le taux de réussite scolaire des lycéens, l'Etat a entamé une réforme du lycée en 2010, qui a proposé le concept du parcours scolaire personnalisé pour les lycéens, et celui d'une spécialisation plus progressive jusqu'à la terminale.

L'enseignement privé   Depuis les lois Ferry de 1881–1882, renforcées par la séparation de l'Eglise et de l'Etat (1905), jusqu'à la Ve République, la démarcation entre les écoles publiques et les écoles catholiques était restée nette. Les écoles dites «libres» (presque toujours catholiques) recevaient des subventions limitées de l'Etat et avaient donc des difficultés financières. Pendant la IIIe et la IVe Républiques, la tendance laïque s'opposait à toute subvention: «A écoles privées, fonds privés; à écoles publiques, fonds publics». En 1959, le président Charles de Gaulle et son premier ministre Michel Debré ont fait voter une loi qui accordait une aide financière aux écoles libres (privées). La loi Debré a offert aux écoles privées un système de contrats avec l'Etat. Ces contrats proposaient un rapport étroit entre l'aide financière de l'Etat aux écoles libres et un contrôle de celui-ci sur le fonctionnement des écoles. Les professeurs des écoles privées allaient être désormais payés par l'Etat en tant que fonctionnaires. Ces écoles devaient appliquer les programmes de l'enseignement public. Pour contrôler la qualité des programmes, les diplômes ne sont accordés que par l'Etat. Les écoles privées ont le devoir de préparer leurs élèves aux examens nationaux. La loi Debré a été très controversée parmi les partisans de la Séparation, mais elle reste en place aujourd'hui. La plupart (90%) des écoles catholiques sont liées par contrat à l'Etat, qui exerce un contrôle pédagogique sur celles-ci en contrepartie d'une aide matérielle.

En 1984, Alain Savary, ministre de l'Education nationale sous le président François Mitterrand, a rouvert le débat sur l'école laïque. Sous la pression des enseignants, Savary a proposé une loi qui aurait abrogé la loi Debré et qui aurait retiré l'aide financière aux écoles libres. Ce projet de loi visait à l'unification du système scolaire. Bien qu'il n'y ait que 17% des élèves français scolarisés dans les écoles privées, le projet de loi Savary a provoqué une énorme réaction au nom de la liberté de choix. En juin 1984, les défenseurs de l'enseignement libre ont réagi. Il y a eu des manifestations d'abord en province (à Bordeaux, à Rennes, à Lille, à Lyon, à Versailles) et enfin un million de Français ont défilé dans les rues de Paris. Ce défilé a été une des plus grandes manifestations jamais organisées en France. Peu de Français choisissent l'école confessionnelle payante, plutôt que l'école publique et gratuite, mais ils tenaient clairement à leur droit de choisir et ils voyaient dans cette décision de la part du Gouvernement un attentat à la liberté. Le président Mitterrand a mis fin à ce projet de loi. Dix ans plus tard, un mouvement contraire a provoqué une réaction en faveur de l'école publique et laïque. En 1994, le gouvernement Balladur a proposé une révision de la loi Falloux, qui aurait permis à l'Etat une plus grande liberté en ce qui concerne le financement de l'école privée. Cette réforme a été annulée par le Conseil constitutionnel, mais l'annulation n'a pas empêché la mobilisation, à Paris, de 600 000 manifestants en faveur de l'école publique et contre la révision de la loi Falloux. Si les Français tiennent à leur choix entre l'école publique et l'école privée, ils ne veulent pas qu'une trop grande part des ressources soit consacrée à l'école catholique.

Parmi les écoles privées en France, il en existe très peu de confession musulmane, juive, ou protestante. En ce qui concerne l'enseignement familial, il reste extrêmement marginal, parce que la plupart des parents français n'imaginent pas pouvoir préparer eux-mêmes leurs enfants aux examens nationaux.

Le calendrier scolaire   Il y a eu récemment des changements apportés au calendrier scolaire. Les lois Ferry avaient fixé la semaine scolaire à cinq jours (y compris le samedi), avec la libération d'un jour pour l'éducation religieuse. Pendant longtemps, ce jour libre était le jeudi et plus tard le mercredi. Le résultat, c'est que les élèves français n'avaient pas vraiment de week-end. Ils n'étaient libres que le mercredi et le dimanche. Il y avait beaucoup de pression exercée sur le Ministère par les parents, qui voulaient que leurs enfants soient libres le samedi et non pas le mercredi, afin d'avoir un week-end en famille. Par contre, les évêques en France ont vivement attaqué cette idée comme une menace contre l'instruction religieuse, programmée le mercredi. Le Ministère a finalement autorisé les académies à modifier le calendrier scolaire pour les écoles sous leur juridiction, et l'aménagement du temps scolaire le plus fréquent a été la semaine de quatre jours (le lundi, le mardi, le jeudi et le vendredi). Depuis la mise en place de la semaine de quatre jours dans les écoles maternelles et élémentaires en 2008, les écoliers français avaient le nombre de jours d'école le plus faible des 34 pays de l'OCDE (Organisation de Coopération et de Développement économiques). Cependant, les enfants avaient des journées plus longues et plus chargées que la plupart des élèves dans le monde.

Pour essayer de remédier à ce problème, au début 2013, le gouvernement Ayrault a publié un décret relatif à l'organisation d'un nouveau rythme scolaire dans les écoles maternelles et élémentaires, qui a rajouté une demi-journée de cours. Cette réforme est entrée en application en 2013 pour 20% des écoles, et en 2014 pour la totalité. La semaine de quatre jours entiers plus le mercredi matin permet de mieux répartir les heures de classe sur la semaine, et de raccourcir la journée de classe de 45 minutes en moyenne.

● L'enseignement supérieur: un peu d'histoire

Il y a plus de 2,3 millions d'étudiants dans le supérieur en France. La majorité des étudiants (60%) sont inscrits dans les universités publiques. Un nombre plus restreint d'étudiants sont inscrits dans les Grandes Ecoles et dans les classes préparatoires aux Grandes Ecoles. De nombreux domaines d'études post-bac (architecture, aviation, commerce, électronique, mécanique, musique, science vétérinaire, etc.) sont enseignés en dehors des universités, dans d'autres établissements d'enseignement supérieur, publics et privés. Les universités privées, peu nombreuses et catholiques pour la plupart, attirent seulement 1% des étudiants.

L'Université de Paris, fondée en 1200 par le roi Philippe-Auguste, a été une des premières universités en Europe. Elle comprenait des facultés (écoles) de droit et de médecine, mais la grande mission de l'Université était de préparer les étudiants (uniquement les hommes) à une carrière ecclésiastique. Les étudiants venaient à l'Université de tous les coins d'Europe et leur seule langue commune était le latin, langue de l'Eglise. Le quartier de l'Université était appelé «le Quartier latin» et ce nom est resté jusqu'à nos jours. En 1257, Robert de Sorbon a fondé une pension pour loger les étudiants pauvres dans la faculté de théologie et on a commencé à appeler celle-ci «la Sorbonne». Au bout d'un certain temps, la Sorbonne est devenue synonyme de l'Université de Paris. Au cours du Moyen Age, il s'est également développé de grandes universités en province: à Poitiers, à Toulouse et à Montpellier. Ces établissements catholiques ont été abolis, bien entendu, à l'époque de la Révolution. En 1808, Napoléon a créé l'université d'Etat, qui comprenait cinq facultés (droit, médecine, pharmacie, sciences et lettres).

Le système universitaire a été restructuré à la fin des années 1960, à la suite des évènements de mai 1968, qui ont été provoqués en partie par un mécontentement dans le milieu estudiantin. Ainsi, la révolte des étudiants a eu pour résultat une loi de réforme de l'enseignement supérieur, la loi Faure (1968). Edgar Faure, nommé ministre de l'Education nationale après mai 1968, a reçu la charge de transformer rapidement l'Université pour assurer une rentrée paisible en octobre 1968 et éviter de nouvelles grèves. Pour comprendre cette transformation, il sera utile de comparer les domaines administratifs et pédagogiques avant et après 1968.

1. **Administration** Avant 1968, il existait 16 universités en France, toutes situées au siège des académies. Chacune était administrée par le recteur, nommé par le ministre. Chacune comprenait plusieurs facultés et celles-ci

La Sorbonne a été la première Université de Paris.

étaient isolées les unes des autres. Au lieu de dire qu'ils étudiaient à l'université de Dijon, par exemple, les étudiants disaient plutôt qu'ils faisaient leurs études à la «fac» de lettres ou à la «fac» de droit. De nos jours, il y a 85 universités en Métropole (sans compter celles des DOM) dont la majorité sont de création assez récente. L'énorme Université de Paris a été divisée en 13 universités autonomes, situées dans Paris *intra-muros* et en banlieue. Aujourd'hui, il existe 17 universités en Ile-de-France. De plus, la loi Faure a supprimé les facultés et a créé les Unités de formation et de recherche (UFR), qui regroupent les disciplines de plusieurs facultés, rigoureusement séparées avant.

2. **Pédagogie** Le résultat de la création des UFR a été la possibilité de faire des études pluridisciplinaires. L'étudiant avait désormais le droit de choisir plusieurs disciplines dans le premier cycle universitaire (la licence). La loi Faure visait à établir un contact plus proche entre les étudiants et les professeurs. Avant 1968, les professeurs faisaient des cours magistraux, c'est-à-dire qu'ils enseignaient dans un amphithéâtre devant plusieurs centaines d'étudiants. Le cours magistral existe toujours, mais depuis 1968, il existe aussi des séminaires par petits groupes, des travaux dirigés et des travaux pratiques. Un autre résultat de 1968, réclamé par les étudiants, est un système de contrôle continu des connaissances comprenant des examens partiels et souvent un devoir écrit ou oral.

L'organisation de l'enseignement supérieur

Au début du XXIe siècle, l'Union européenne a cherché à intégrer le système scolaire et universitaire des pays membres. A cet effet, une réforme en 2002 a prévu l'harmonisation des diplômes européens et la mise en place du système «licence-master-doctorat», dit système LMD. Les études universitaires sont organisées selon ce nouveau système qui a été adopté progressivement par toutes les universités françaises entre 2002 et 2006. Dans le système LMD, pour les études de lettres, de sciences, de médecine, de droit et d'économie (c'est-à-dire, pour les titulaires du baccalauréat général), il y a trois cycles universitaires, chacun sanctionné par un diplôme: la licence (bac + 3 ans), le master (bac + 5) et le doctorat (bac + 8). Les titulaires du baccalauréat technologique peuvent poursuivre leurs études dans un Institut Universitaire de Technologie (IUT). Créés en 1966, les IUT sont rattachés aux universités et offrent une formation scientifique et technologique. Le tableau suivant représente la situation actuelle des formations universitaires:

Niveau	Année	Diplôme
Licence	L1	
	L2	
	L3 (bac + 3)	licence
Master	M1	
	M2 (bac + 5)	master
Doctorat	bac + 8	doctorat

Ces cycles sont facilement reconnaissables au niveau international. Ils fournissent certains avantages: des études en crédits transdisciplinaires et sans frontières. Autrement dit, le système universitaire est semblable dans toute l'Europe.

Les concours

Les concours sont importants pour le recrutement des professeurs de l'enseignement primaire et secondaire. Jusqu'en 2008, deux diplômes — la licence (bac + 3) et la maîtrise (bac + 4 dans l'ancien système) — donnaient accès aux concours, épreuves que l'on pouvait passer une fois par an, au printemps. A la différence d'un examen, auquel théoriquement tous les candidats peuvent réussir, un concours est compétitif: seul un nombre fixe de candidats sont sélectionnés. Le taux de réussite des concours est déterminé chaque année à l'avance, par le Ministère, en fonction du nombre de professeurs qu'il faut recruter pour les écoles. S'il faut, par exemple, 580 nouveaux profs d'histoire-géographie en telle année dans toute la France, seulement 580 candidats seront reçus au concours d'histoire cette année-là. La sélection est très rigoureuse. En 2008, le gouvernement Fillon a annoncé un projet de réforme du recrutement des enseignants des premier et second degrés. Ainsi, depuis 2010, les étudiants se destinant à une carrière dans l'enseignement public ou privé doivent poursuivre des études dans le deuxième cycle (master, bac + 5). Ils passent les concours au cours de la deuxième année du cycle.

Depuis 1991, les professeurs des écoles (anciennement «instituteurs») et les professeurs des collèges et des lycées sont formés dans les Ecoles Supérieures du Professorat et de l'Education (ESPE). Les ESPE, rattachés aux universités tout comme les IUT, aident les étudiants à préparer un concours pour l'enseignement. Pour devenir professeur des écoles, il faut passer le CRPE (Concours pour le Recrutement de Professeurs des Ecoles). Pour être professeur dans un collège ou dans un lycée, il faut passer le CAPES (Certificat d'Aptitude au Professorat de l'Enseignement Secondaire) ou bien un autre concours spécialisé (pour les professeurs des filières technologiques, pour les professeurs d'éducation physique et sportive, etc.). Le taux de réussite au CAPES en 2012 était de 17%. L'élite du corps enseignant se compose des professeurs qui ont obtenu l'agrégation. Si l'on veut être «agrégé», il faut également continuer ses études jusqu'au master et ensuite passer un concours très difficile, l'agrégation, dont le taux de réussite en 2012 était de 10%. Les agrégés sont aussi appelés à enseigner dans les cours préparatoires pour les Grandes Ecoles et dans le premier cycle à l'université. Il y a des étudiants courageux qui passent un concours plusieurs fois avant d'y réussir ou d'abandonner.

Les Grandes Ecoles

Les Grandes Ecoles sont des établissements gérés pour la plupart par l'Etat (certaines, comme celle des Hautes Etudes Commerciales, sont privées) mais indépendantes des universités. Il y en a environ 150 et elles forment l'élite des professions scientifiques, littéraires et commerciales. Pour donner quelques exemples, il y a l'Ecole Nationale des Ponts et Chaussées, l'Ecole Nationale des Télécommunications, l'Ecole Nationale Supérieure des Beaux-Arts, et ainsi de suite. Les Grandes Ecoles sont très prestigieuses et leur système d'excellence est admiré et envié dans le monde entier. Une des plus anciennes, l'Ecole Normale Supérieure (qui forme les professeurs du supérieur), a été fondée en 1794 pendant la Ière République. L'Ecole Polytechnique, qui forme à la fois des officiers militaires et des ingénieurs, date de la même époque. Un grand nombre d'hommes et de femmes politiques, de diplomates, d'ambassadeurs et de hauts fonctionnaires ont été formés à l'Ecole Nationale d'Administration, fondée en 1945 (on appelle les anciens élèves de l'ENA des «énarques»; Valéry Giscard d'Estaing, Jacques Chirac, Michel Rocard, Alain Juppé, Lionel Jospin, Ségolène Royal, et François Hollande sont des énarques).

A la différence des universités, le recrutement des Grandes Ecoles se fait par sélection, en général par un concours très difficile qui se prépare en deux ans dans des classes préparatoires. Les bacheliers qui ont les meilleurs résultats sont choisis pour suivre les cours de ces classes préparatoires. On a souvent critiqué cet «enseignement supérieur à deux vitesses» en France: d'une part les Grandes Ecoles, qui sélectionnent les meilleurs candidats, et d'autre part les universités, surpeuplées et sous-dotées, qui admettent les autres candidats. On critique également l'esprit élitiste qui règne dans les Grandes Ecoles. Il faut noter pourtant qu'elles sont théoriquement ouvertes aux enfants de toutes les classes sociales, pourvu qu'ils soient intelligents et travailleurs.

La sélection au niveau universitaire

Chaque année, de plus en plus d'élèves réussissent au bac. Contrairement à la plupart des pays européens, qui appliquent un système de quotas ou qui imposent un concours d'entrée, l'université française est ouverte à tous les bacheliers, qui ont le droit de s'inscrire aux programmes d'études universitaires. Par conséquent, les universités sont de plus en plus surpeuplées et elles débordent d'étudiants. Partout en France, les étudiants se plaignent du manque de places dans les salles de classes, dans les bibliothèques, dans les laboratoires. Entre 1989 et 1999, le nombre d'étudiants à l'université a augmenté de 50%. Ce problème inquiète le Gouvernement depuis une vingtaine d'années. C'est dans le premier cycle qu'on voit le plus grand nombre d'étudiants. Le taux d'échec est très élevé (42%), c'est-à-dire que près d'un étudiant sur deux ne termine pas le premier cycle. Le taux d'échec en premier cycle reste le gros problème de l'université. En plus, il y a le problème des locaux: bien des bâtiments universitaires sont délabrés et vétustes. Il faut les réparer et en construire de nouveaux et pour cela il faut trouver des milliards d'euros.

En 1986, pendant la première «cohabitation», le ministre délégué aux universités, Alain Devaquet, a cru trouver une solution. Il a fait un projet de loi qui aurait permis aux universités de limiter le nombre d'étudiants qui entrent dans le premier cycle, mettant fin à la longue tradition d'admettre tous les bacheliers. Selon le projet Devaquet, chaque université aurait eu le droit de fixer les barèmes d'admission au premier et au deuxième cycles. De plus, pour permettre une plus grande autonomie et une plus grande compétitivité, chaque université aurait eu le droit de fixer les frais d'inscription. (Actuellement les frais d'inscription sont fixés chaque année par le Ministère. Pour la rentrée 2014, les frais pour l'inscription en licence étaient de 184 € par an). Ce projet de loi a provoqué la colère des jeunes. Il a déclenché des manifestations massives dans toute la France. Il y a eu de nombreuses grèves et la majorité des lycées et des universités ont été paralysés pendant trois semaines. Devaquet a donné sa démission et Jacques Chirac a retiré le projet de loi. Pourquoi toute cette colère? Que contestaient les jeunes? Premièrement, ils marchaient dans les rues pour défendre l'égalité des chances. Si cette loi avait été votée, les conditions d'accès à l'université auraient été basées sur les dossiers scolaires et non pas sur le bac, dévalué. Cette loi aurait donc éliminé le droit traditionnel de faire des études supérieures. Les élèves et les étudiants trouvaient cela injuste de transformer le bac, un examen, en concours, limitant ainsi les places à l'entrée des universités. Devaquet n'avait pas compris à quel point les jeunes tiennent à cet idéal démocratique, une conviction qui est d'ailleurs soutenue par la droite comme la gauche: l'enseignement doit être ouvert à tous. Ils protestaient contre la sélection et l'exclusion. Deuxièmement, ·ils protestaient contre la proposition du nouveau système des frais d'inscription, non pas tellement contre l'augmentation des frais, mais contre la différence entre les frais d'une université à l'autre. Selon les critiques, un tel système créerait deux catégories d'universités, les «facs d'élite» et les «facs poubelles». Les diplômes accordés par les universités les plus chères, celles qui auraient des critères d'admission plus élevés, auraient une plus grande valeur sur le marché. «Nous ne voulons pas d'universités coca-cola» était le slogan du jour, signifiant un refus de la tradition commerciale des universités américaines. Voilà le grand paradoxe français: la passion de l'égalité, oui, mais en même temps le goût du privilège et la peur des réformes.

La sélection reste donc un grand tabou. Le résultat est qu'il n'y a pas assez de place dans les universités. Mais si la sélection à l'entrée est interdite, il existe une sélection impitoyable par l'échec au cours du premier cycle, ce qui aboutit au même résultat. Un grand nombre d'étudiants ne passent pas en deuxième année. Selon certains critiques, ces échecs ou abandons représentent une perte de temps et coûtent cher à l'Etat. Il faut maintenir l'égalité des chances, disent-ils, mais il faut accepter aussi la sélection scolaire. Les étudiants devraient être admis à l'université en fonction des notes obtenues pendant leur scolarité et non plus seulement en fonction du bac.

En revanche, le mécontentement vis-à-vis du système universitaire augmente. Malgré la réaction au projet Devaquet en 1986, aujourd'hui beaucoup d'étudiants se disent prêts à payer plus cher leurs droits universitaires pour avoir des conditions de travail améliorées. Il faut dire que les universités françaises sont parmi les moins chères d'Europe. Il est vrai aussi qu'en France, la part du produit intérieur brut (PIB) réservée aux universités (0,6%) est inférieure à celles du Japon, des Etats-Unis, de l'Angleterre et de l'Allemagne. Après son élection en 2007, le président Nicolas Sarkozy a créé un nouveau Ministère de l'Enseignement supérieur et de la Recherche, qu'il a confié à Valérie Pécresse, avec la mission d'entreprendre une réforme des universités de grande ampleur. Le président de la République a annoncé dans le même temps qu'il allait doter les universités d'importants moyens nouveaux. Cette réforme des universités, dite «loi Pécresse», a accordé de nouvelles prérogatives aux présidents d'universités, notamment en leur confiant la gestion de la totalité de leur budget et en augmentant l'autonomie des universités. La réforme, applaudie par certains comme la plus importante du quinquennat de Sarkozy, a néanmoins été vivement dénoncée par ceux qui prétendaient (et prétendent encore) que ce système allait renforcer la compétition des universités, qui ne sont pas des entreprises, et que les petites universités en France couraient le risque de disparaître. Cependant, toutes les 85 universités ont adopté le régime de gestion autonome.

● La vie scolaire et universitaire

Les élèves français ont autant de vacances que les élèves américains: 180 jours de classe en France comme aux Etats-Unis. Pour le calendrier scolaire, la France est divisée en trois zones. Pour la Zone A (à titre d'exemple), la rentrée scolaire, toujours très médiatisée, a eu lieu le 2 septembre en 2014. En général, les élèves ont près de deux semaines de vacances pour la Toussaint (fin octobre–début novembre), deux semaines pour Noël (fin décembre–début janvier), deux semaines de vacances d'hiver (mi-février–fin février) et deux semaines de vacances de printemps (avril). Les grandes vacances commencent

*Une étudiante boursière ne paie que
les frais d'inscription ordinaires.*

au mois de juillet et durent jusqu'au début de septembre. Les élèves sont libres le mercredi après-midi et le week-end. Leurs journées à l'école sont longues et le soir ils ont beaucoup de devoirs à faire. En plus, ils ont les examens de fin d'année à préparer. La grande majorité des lycéens ne travaillent pas parce qu'ils n'ont pas le temps. Ils ne conduisent pas non plus, parce qu'il faut avoir 18 ans en France pour obtenir un permis de conduire. En revanche, plusieurs centaines de milliers de collégiens et de lycéens bénéficient de bourses d'études secondaires, qui sont accordées aux familles les moins favorisées.

A l'université, les cours reprennent au mois de septembre. Environ 30% des étudiants ont un travail à temps partiel pour financer leurs études, mais la majorité d'entre eux consacrent tout leur temps aux études. Il existe des bourses et des chambres à prix réduit accordées aux familles à revenu modeste et les repas aux restaurants universitaires («restos U») sont subventionnés par l'Etat. Près d'un étudiant sur trois perçoit une aide de l'Etat. De nos jours, il y a des activités sportives au sein des universités françaises, mais d'une façon générale, il y a moins d'activités extracurriculaires organisées que dans les universités américaines. Un grand nombre d'étudiants français font des études dans une université d'un autre pays membre de l'Union européenne, grâce au programme Erasmus. Le programme Erasmus, initiative de l'Union européenne, distribue chaque année plus de 100 millions d'euros sous forme de bourses allouées à des étudiants qui désirent passer un certain temps dans les universités des pays membres. Il y a 2 000 universités qui participent au programme.

I. Répondez aux questions suivantes.

1. Pourquoi peut-on dire que le système de l'éducation en France est très uniforme? Expliquez.

2. Quels sont les trois grands principes des lois scolaires de Jules Ferry?

3. Comment l'entrée dans le second cycle de l'enseignement secondaire est-elle déterminée?

4. Quelles sont les différences entre le second cycle court et le second cycle long de l'enseignement secondaire?

5. En quoi consistent les trois types de baccalauréat? Expliquez.

6. Pourquoi dit-on qu'il y a une sélection au niveau secondaire?

7. En quoi consistait la «réforme Haby»? Quel cycle d'études touchait-elle?

8. En quoi la loi Debré était-elle liée au concept de la laïcité?

9. En quoi consistait le projet de loi Savary?

10. Quelles ont été les réactions à ce projet de loi? Expliquez.

11. Qu'est-ce que la réforme du «rythme scolaire»?

12. Quels sont les grands traits de la loi Faure de 1968?

13. Expliquez le système LMD.

14. Que faut-il faire pour devenir professeur des écoles?

15. Que faut-il faire pour être professeur au collège ou au lycée?

16. Qu'est-ce qu'une Grande Ecole? Expliquez.

17. Pourquoi peut-on dire qu'il y a une sélection au niveau universitaire? Expliquez.

18. En quoi consistait le projet de loi Devaquet?

19. Quelle a été la réaction des jeunes vis-à-vis de ce projet de loi?

20. En quoi la loi Pécresse a-t-elle réformé les universités?

II. Etes-vous d'accord? Sinon, justifiez votre réponse.

1. Il y a vingt-six académies en France métropolitaine.

2. L'enseignement en France est laïque depuis la Révolution.

3. La scolarité est obligatoire de 6 ans à 16 ans.

4. Chaque académie est dirigée par un recteur.

5. Les élèves doivent choisir une filière à partir de la seconde au lycée.

6. Près d'un étudiant sur deux ne termine pas le premier cycle universitaire.

7. Depuis les lois Jules Ferry, les écoles privées ont toujours été subventionnées par l'Etat.

⌐ 8. Les écoles privées ont leurs propres diplômes.

9. Le CAPES est un examen très important.

— 10. Les universités françaises sont parmi les plus chères d'Europe.

III. Choisissez la meilleure réponse.

1. Les écoles primaires pour garçons et pour filles datent
   - **a.** de la Révolution
   - **b.** du Premier Empire
   - **c.** de la IIe République
   - **d.** de la IIIe République

2. Les écoles privées et religieuses existent depuis
   - **a.** l'Ancien Régime
   - **b.** la Révolution
   - **c.** la IIe République
   - **d.** la IIIe République

3. Pour continuer ses études jusqu'au baccalauréat, il faut aller dans un(e)
   - **a.** ESPE
   - **b.** LP
   - **c.** LEGT
   - **d.** IUT

4. Lequel de ces mots ou sigles ne désigne pas un diplôme de l'enseignement secondaire?
   - **a.** le BEP
   - **b.** le bac
   - **c.** l'UFR
   - **d.** le CAP

5. La gestion de chaque université est assurée par
   - **a.** le ministre de l'Education nationale
   - **b.** un président d'université
   - **c.** un comité de professeurs, d'administrateurs, de personnel de service et d'étudiants
   - **d.** le Conseil constitutionnel

IV. Identifiez brièvement les mots suivants.

1. une académie

2. un conseil de classe

3. un tronc commun

4. une unité de formation et de recherche

5. le Quartier latin

6. un cours magistral

7. Erasmus

8. l'agrégation

9. l'Ecole Normale Supérieure

10. l'Ecole Nationale d'Administration

V. Discussion.

1. Le système scolaire et universitaire en France est très uniforme et tous les programmes pédagogiques, ainsi que le coût des études au niveau universitaire, dépendent du Ministère de l'Education nationale ou du Ministère de l'Enseignement supérieur. Aimeriez-vous avoir un tel système? Pourquoi (pas)?

2. A la fin du premier cycle de l'enseignement secondaire, un conseil de classe propose deux orientations principales aux élèves en fonction de leurs aptitudes. Ceux qui sont dirigés vers le second cycle long doivent choisir une filière dès leur entrée en première, en vue du type de baccalauréat qu'ils devront passer. Que pensez-vous de ce système?

3. Pensez-vous que la sélection au niveau de l'enseignement secondaire et de l'enseignement universitaire en France soit plus ou moins importante que dans votre pays? Pourquoi?

4. Dans l'ensemble, quel système universitaire préférez-vous: celui de la France ou celui de votre pays? Pourquoi?

5. Si vous deviez choisir entre une sélection rigoureuse à l'université avec des frais d'inscription minimes et une sélection plus souple avec des frais d'inscription plus élevés, que préféreriez-vous? Pourquoi?

VI. Vos recherches sur Internet.

Afin de faciliter vos recherches et de répondre à ces questions, consultez le site du livre sur www.cengagebrain.com.

1. Les lycéens qui ont des difficultés scolaires peuvent suivre des stages qui les aident à améliorer leur performance. En quoi consistent ces stages?

2. Tous les trois ans, les pays membres ou partenaires de l'ODCE (Organisation de Coopération et de Développement Economique) organisent une enquête pour évaluer et comparer les acquis des élèves de 15 ans dans le cadre de leurs compétences en mathématiques, sciences et lecture. Comment les compétences des élèves français se situent-elles par rapport à celles des élèves des autres pays membres ou partenaires? En 2012, l'emphase de l'enquête a porté sur les mathématiques. Vous pouvez répondre à quelques-unes des questions qui ont été posées, si vous le désirez.

3. En quoi consistent exactement les épreuves du baccalauréat? Quels sont les coefficients pour chaque partie en fonction du bac choisi? Quels types de questions sont posés?

4. Faites des recherches sur les différents types de service dont les étudiants peuvent bénéficier. Où peuvent-ils se loger, manger à un prix très modéré? Quelles bourses peuvent-ils obtenir?

5. A l'occasion de la journée internationale des droits des femmes (le 8 mars), le Gouvernement publie des statistiques sur le parcours scolaire comparé des filles et des garçons de l'école à l'enseignement supérieur. Faites des recherches sur ces statistiques. Que montrent-elles?

L'information et la technologie

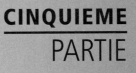

Les médias

Des informations de toutes sortes sont diffusées aux Français, jeunes et adultes, par les médias. La presse écrite, les médias audiovisuels (la radio et la télévision) et les informations en ligne tiennent une grande place dans la vie quotidienne en France. Les XIXe, XXe et XXIe siècles ont été les époques de l'évolution des médias.

● **La presse écrite**

Les périodiques existaient déjà en France, à Paris et en province, pendant les derniers siècles de l'Ancien Régime. Les premières «gazettes», comme *La Gazette de France*, ont commencé à paraître régulièrement au XVIIe siècle. Celles-ci étaient consacrées aux évènements politiques et à l'actualité. A l'instar de ces gazettes politiques, on a commencé à publier des gazettes littéraires qui annonçaient les nouveaux livres et les nouvelles pièces de théâtre et qui donnaient des comptes rendus des ouvrages littéraires. Au XVIIIe siècle, le journalisme est devenu une activité importante, mais les journaux restaient chers, accessibles seulement aux nobles et aux riches bourgeois. Le premier journal quotidien français, *Le Journal de Paris*, a commencé à paraître en 1777 (un *quotidien* paraît tous les jours). Avant la Révolution, la liberté de la presse n'existait pas encore: les journaux étaient sujets à la censure et les écrivains étaient surveillés par la police. Mais à côté des gazettes officiellement approuvées, il existait une presse clandestine qui évitait la censure et qui distribuait des nouvelles de la cour et de la ville. La Révolution a réagi contre la censure de l'Ancien Régime. La liberté de la presse est inscrite dans la *Déclaration des droits de l'homme et du citoyen:* «La libre communication des pensées et des opinions est un des droits les plus précieux de l'homme; tout citoyen peut donc parler, écrire, imprimer librement, sauf à répondre de l'abus de cette liberté dans les cas déterminés par la loi». Grâce à cette nouvelle liberté d'expression, les journaux d'opinion politique ont proliféré pendant les premières années de la Révolution. Mais cette liberté n'a pas toujours été respectée par les diverses formes de gouvernement (monarchies et empires) qui lui ont succédé. Autrement dit, il n'a pas été possible de critiquer la politique du Gouvernement pendant la majeure partie du XIXe siècle, avant l'établissement de la IIIe République vers la fin du siècle. Pourtant, la montée de la bourgeoisie à cette époque-là, ainsi que les progrès de l'éducation, ont favorisé le développement du journalisme en créant un grand public lettré et avide d'informations. C'est au XIXe siècle qu'ont paru les premiers journaux quotidiens tels que nous les connaissons aujourd'hui: une presse d'information à la fois populaire, moderne et bon marché grâce à la publicité. *Le Figaro*, par exemple, a été fondé en 1866 pour représenter les valeurs et les intérêts de la nouvelle classe bourgeoise.

En 1881, sous la IIIe République, une nouvelle loi votée par l'Assemblée nationale a rétabli la liberté de la presse. Cette loi est restée en vigueur jusqu'au moment de l'Occupation de la France par les Allemands en 1940. La IIIe République a donc été «l'âge d'or» de la presse libre en France. A côté de la presse d'information, il s'est développé une presse d'opinion: de nombreux journaux s'engageaient dans des débats politiques et reflétaient des idéologies diverses (monarchiste, conservatrice, républicaine, socialiste, etc.). A partir de cette époque, la presse a commencé à exercer une grande influence sur l'opinion publique en France. Pendant l'affaire Dreyfus (voir le Chapitre 12), à la fin du XIXe siècle, c'est la presse qui a mobilisé l'opinion des «dreyfusards» et celle des «anti-dreyfusards». C'est dans le journal *L'Aurore* qu'Emile Zola a publié sa fameuse lettre «J'accuse», qui a ouvert un débat national sur l'antisémitisme et sur le nationalisme. Le journal *L'Action Française* a exprimé, dans la première moitié du XXe siècle, des opinions conservatrices, nationalistes et monarchistes. A l'autre extrémité du spectre politique, *L'Humanité* est devenue, en 1920, le porte-parole du communisme. Mais la presse n'avait pas seulement une voix politique et idéologique: elle a continué, au cours des XIXe et XXe siècles, à jouer un grand rôle dans la diffusion de la culture. A cet égard, il faut citer deux grandes revues littéraires qui ont exercé une énorme influence: la *Revue des Deux Mondes*, à laquelle des écrivains comme Honoré de Balzac et Victor Hugo ont collaboré, et la *Nouvelle Revue Française*, fondée en 1909 par André Gide.

La censure de la presse a été rétablie par les Allemands pendant l'Occupation et par le régime de Vichy. Une presse clandestine est apparue de nouveau, surtout dans la «zone libre» (le sud de la France). Certains journaux parisiens ont collaboré avec les Nazis et ont même soutenu la politique fasciste d'Hitler, tandis que d'autres journaux se sont établis dans la zone libre et ont soutenu la Résistance. A la Libération en 1944, les journaux «collaborateurs», comme *L'Action Française*, ont disparu. Seuls les journaux qui n'avaient pas paru sous le contrôle des Nazis ont été autorisés à reprendre leur publication (parmi ceux-ci, il faut noter *Le Figaro*, *La Croix* et *L'Humanité*). Sous la IVe République, il y a eu encore des tentatives, de la part de l'armée française, pour censurer la presse pendant la guerre d'Indochine et pendant celle d'Algérie, parce que certains journalistes critiquaient sévèrement la politique du Gouvernement pendant ces guerres coloniales. Mais l'existence d'une presse libre est désormais jugée nécessaire dans toute société démocratique. La liberté de la presse a été réaffirmée dans la Constitution de la Ve

Un grand nombre de Français lisent un journal tous les jours.

République. Selon la devise du *Figaro,* «sans la liberté de blâmer il n'est point d'éloge flatteur» (une phrase prononcée par le protagoniste de la célèbre comédie de Beaumarchais, *Le Mariage de Figaro*). De nos jours, il n'y a pas de censure. La presse est indépendante et elle peut être très critique envers le Gouvernement.

La presse en France est libre, mais depuis trente ans elle donne des signes de faiblesses économiques, surtout en ce qui concerne les quotidiens nationaux. La presse écrite est en concurrence avec les médias audiovisuels, notamment le numérique, pour les informations comme pour les distractions (un grand nombre de Français regardent le journal télévisé, les «infos», ou écoutent France-Info à la radio, ou consultent des sites Internet). En général, il y a de moins en moins de Français qui lisent un journal tous les jours. Certains ne lisent pas parce qu'ils n'ont pas le temps; d'autres, surtout les jeunes, préfèrent la radio, la télévision ou Internet. De plus, les grandes entreprises considèrent souvent que la télévision est un véhicule plus efficace que les journaux pour la publicité de leurs produits. Cette diminution de ressources est compensée en partie par une aide financière de l'Etat: les journaux sont exonérés d'impôts et bénéficient de réductions des tarifs postaux et des tarifs SNCF pour la distribution. Pourtant, ces subventions n'empêchent pas le déclin de la presse écrite. Il y a moins de lecteurs, moins de ressources publicitaires et donc moins de journaux. Certains quotidiens parisiens d'informations générales ont une diffusion nationale:

1. *Aujourd'hui en France/Le Parisien*—Journal populaire d'Ile-de-France, fondé en 1944. *Le Parisien* a réussi à augmenter sa diffusion en publiant deux éditions différentes par jour. L'une, sous le titre *Aujourd'hui en*

France, s'adresse au marché national. L'autre, *Le Parisien,* vise des lecteurs franciliens et intéresse un public plus régional que national.

2. *Le Figaro*—Journal quotidien le plus ancien de France, il a réapparu peu de temps après la Libération, avec le même titre qu'avant la guerre. De tendance droite, il s'adresse à la bourgeoisie conservatrice.

3. *Le Monde*—Journal sérieux et prestigieux. *Le Monde* a été fondé quelques mois après la Libération (1944). On y trouve des articles approfondis et peu de publicité. Très objectif, il fait appel aux intellectuels et aux gens instruits. C'est un journal très respecté par les médias internationaux.

4. *L'Equipe*—Quotidien entièrement consacré aux sports. Avec plus de deux millions de lecteurs, *L'Equipe* est le premier quotidien national payant.

5. *Les Echos*—Journal économique qui s'adresse aux professionels du commerce et des affaires.

6. *Libération*—Journal fondé en 1973 et de tendance gauche, «Libé» plaît aux jeunes adultes, mais celui-ci a subi un recul des ventes de 16% en 2013.

7. *La Croix*—Journal catholique, fondé en 1883. Il se vend surtout en province, par abonnement postal.

8. *L'Humanité*—Quotidien officiel du Parti Communiste depuis 1920. Il s'adresse à la classe ouvrière et se concentre sur les conflits entre les ouvriers et le patronat.

Ce qui est nouveau au XXIe siècle, c'est l'irruption des quotidiens gratuits sur la scène médiatique française. Ces journaux gratuits sont financés entièrement par la publicité. En ce qui concerne sa diffusion, qui est assurée par des distributeurs à l'entrée des métros ou sur certains points de passage du public, la presse gratuite a largement dépassé la presse payante. En 2011, le quotidien *20 Minutes* s'est placé en tête des quotidiens nationaux les plus lus, avec 4,3 millions de lecteurs, suivi de *Metronews* (3 millions de lecteurs).

Par rapport aux Etats-Unis, la presse d'information générale en France est plus marquée par l'opinion politique. Mais il faut constater que depuis un certain temps la presse d'opinion disparaît progressivement. En effet, la place accordée à la politique, et surtout à l'opinion politique, a régulièrement diminué dans les quotidiens, sauf dans les editoriaux. Plus de place est accordée aux faits divers, au sport et à la publicité. Il y a des exceptions telles que *L'Humanité,* mais même *La Croix* est devenue un quotidien d'informations générales.

Les grands quotidiens parisiens sont considérés comme des journaux nationaux, dans la mesure où ils sont distribués et vendus en province. En réalité, en dehors de l'Ile-de-France, la presse quotidienne nationale a une diffusion nettement inférieure à la presse quotidienne régionale. Seuls *La Croix et L'Equipe* diffusent plus de la moitié de leurs exemplaires en province (où habite la plus grande partie de la population). En général, les Français préfèrent lire un journal publié dans leur région. La presse régionale doit sa croissance à l'époque de l'Occupation (1940–1944), époque où les restrictions sur le transport gênaient la distribution des journaux parisiens en province. Aujourd'hui, il y a environ 60 quotidiens régionaux. Certains sont très importants, comme *Ouest-France* qui a le plus grand tirage en France, nettement supérieur à celui des journaux parisiens. Voici les quotidiens régionaux avec un tirage supérieur à 250 000 exemplaires en 2013:

1. *Ouest-France* (Rennes)

2. *Sud-Ouest* (Bordeaux)

3. *Le Parisien* (Saint-Ouen)

4. *La Voix du Nord* (Lille)

5. *Le Dauphiné Libéré* (Veurey-Voroize)

6. *Le Télégramme* (Morlaix)

La presse régionale est moins touchée par la crise que traverse la presse parisienne, peut-être parce qu'elle est extrêmement différente. Dans ces quotidiens on trouve peu d'opinions politiques, mais beaucoup d'informations locales. La presse régionale fournit des renseignements utiles à la population des villes et des villages: la météo, le programme des spectacles et de la télévision, les sports, les horaires de cinéma, les fêtes locales, les mariages et les enterrements. Comme ces journaux sont largement financés par la publicité locale, ils sont moins menacés par la télévision.

La crise des quotidiens parisiens a également contribué à la naissance de magazines hebdomadaires, magazines d'informations et magazines spécialisés (un *hebdomadaire* paraît toutes les semaines). A la différence des quotidiens, les magazines nationaux d'information générale (tels que *Le Nouvel Observateur*, *L'Express et Paris-Match*) résistent à la crise. Leur dynamisme est sûrement dû en partie à leur format plus attirant, avec des photos et des graphiques en couleurs, mais aussi parce qu'ils répondent aux lecteurs pressés qui préfèrent lire les informations une fois par semaine.

La plupart des grands quotidiens et périodiques hebdomadaires ont établi un service en ligne (la presse numérique) sur Internet. Ces services ne se substituent pas aux versions imprimées. Ils offrent des services non disponibles dans la version vendue en kiosque.

L'Agence France-Presse est une des trois premières agences d'information mondiale, après Associated Press (Etats-Unis) et Reuters (Royaume-Uni). Créée en 1835 sous le nom d'Agence Havas par Charles-Louis Havas, elle a pris son nom actuel après la Libération en 1944. Avec son quartier général à Paris, l'Agence France-Presse est présente dans 150 pays et elle emploie plus de 2 000 salariés de 80 nationalités différentes. Elle diffuse des informations et des photos à ses clients tirées de la presse écrite et des médias audiovisuels (la radio, la télévision, Internet). Le label AFP garantit aux clients une qualité éditoriale qui fait la réputation de l'agence depuis longtemps.

Le kiosque à journaux fait partie de la vie parisienne.

La radio

Les médias audiovisuels (la radio et la télévision) n'ont pas bénéficié de la loi de 1881 établissant la liberté de la presse. Ils ont eu plus de mal à se libérer du contrôle de l'Etat parce qu'ils étaient considérés comme plus puissants que la presse écrite pour contrôler l'opinion. Pendant le demi-siècle après la Deuxième Guerre mondiale, ces médias se sont trouvés au centre du vieux conflit entre le jacobinisme et l'opposition contestataire: doivent-ils être contrôlés par l'Etat (et donc par le Gouvernement au pouvoir) ou doivent-ils avoir la même indépendance que celle accordée à la presse écrite?

Le 18 juin 1940, quelques jours après la défaite de la France par les Allemands, le général Charles de Gaulle, réfugié à Londres, a prononcé un discours très célèbre pour encourager les Français à résister à l'occupant et pour leur promettre que la France serait libérée. Cet «appel du 18 juin» a été diffusé par la BBC, réseau radiophonique britannique, et il a été entendu par de nombreux Français sur leurs postes de radio. De Gaulle a compris le rôle que la radio pouvait jouer pour rallier les Français à sa cause. Il ne devait pas oublier la puissance de ce média: après la Libération il a nationalisé tous les réseaux radiophoniques de France, c'est-à-dire qu'il a mis toutes les stations de radio sous le contrôle de l'Etat, en créant Radio-France. Pour justifier cette action, de Gaulle a prétendu qu'il fallait contrecarrer l'opposition de la presse écrite. Les journaux pouvaient critiquer la politique du Gouvernement, mais celui-ci disposait de la radio pour exposer son propre point de vue.

De Gaulle a démissionné en 1945 et n'a pas participé aux gouvernements de la IVe République, mais la radio en France est restée un monopole de l'Etat français jusqu'en 1982. D'ailleurs, l'attitude très critique de la presse écrite envers les guerres coloniales, pendant les années 1940 et 1950, n'a fait que justifier ce monopole aux yeux du Gouvernement. A l'aide de Radio-France (et aussi de la télévision, un nouveau média qui s'est développé à cette époque-là), le Gouvernement avait une voix et pouvait censurer le contenu des bulletins d'actualité. Quand de Gaulle est revenu au pouvoir en 1958, il ne voyait aucune raison de changer ce monopole. Mais les auditeurs de la Ve République, dans les années 1950, 1960 et 1970, n'étaient pas obligés d'écouter Radio-France. Aux frontières de la France, dans les pays voisins, il y avait des «radios périphériques» qui dirigeaient leurs émissions vers la France. Ainsi nommées parce que leurs émetteurs se trouvaient à la périphérie de la France, ces stations périphériques étaient des radios privées et commerciales qui diffusaient en langue française sur le territoire français, précisément parce que la radio privée était interdite en France. De nos jours, parmis ces radios, les quatres principales sont RTL (Radio-Télé Luxembourg), Europe 1 (en Allemagne), Radio Monte-Carlo (à Monaco, petite principauté près de Nice) et Sud Radio (à Andorre, petite principauté dans les Pyrénées). Ces radios ne couvrent pas toute la géographie de la France. RTL, la plus populaire, est captée surtout dans le nord et l'est de la France (y compris Paris), Europe 1 dans l'ouest, le centre et les régions parisienne et lyonnaise, Radio Monte-Carlo dans le sud-est, et Sud Radio dans le sud-ouest. Bien que l'Etat français soit propriétaire partiel (actionnaire) de ces radios périphériques, elles sont plus indépendantes que Radio-France et elles captent une bonne partie de l'écoute française. Elles sont publicitaires, tandis que les réseaux de Radio-France ne le sont pas (il n'y a pas de réclames commerciales).

En 1981, il n'y avait toujours pas de radio privée légale dans l'Hexagone, mais François Mitterrand avait adopté une campagne en faveur des «radios libres» qui représenteraient les communautés locales. Après l'élection de Mitterrand en 1981, les radios libres ont été autorisées. Une loi votée en 1982 a abandonné le monopole de l'Etat sur la radiodiffusion. D'après cette loi, «les citoyens ont droit à une communication audiovisuelle libre et pluraliste». Des milliers de radios libres ont été créées en peu de temps. Il y en avait pour tous les goûts. Certaines se sont spécialisées dans la musique. Par exemple, Skyrock et NRJ (prononcé «énergie») sont des radios musicales pour les jeunes. NRJ était la radio numéro un en France en 2013. Nostalgie, radio basée à Lyon, diffuse de vieilles mélodies françaises et vise une génération plus âgée. D'autres radios libres visent une audience plus spécialisée (Radio Notre-Dame, Judaïques FM, Beur FM, etc.). Au début, les radios libres n'avaient pas le droit de diffuser de publicité: elles étaient financées uniquement par des associations locales. La publicité n'a été autorisée qu'en 1984. Les radios libres, devenues radios privées et commerciales, ont beaucoup de succès depuis. Malgré la disparition d'un grand nombre, faute de moyens financiers, aujourd'hui plus de mille opérateurs se partagent les fréquences FM réservées aux radios privées. Bien que les zones d'écoute soient en principe juridiquement limitées, certaines radios commerciales sont devenues nationales en développant un réseau de stations locales. La France est le seul pays européen à posséder à la fois des réseaux nationaux et de fortes radios régionales.

Les radios privées font concurrence à Radio-France, qui programme des émissions sur de nombreux réseaux:

1. **France-Inter**   Généraliste, elle s'adresse à tous les publics. Informations, musique, jeux, débats, variétés. Réseau le plus ancien et le plus populaire.

2. **France-Musique**   Musique classique et concerts surtout, mais aussi jazz et musique contemporaine.

3. **France-Culture**   Discussions au sujet des évènements culturels et de l'actualité. Rencontres d'intellectuels, d'historiens, d'écrivains et d'artistes.

4. **France-Info**   Créée en 1987, la première radio d'information continue en Europe (24 heures sur 24).

5. **FIP (France-Inter Paris)**   A sa création, une radio francilienne «pour guider les Parisiens dans les embouteillages». C'est maintenant une radio implantée dans plusieurs grandes villes qui diffuse de la musique de toute sorte, des informations, etc.

6. **Le Mouv'**   Radio créée en 1997 et destinée aux jeunes.

7. **France Bleu**   En 1982, Radio-France a été chargée de développer des radios locales dans les Régions, afin d'assurer un service public de proximité. Depuis 2000, ce réseau public qui réunit 44 radios locales s'appelle France Bleu. France Bleu est un réseau généraliste.

8. **Radio-France Internationale**   Gérée par le Ministère des Affaires étrangères, RFI est un service mondial d'informations diffusé par satellite, qui émet en 13 langues sur tous les continents.

Aujourd'hui les auditeurs français ont le choix entre deux grands groupes de stations radiophoniques: les radios privées et la radio publique. Si on compare la part d'audience des radios en France, on voit qu'il y a une véritable concurrence entre les deux groupes. Voici la part d'audience des radios les plus écoutées en avril-juin 2013 (source: www.mediametrie.fr):

RTL (privée)	12,0%
France-Inter (publique)	9,3%
NRJ (privée)	7,6%
Europe 1 (privée)	7,3%
France Bleu (publique)	6,8%
Radio Monte-Carlo (privée)	6,7%
Skyrock (privée)	3,8%
France Info (publique)	3,4%

Radio-France, service public, représente globalement 20% de l'écoute française. Toutes les radios, privées comme publiques, sont sujettes depuis 1996 au minimum requis de 40% des émissions diffusées en langue française. Il y a également des radios qui émettent en breton, en occitan, en catalan et en alsacien.

La prolifération des radios correspond à la permanence de ce média dans la vie quotidienne des Français. Aujourd'hui, presque tout le monde écoute la radio: à la maison, dans la voiture et même dans la rue. La radio est toujours le média auquel les Français font le plus confiance (55%, 2014, sondage TNS Sofres). C'est aussi le média du matin: 53% des Français écoutent la radio au moins une fois entre 6h00 et 9h00 du matin.

● La télévision

La télévision—la «télé»—est le premier loisir des Français, qui passent en moyenne plus de cinq heures par jour devant le «petit écran». Le paysage de la télévision française s'est considérablement transformé au cours des années 1990, après la suppression du monopole d'Etat en 1986 et à cause de la multiplication des chaînes thématiques sur les réseaux du câble et du satellite. Il y a eu aussi des changements importants au XXIe siècle: la création de nouvelles chaînes sur la télévision numérique terrestre (TNT) à partir de 2005, et le passage de la télévision analogique à la télévision numérique, qui s'est achevé en 2011 pour la France métropolitaine. La TNT couvre la quasi-totalité de la population française et donne accès à 18 chaînes nationales gratuites. Les téléspectateurs français ont actuellement le choix entre 32 chaînes hertziennes (par ondes électromagnétiques) et grâce à la télévision par câble ou par satellite, plus de 200 chaînes thématiques. Certaines chaînes hertziennes et les services de câble et de satellite sont payants.

L'histoire de la télévision en France a été dominée par le débat entre le monopole et la privatisation, c'est-à-dire entre la notion d'une télévision contrôlée par l'Etat et celle de la concurrence créée par la présence de chaînes privées. Selon certains, la télévision privée fournit une plus grande diversité de points de vue et de programmes, comme aux Etats-Unis. D'autres prétendent que la télévision privée est trop commerciale, comme aux Etats-Unis, et que le niveau intellectuel et culturel des programmes est très bas.

Le monopole de l'Etat remonte aux débuts de l'histoire du média télévisé. La première chaîne (Télévision Française, qui deviendra TF1) a commencé à diffuser des émissions, à partir de la tour Eiffel, à la fin des années 1940, époque où très peu de foyers en France avaient la télé. Nous avons vu que les guerres coloniales de la IVe République ont été très critiquées par la presse écrite, mais non par la télévision, qui soutenait toujours la politique du Gouvernement. Au début de la Ve République, le président de Gaulle n'a pas voulu libérer un média si puissant, au moyen duquel la gauche pourrait critiquer sa politique, alors le monopole est resté en place. De Gaulle s'est souvent servi de ce média pour avoir un accès direct aux électeurs français. Pourtant, le développement de la télévision n'était pas une grande priorité du Gouvernement.

Une deuxième chaîne a été créée en 1964, mais la France a pris du retard sur ses voisins à cette époque. Les deux chaînes dépendaient entièrement de l'Etat, et il y avait une censure d'informations. Toute émission sur un sujet social ou économique devait être approuvée à l'avance par le ministère concerné.

Sous la présidence de Georges Pompidou, deux évènements ont quelque peu changé la situation de la télévision en France. D'abord, la télévision est devenue commerciale pour la première fois. En 1970, la publicité a été autorisée sur les deux chaînes, mais celle-ci était strictement limitée. Ensuite, en 1973, une troisième chaîne a été créée. Cette nouvelle chaîne était différente des deux autres dans la mesure où ce n'était pas une chaîne nationale mais régionale. Elle diffusait des émissions qui avaient un intérêt régional et notamment des informations régionales, qui étaient totalement absentes sur les deux autres chaînes. En 1974, le président Valéry Giscard d'Estaing a annoncé une grande réforme. Il ne s'agissait pas d'une privatisation: l'Etat a gardé le monopole de la radiodiffusion et de la télédiffusion. Mais cette réforme avait pour but une télévision plus autonome, plus indépendante du point de vue des informations. A partir de 1974, il y a eu une véritable concurrence entre les trois chaînes et une rivalité commerciale entre les deux premières. De plus, il y a eu plus d'équilibre dans les reportages journalistiques.

Après l'arrivée au pouvoir du président Mitterrand en 1981, la situation de la télévision en France a changé de nouveau. Les socialistes voulaient libéraliser la télévision en la protégeant des pressions officielles, mais en même temps ils voulaient la préserver des pressions commerciales. Ils ont réussi le premier but mais pas le second. La télé a été libérée du contrôle de l'Etat, mais la qualité des émissions ne s'est pas améliorée. Le parti pris politique a complètement disparu, mais le contenu intellectuel et culturel a nettement diminué. En 1984, une quatrième chaîne, Canal+, spécialisée dans les films et les sports, a fait son apparition. Canal+ est une chaîne privée (la première en France), cryptée et payante (il faut être abonné, ou payer une somme mensuelle, pour pouvoir décoder et capter les émissions). En 1986, la droite est revenue au pouvoir et a éliminé le monopole d'Etat sur la télédiffusion sans éliminer le service public. Le gouvernement Chirac a décidé d'autoriser la création d'une nouvelle chaîne privée et de privatiser la première chaîne, TF1. En 1987, celle-ci a été vendue à une entreprise privée.

Le début du XXIe siècle a vu la création de France Télévisions, une société anonyme qui dirige le service public et dont le capital est exclusivement détenu par l'Etat français. Les chaînes filiales de France Télévisions qui font partie du service public sont les suivantes:

1. **Réseau Outre-mer 1re** est une société opérant 10 chaînes de télévision et 10 stations de radio publique sur quatre continents dans les départements et collectivités d'outre-mer.

2. **France 2** est une chaîne généraliste et nationale, créée en 1963, qui diffuse 24 heures sur 24.

3. **France 3**, créée en 1972, est une chaîne qui diffuse des émissions régionales dans la journée et des émissions nationales le soir.

4. **France 4** est une chaîne créée en 2005 et dont les programmes s'adressent à la jeunesse (dessins animés, jeux) dans la journée, et aux adultes le soir.

5. **France 5,** créée en 2002, est une chaîne éducative qui propose des documentaires et d'autres programmes orientés sur l'éducation.

6. **France Ô** est une chaîne communautaire, créée en 2005. Elle diffuse des émissions tournées pour le Réseau Outre-mer 1er dans l'ensemble de la France métropolitaine, afin de faire connaître au grand public les départements et collectivités d'outre-mer et leurs cultures (le circonflexe est pour distinguer le «o» d'Outre-mer du zéro).

Deux autres chaînes font partie du service public mais ne sont pas gérées uniquement par France Télévisions. **Arte** est une chaîne culturelle franco-allemande à vocation européenne. Son quartier général se trouve à Strasbourg. **La Chaîne parlementaire** est une chaîne créée en 2000. L'Assemblée nationale et le Sénat se partagent le temps d'antenne de cette chaîne. En plus, il y a 48 services de télé locale, tels que La Chaîne Marseille et TV Bordeaux.

Aux huit chaînes publiques et gratuites, il faut ajouter 17 chaînes privées qui sont également gratuites, dont TF1, la première chaîne française dans tous les sens du terme. En plus, il y a 8 chaînes privées et payantes, dont Canal+, ce qui fait un total de 33 chaînes hertziennes.

www.France-politique.fr/partis-politiques.htm

Quelques chaînes nationales en France

Aux chaînes hertziennes, publiques ou privées, gratuites ou payantes, s'ajoutent plusieurs centaines de chaînes françaises et étrangères (européennes et américaines—CNN, par exemple), diffusées par câble et par satellite à ceux qui s'y abonnent. La plupart de ces chaînes sont destinées à un public spécialisé: des chaînes pour les enfants, pour les amateurs de cinéma, pour les chasseurs et les pêcheurs, des chaînes consacrées aux animaux, à l'histoire, à la météo, aux voyages, et ainsi de suite. Il faut mentionner LCI, «la chaîne de l'info», première chaîne française à diffuser des informations 24 heures sur 24. A cause de cette prolifération de chaînes qui sont disponibles aux abonnés, on constate que la part d'audience pour les chaînes hertziennes «historiques» est en train de baisser. Pour le mois de novembre en 2011 et en 2013, leurs parts d'audience étaient les suivantes:

	2011	2013
TF1	23,7%	23,3%
France 2	14,9%	14,1%
France 3	9,7%	9,7%
Canal+	3,1%	2,9%
France 5	3,3%	3,3%
M6	10,8%	10,4%
Arte	1,5%	2,3%
Autres chaînes	33,0%	33,6%

(Source: www.mediametrie.fr)

Les chaînes publiques sont publicitaires, mais elles sont financées surtout par la contribution à l'audiovisuel public, une taxe qui doit être payée une fois par an, dans le cas des foyers qui possèdent un téléviseur et paient une taxe d'habitation. Tous les réseaux de Radio France et toutes les chaînes de France Télévisions (y compris les services de télé locaux) sont financés par cette contribution. En 2014 elle était de 133€ par an en Métropole et 85€ dans les départements d'outre-mer. Elle est parmi les moins élevées d'Europe (à titre de comparaison, la contribution en Allemagne à la même date était de 216€. Les chaînes privées sont financées par la publicité (et par l'abonnement dans le cas des chaînes payantes). La durée et le contenu de la publicité sont toujours réglés par l'Etat, même sur les chaînes privées. Sur les chaînes France 2 et France 3, la publicité n'interrompt jamais les émissions, de sorte qu'on peut regarder un film ou un match de football sans interruption. La publicité est interdite pour certains produits, comme le tabac, les boissons alcoolisées, les médicaments et les armes à feu, mais aussi pour le cinéma. La réforme de l'audiovisuel votée en 2009 a autorisé les chaînes privées à passer de six minutes à neuf minutes de publicité par heure. Elle a aussi supprimé toute publicité le soir à partir de 20h00 et jusqu'à 6h00 du matin sur les chaînes publiques de France Télévisions.

Si la radio est le média du matin, la télé est celui du soir. C'est à partir de 20 heures que la plupart des téléspectateurs s'assemblent devant le petit écran. Certaines émissions sont visionnées en famille (le sport, les films) tandis que d'autres sont regardées de façon individuelle. Les jeunes regardent les programmes télévisés sur leurs écrans numériques connectés à Internet: ordinateurs, portables, tablettes, etc. Ceux de 15 à 25 ans passent plus de temps devant ces équipements que devant la télé, mais la télé est plus importante pour les personnes plus âgées. Depuis quelques années, les Français achètent moins souvent des équipements vidéo et utilisent à la place la vidéo à la demande et la télé de rattrapage; les émissions qu'ils choisissent peuvent être visionnées sur un ordinateur, sur l'écran de la télé, sur les téléphones et les tablettes.

I. Répondez aux questions suivantes.

1. Quel type de presse existait sous l'Ancien Régime? Expliquez.
2. Quel était le statut de la presse jusqu'à la IIIe République?
3. Pourquoi peut-on dire que la presse a commencé à influencer l'opinion publique sous la IIIe République?
4. Quel était le statut de la presse sous l'occupation allemande?
5. En quoi l'Etat contribue-t-il à l'existence de la presse?
6. Quelles sont les différences entre la presse parisienne et la presse régionale?
7. La presse gratuite est-elle populaire en France? Expliquez.
8. Quels types de magazines hebdomadaires peut-on acheter en France?
9. Quel était le nouveau statut de la radio après la Libération?
10. Pourquoi ce statut est-il resté le même jusqu'en 1981?
11. Qu'est-ce qu'une radio privée?
12. En quoi Radio France est-elle différente des radios privées?
13. A quoi toutes les radios sont-elles sujettes en ce qui concerne la langue française?
14. Par qui la première chaîne de télévision était-elle contrôlée? Pourquoi?
15. Quels changements la télévision a-t-elle vus au début des années 1970 sous le président Pompidou?
16. Quelle réforme a été apportée à la télévision sous le président Giscard d'Estaing?
17. Quels changements ont été apportés à la télévision sous le président Mitterrand?
18. Qu'est-ce que France Télévisions?
19. La publicité est-elle réglementée à la télévision? Expliquez.
20. Quelles sortes de chaînes de télévision y a-t-il maintenant en France?

II. Etes-vous d'accord? Sinon, justifiez votre réponse.

1. La presse d'opinion existe en France depuis la Révolution.
2. La Constitution de la Ve République a réaffirmé la liberté de la presse.
3. La presse écrite est en déclin.

4. *Le Monde* est un journal qui traite surtout de faits divers.

5. Les Français préfèrent lire les journaux régionaux.

6. Les radios sont sous le contrôle de l'Etat en France.

7. Les radios privées (ex-radios libres) ont toujours eu le droit de diffuser de la publicité.

8. Pour regarder la télévision à la maison, il faut payer une taxe.

9. Il y a maintenant plus d'émissions culturelles à la télévision qu'avant.

10. L'Etat subventionne la presse écrite.

III. Identifiez brièvement les noms ou sigles suivants.

1. *Le Figaro*

2. *L'Humanité*

3. *Ouest-France*

4. *Le Nouvel Observateur*

5. *Agence France-Presse*

6. RTL

7. France-Inter

8. TF1

9. Arte

10. France 2 et France 3

IV. Discussion.

1. L'affaire Dreyfus est un exemple de l'influence de la presse française sur l'opinion publique. Pensez-vous que la presse de votre pays a beaucoup d'influence sur l'opinion publique? Avez-vous des exemples de cette influence de la presse?

2. *Le Figaro* est un journal de droite, *L'Humanité* est un journal communiste, *Le Nouvel Observateur* est un magazine de gauche. Que pensez-vous des journaux ou magazines à tirage national dans votre pays? Pouvez-vous y déceler une certaine tendance politique? Expliquez votre point de vue.

3. Comparez les médias français et ceux de votre pays. Se ressemblent-ils beaucoup ou peu? En quoi? Pourquoi?

4. Pensez-vous que les médias devraient être placés sous le monopole du Gouvernement ou qu'ils devraient être privés? Justifiez votre réponse.

5. Faites-vous confiance aux médias en ce qui concerne les informations nationales ou internationales? A quel journal, quelle chaîne de télévision, quelle station de radio faites-vous le plus confiance pour ces informations? Expliquez pourquoi.

🌐 V. Vos recherches sur Internet.

Afin de faciliter vos recherches et de répondre à ces questions, consultez le site du livre sur www.cengagebrain.com.

1. Le Gouvernement encourage les jeunes à lire la presse. En quoi consiste la semaine de la presse et des médias à l'école? A quelles offres spéciales des médias les élèves ont-ils droit pendant cette semaine?

2. Le groupe France Télévisions a été mis en garde par le Conseil Supérieur de l'Audiovisuel (CSA) pour des propos tenus par des commentateurs des Jeux olympiques de Sotchi en 2014. Quel est le rôle du CSA? Qu'est-ce qu'il contrôle?

3. Qu'est-ce que les Français pensent des programmes à la télévision? A la radio?

4. Comment la France se situe-t-elle par rapport aux autres pays de l'Union Européenne en ce qui concerne l'usage de l'Internet pour lire des journaux ou des magazines? Combien de visites le site web d'un quotidien national reçoit-il par mois?

5. Les Français font-ils confiance aux médias? A quel type de médias font-ils le plus confiance? D'après eux, de quels évènements les médias parlent-ils trop?

© Christian Mueller/Shutterstock.com

CHAPITRE

16

La technologie et le commerce

● La science, la médecine et la recherche

Depuis le XIXe siècle, la France se distingue dans la recherche scientifique et médicale. Louis Pasteur (1822–1895) est considéré comme le fondateur de la microbiologie. Son étude sur la fermentation l'a amené à découvrir un moyen de détruire les microbes nuisibles et dangereux. Sa méthode, appelée la «pasteurisation», s'applique aujourd'hui à la production du vin, de la bière et du lait. Pasteur a également réussi à isoler les microbes qui provoquaient plusieurs maladies infectieuses, ce qui lui a permis de développer des vaccins. L'Institut Pasteur a été fondé en 1887 pour faire des recherches sur les maladies infectieuses. Depuis 1900, les chercheurs de l'Institut Pasteur ont gagné huit prix Nobel.

Marie Curie (1867–1934) et son époux Pierre Curie (1859–1906) se sont distingués dans la recherche sur la radioactivité, pour laquelle ils ont reçu le prix Nobel de physique en 1903. En 1911, Marie Curie a reçu le prix Nobel de chimie. Leur fille, Irène Joliot-Curie, et son mari, Frédéric Joliot, ont été les lauréats du prix Nobel de chimie en 1935 pour leurs études sur la structure de l'atome et leur découverte de la radioactivité artificielle. En 1965, trois chercheurs de l'Institut Pasteur, André Lwoff, Jacques Monod et François Jacob, ont reçu le prix Nobel de médecine pour leurs découvertes biologiques, notamment sur la transmission d'informations génétiques. Des prix Nobel ont été décernés à d'autres savants français plus récemment:

Année	Lauréat	Prix Nobel
1980	Jean Dausset (prix partagé)	Médecine
1987	Jean-Marie Lehn (prix partagé)	Chimie
1991	Pierre-Gilles de Gennes	Physique
1992	Georges Charpak	Physique
1997	Claude Cohen-Tannoudji (prix partagé)	Physique
2005	Yves Chauvin (prix partagé)	Chimie
2007	Albert Fert (prix partagé)	physique
2008	Françoise Barré-Sinoussi/Luc Montagnier (prix partagé)	médecine
2011	Jules Hoffmann (prix partagé)	médecine
2012	Serge Haroche (prix partagé)	physique

La France est un des quatre pays, avec les Etats-Unis, le Royaume-Uni et l'Allemagne, à recevoir le plus grand nombre de prix Nobel: en tout, dix prix de chimie, douze prix de médecine, et douze prix de physique (la France détient le premier rang en littérature, avec quinze prix).

Dans les années 1980, des chercheurs français à l'Institut Pasteur ont réussi à isoler le virus qui provoque le SIDA, contre lequel ils continuent à chercher un vaccin. Ils ont également mis au point des tests sanguins pour détecter cette maladie. D'autres savants ont fait des découvertes qui ont permis la transplantation d'organes. La première greffe de visage a été réalisée en 2005 par une équipe de chirurgiens français. De nos jours, il y a des équipes de chercheurs français et américains qui collaborent pour produire un vaccin contre la leucémie. La France s'est aussi distinguée dans le domaine de l'aide médicale internationale, au moyen d'organisations telles que Médecins Sans Frontières, fondée en 1971. Composée de volontaires et financée surtout par des dons privés, Médecins Sans Frontières fournit de l'aide médicale bénévole à une trentaine de pays sous-développés. En 1999, Médecins Sans Frontières a reçu le prix Nobel de la paix.

L'Etat français finance, dirige et effectue une grande partie de la recherche en France. L'institution la plus prestigieuse à cet égard est le Centre National de la Recherche Scientifique (le CNRS), fondé en 1939, qui a pour mission de développer la recherche scientifique dans tous les domaines, y compris les lettres et les sciences humaines. Le CNRS, entièrement financé par l'Etat, a une réputation mondiale pour la recherche universitaire.

Les avancées technologiques

Ce n'est pas uniquement dans la science et la médecine que la France s'est fait reconnaître. La technologie française a fait de grandes avancées dans d'autres domaines aussi, surtout depuis les années 1960. Certains systèmes électroniques et technologiques, développés par des Français, ont été achetés par le Département de la Défense aux Etats-Unis: un langage de programmation informatique, un système téléphonique utilisé par l'armée et un système de radar pour guider les hélicoptères. Voici une liste partielle des plus grandes découvertes et inventions françaises depuis deux siècles:

Année	Savant/Inventeur	Découverte/Invention
1819	René Laënnec	le stéthoscope
1820	André Ampère	le télégraphe électrique
1829	Louis Braille	l'alphabet pour les aveugles
1830	Barthélémy Thimonnier	la machine à coudre
1834	Jacques Daguerre	la photographie
1853	Charles Gerhardt	l'aspirine
1865	Louis Pasteur	la pasteurisation
1869	Aristide Berges	l'énergie hydro-électrique
1876	Eugène Woillez	le poumon d'acier
1885	Louis Pasteur	un vaccin contre la rage
1889	André Chantemesse et Fernand Widal	un vaccin contre la typhoïde
1895	Auguste et Louis Lumière	le cinématographe
1896	Henri Becquerel	la radioactivité
1898	Pierre et Marie Curie	le radium
1910	Georges Claude	la lampe au néon
1916	Louis Damblanc	la fusée sol-air
1923	Albert Calmette et Camille Guérin	un vaccin contre la tuberculose
1934	Frédéric Joliot et Irène Joliot-Curie	la radioactivité artificielle
1943	Jacques Cousteau et Emile Gagnan	le scaphandre autonome
1957	Jean Bertin	l'aéroglisseur
1971	Pierre Verdon	le robot Moulinex
1974	Roland Moreno	la carte à microcircuit électronique («puce»)
1983	Luc Montagnier et Françoise Barré-Sinoussi	le virus d'immuno-déficience humaine (VIH)
1985	Institut Pasteur	test de dépistage du SIDA
1988	Etienne-Emile Baulieu	pilule abortive RU 486
1990	LC Concept	son numérique pour salles cinéma
1999	Jérôme Rota	format de compression vidéo
2001	Stéphane Marc Vlachos	cigarette électronique
2011	Michelin	pneu increvable

Parmi les recherches des années plus récentes, on doit aussi mentionner de grandes réussites technologiques françaises dans les secteurs de pointe (l'industrie aérospatiale, les transports, les télécommunications, l'informatique, l'énergie nucléaire). Une bonne partie de ces avancées ont été rendues possibles par l'expansion du secteur public à partir de 1945.

● Le secteur public

Pendant la Deuxième Guerre mondiale et l'Occupation, l'économie de la France a énormément souffert à cause de la destruction militaire. A partir de la Libération, il a fallu reconstruire la nation. A l'intérieur de la France, seul l'Etat français disposait des moyens financiers nécessaires pour organiser une reconstruction massive. L'Etat devait créer et gérer de grandes entreprises dans les secteurs les plus importants de l'économie: les banques, les assurances, les communications, l'énergie, les transports, etc. Pendant les trois décennies suivant la Libération, les «Trente Glorieuses» (1945–1975), années qui ont témoigné d'une importante croissance économique et d'une période de prospérité pour la France, l'Etat a nationalisé de nombreuses entreprises et a créé un grand secteur public pour mettre en œuvre sa politique économique. Certaines entreprises publiques comme l'EDF (Electricité de France) et la SNCF (Société Nationale des Chemins de Fer) avaient le monopole dans leur domaine. D'autres, tels que la Régie Renault (fabrication de voitures) et Air France (compagnie aérienne) se trouvaient en concurrence avec le secteur privé. (Il est à noter que les domaines de l'énergie, des transports et des télécommunications sont dominés par le secteur privé dans la plupart des pays développés.) L'Etat français continue de jouer un certain rôle dans ces secteurs. Aujourd'hui, il y a des changements dans la gestion du secteur public et cela pour deux raisons principales. La première vient de la politique antiprotectionniste de l'Union européenne. La Commission européenne a établi des règlements qui interdisent la protection d'un marché au moyen de l'aide financière publique (il y a certaines exceptions pour les transports). Depuis 1987, les divers gouvernements ont cherché à réduire le rôle de l'Etat dans la vie économique en privatisant certaines entreprises publiques. Certaines ont été entièrement privatisées, comme la chaîne de télévision TF1 et la Banque Nationale de Paris. D'autres ont été partiellement privatisées, c'est-à-dire que l'Etat a vendu une partie des actions. Aujourd'hui, l'Etat est actionnaire majoritaire de l'EDF et de La Poste, et actionnaire minoritaire d'Air France, Gaz de France et Orange (anciennement France Télécom). Dans certaines entreprises publiques l'Etat détient encore toutes les actions: la SNCF, la RATP (Régie Autonome des Transports Parisiens), France Télévisions et Radio France.

Le deuxième changement dans le secteur public est l'expansion internationale de certains services publics français comme l'EDF et la SNCF, qui tiennent toujours le monopole dans leur marché national. L'EDF exporte de l'électricité au-delà des frontières françaises. La SNCF fait construire des lignes ferroviaires pour les trains à grande vitesse (TGV) en Asie, en Australie et en Amérique du Nord. Le secteur public français s'accommode ainsi aux nouvelles conditions de l'économie mondiale. Toujours est-il que le secteur public a permis à la France de réaliser des réussites technologiques dans les secteurs de pointe, surtout ceux des communications, des transports et de l'énergie.

● Les communications

Dans le domaine des communications, les avancées technologiques (surtout l'ordinateur, le téléphone portable et la carte à puce) ont exercé une influence déterminante sur la vie quotidienne des Français. Dans les années 1980, les communications ont été profondément transformées par le développement de la télématique, une technologie qui associait les télécommunications à l'informatique. Dans un sens, la télématique était une sorte de mariage entre le téléphone et l'ordinateur. En 1983, France Télécom a lancé le programme du Minitel, un ordinateur qui permettait de communiquer grâce au réseau téléphonique. Le Minitel était le premier réseau informatique du monde, créé bien avant Internet (réseau informatique mondial). En dix ans, le Minitel a connu un développement spectaculaire, devenant un appareil qu'on trouvait chez beaucoup de Français, au même titre que le téléphone. L'implantation en masse du Minitel a été favorisée par le monopole de France Télécom: l'Etat a pris la décision de financer le plan «télématique pour tous». France Télécom a distribué le terminal gratuitement aux usagers du téléphone — voilà une des clés de son succès. Le Minitel offrait plus de 20 000 services professionnels proposés par les entreprises. Un usager du Minitel pouvait s'en servir pour effectuer des services bancaires, faire des achats, les payer par carte de crédit et les faire livrer chez lui. Il pouvait réserver des places dans les transports publics, acheter des billets pour le théâtre et les concerts. Il pouvait aussi faire une demande d'entrée à l'université, jouer à des jeux électroniques ou consulter son horoscope, et tout cela, à toute heure de la journée et sans quitter la maison. On pouvait consulter le Minitel comme on consulte les médias, pour avoir accès aux informations sur les évènements mondiaux, les petites annonces, les sports, la météo et la bourse. Enfin, l'aspect le plus surprenant de la télématique était peut-être le grand succès des messageries particulières. Le Minitel permettait à tous ses usagers de dialoguer entre eux. On pouvait envoyer et recevoir des messages. Ce «courrier électronique» était plus rapide que la poste et plus pratique qu'un répondeur automatique. En outre, on pouvait «causer» avec des personnes que l'on ne connaissait pas, en fonction de ses intérêts personnels. Tous ces services sont familiers aux usagers d'Internet, mais il faut comprendre que les Français y avaient accès dans les années 1980, une dizaine d'années avant la création d'Internet.

Dans les années 1980, l'industrie française des télécommunications est devenue l'une des toutes premières du monde. Le Minitel est maintenant obsolète parce que les informations fournies sont disponibles sur Internet, et pour cette raison le service a été terminé en 2012. La France est placée au septième rang du classement européen en ce qui concerne le nombre des foyers connectés à Internet: 75% des Français de plus de 18 ans utilisent un ordinateur personnel et quasiment tous sont branchés sur Internet à domicile. L'écrasante majorité des internautes dispose d'une connexion haut-débit, surtout grâce aux offres «triple play» qui permettent d'accéder à Internet, au téléphone et à la télévision avec la même connexion. Les ordinateurs sont utilisés pour le traitement de textes et aussi pour la communication électronique, le «mél» ou le «mail» (en France) et le «courriel» (en France et au Canada). France Télécom a joué le rôle le plus important pour le développement d'Internet en France et a effectué la transition entre le Minitel et Internet. Internet est devenu un instrument important de la communication et de la propagande politiques. En France, l'importance de la Toile («le Web») a été révélée avec la campagne référendaire sur la Constitution européenne en 2005. Les adversaires du projet ont trouvé un formidable moyen de propagande pour atteindre les jeunes générations moins concernées par les médias traditionnels. Internet a joué un rôle primordial dans les élections présidentielles de 2007 et 2012. La multiplication des blogs de campagne a permis la communication et la réaction des électeurs, qui ont désormais une plate-forme médiatique.

Paris est une des villes les plus connectées du monde, avec 80% de la population se disant internautes. Grâce au service Paris Wi-Fi offert par la Ville de Paris et la Région Ile-de-France, les gens peuvent se connecter gratuitement à Internet sans fil, dans les jardins publics, dans les bibliothèques, dans les centres sociaux, dans les musées, etc. Air France a installé des réseaux sans fil dans les salles d'attente des aéroports et la SNCF en a fait autant dans les TGV.

Les années 2010 ont vu une explosion dans l'usage des smartphones.

Les années 2000 ont témoigné d'une explosion dans l'usage du téléphone portable. Depuis les années 1970, époque où le téléphone coûtait cher en France et était difficile à obtenir, jusqu'en 2013, où chaque Français possédait 1,12 téléphone portable, le changement est immense et peu croyable. Jamais un équipement n'a connu une diffusion aussi rapide dans l'ensemble de la population. Le taux de possession est maximal (100%) pour les jeunes (18 à 24 ans). Mais les gens n'utilisent pas leur téléphone seulement pour parler. Grâce aux «smartphones», ils se connectent à Internet, lisent leur courriel, regardent la télé, prennent des photos numériques, filment des vidéos, jouent à divers jeux, et ainsi de suite. Les formes de communication interactive (blogs, réseaux sociaux, YouTube, etc.) autorisent les usagers à s'exprimer, à afficher des commentaires, des images, des vidéos, et à y réagir. Depuis quelques années il y a aussi un engouement pour les tablettes tactiles, dont les écrans plus grands permettent un usage plus attirant.

La fin du XXe siècle a été également marquée par une explosion dans l'usage de la carte à puce, qui a transformé certains aspects de la vie quotidienne. La «puce», inventée par un Français, Roland Moreno, en 1974, est un microcircuit électronique qui permet d'enregistrer une quantité d'informations sur une carte en plastique. Les cartes bancaires sont équipées d'une puce, ce qui apporte un niveau de sécurité plus élevé et réduit la fraude (la plupart des cartes de crédit américaines ne sont pas des cartes à puce). La carte à puce permet également des opérations plus complexes. Elle peut servir de porte-monnaie électronique ou de laissez-passer de sécurité. A la différence d'une carte de crédit, une carte à puce débite instantanément le compte en banque. Avec une carte à puce, on peut retirer de l'argent de son compte en banque, régler une dépense, ou accéder à un parking. La carte Vitale, utilisée dans le domaine de l'assurance-maladie, est également une carte à puce (voir le Chapitre 11), ainsi que la carte d'étudiant (voir photo, Chapitre 14).

Les communications de nos jours dépendent souvent des satellites et ceux-ci sont lancés par des fusées. La France est à la tête du programme spatial d'Europe, devant tous les participants européens. Le premier lancement de satellite par la fusée Ariane a eu lieu en 1979. Aujourd'hui, le programme Ariane est le numéro un sur le marché mondial des lancements de satellites commerciaux. La France dirige la deuxième industrie spatiale du monde, après celle des Etats-Unis. La fusée Ariane a donné à l'Europe son indépendance en matière de télécommunications par satellite. Tous les lanceurs sont construits par Aérospatiale, entreprise aéronautique française, à Toulouse, et tous les tirs s'effectuent à partir du Centre spatial à Kourou, en Guyane française. Les satellites lancés par Ariane se prêtent à toutes sortes d'applications technologiques: ils permettent des liaisons téléphoniques, la retransmission des programmes télévisés, la surveillance de l'aviation et de la navigation et les prévisions météorologiques. En cas de catastrophes, d'accidents nucléaires, de tremblements de terre, etc., ces satellites fournissent des informations importantes aux savants du monde entier.

● Les transports

La France est un des grands constructeurs d'avions et d'hélicoptères (civils et militaires) dans le monde. Son industrie aéronautique, dont la capitale est Toulouse, est responsable de la construction des fusées Ariane, du Mirage (un avion militaire), et des petits avions d'aviation générale (le Falcon et le Mystère).

La compagnie nationale Air France a été fondée en 1948. C'est la troisième compagnie mondiale pour le transport international de passagers et la première ligne aérienne d'Europe. Dans les années 1960, Air France a collaboré avec la compagnie British Airways pour développer un avion supersonique, le Concorde, dont le premier vol a eu lieu en 1969 et le dernier en 2003. Le Concorde faisait le parcours entre Paris et New York en 3 heures 30 minutes (avec le décalage horaire, le Concorde arrivait à New York plus de deux heures avant son départ de Paris). Le président de la République le prenait souvent pour effectuer ses voyages à l'étranger. Le Concorde a représenté un triomphe technologique pour l'aviation française mais en même temps un échec commercial: aucune autre ligne aérienne ne l'a acheté, à cause de son prix exorbitant et de son taux très élevé de consommation de carburant. Un accident au départ de l'aéroport Charles de Gaulle à Paris en 2002 a signalé le début de la fin pour le Concorde. En 2003, British Airways et Air France ont suspendu les vols. Un avion Concorde a été donné à la Smithsonian Institution à Washington.

On peut contraster l'échec du Concorde avec la grande réussite de l'Airbus. La société Airbus Industrie a été fondée en 1970: elle représente une collaboration européenne (française-allemande-britannique-espagnole). Airbus Industrie détient le deuxième rang mondial de construction aéronautique et représente le seul concurrent de la société américaine Boeing. Les avions Airbus ont été achetés par plus de 50 lignes aériennes dans le monde entier. Le contrat conclu en 1997 par Airbus Industrie avec la compagnie américaine US Airways est un des plus importants de son histoire. La plus grosse commande dans l'histoire d'Airbus Industrie est celle, en 2007, de la compagnie Emirates Airlines. La bataille traditionnelle sur les chiffres de commandes et de livraisons dans l'aéronautique a été emportée par Airbus en 2008.

En 2005, à l'aéroport de Toulouse, a eu lieu le premier vol de l'avion «Superjumbo», l'Airbus A380, le plus gros avion civil jamais conçu. C'est un avion gros-porteur long-courrier à double pont, assemblé à Toulouse, et qui a la capacité de transporter jusqu'à 853 passagers. Le pont supérieur de l'A380 s'étend sur toute la longueur du fuselage, ce qui donne à la cabine 50% de surface de plus que celle du Boeing 747, son principal concurrent. Son premier vol commercial a été effectué en 2007 par Singapore Airlines, entre Singapour et Sydney. L'A380 a un parcours de plus de 15 000 kilomètres, ce qui lui permet de voler de New York à Hong Kong sans escale. Le PDG de Singapour Airlines a annoncé que l'A380 consommait 20% de kérosène de moins que les 747 de sa flotte.

A l'intérieur du pays, le transport aérien est emprunté moins souvent que le transport ferroviaire. La plupart des Français préfèrent prendre le train.

L'Airbus A380 est le plus gros avion civil jamais conçu.

Le TGV est une réussite technologique et commerciale.

La France bénéficie d'un des meilleurs services ferroviaires du monde. Grâce à la Société Nationale des Chemins de Fer (la SNCF), créée en 1937, le train constitue un des éléments les plus importants de la vie sociale et économique de la France.

Dans les années 1960, la SNCF a conçu l'idée ambitieuse de construire une voie entièrement nouvelle entre Paris et Lyon, la ligne la plus saturée du réseau national. Cette nouvelle ligne devait servir au TGV (train à grande vitesse). Les recherches ont commencé en 1967 et la construction de la voie a été entreprise en 1976. L'inauguration du service Paris–Lyon a eu lieu en 1981, année où le TGV a atteint le record mondial de vitesse sur rail. La vitesse commerciale du TGV est de 300 km/heure, tandis que la majorité des trains rapides roulent à 160 km/heure. A cette vitesse, on peut faire le voyage entre Paris et Lyon en deux heures. Avec le TGV, la SNCF a réalisé une réussite technologique et commerciale. Le succès spectaculaire du TGV a incité la SNCF à mettre en place le projet TGV Atlantique. Celui-ci a deux branches: la ligne ouest, qui relie Paris et Le Mans et qui se prolonge jusqu'à Rennes; et la ligne sud-ouest, qui relie Paris et Tours et qui se prolonge jusqu'à Bordeaux. Le TGV Nord-Europe relie Paris, Lille et Bruxelles et (grâce au tunnel sous la Manche) Londres. La ligne sud-est a été par la suite prolongée jusqu'à Marseille (TGV Méditerranée). Les trois axes actuellement en service (TGV Méditerranée, Atlantique et Nord-Europe) partent tous de Paris. Il a donc fallu construire une espèce de ceinture à grande vitesse autour de l'agglomération parisienne, mettant les trois axes en relation directe. Mise en service en 1995, cette ligne d'interconnexion dessert aussi l'aéroport Paris-Charles-de-Gaulle et la ville nouvelle de Marne-la-Vallée où se trouve Disneyland Paris. Un nouvel axe, la ligne Est européenne, qui passera entre Metz et Nancy pour aboutir à Strasbourg, est prévu pour 2016. Un premier tronçon de 300 kilomètres, reliant la Seine-et-Marne (Ile-de-France) et la Moselle (Lorraine), a été mis en service en 2007 et a déjà réduit le temps du voyage Paris-Strasbourg de 50%.

Grâce à la réussite du TGV, la SNCF est bien placée pour mener la voie des transports publics dans l'Union européenne. A la différence des transports aériens et routiers, le TGV ne dépend pas du pétrole, que la France doit importer. Les trains sont à traction électrique et dépendent donc des ressources énergétiques nationales. A l'économie d'énergie il faut ajouter un autre avantage pour l'environnement: il n'y a aucune pollution atmosphérique.

Parmi les secteurs de pointe dans lesquels la France a effectué de grandes réussites, il faut mentionner celui des transports urbains. Paris a été une des premières villes du monde, après Londres, New York et Chicago, à bénéficier d'un chemin de fer métropolitain. La première ligne du «métro» parisien a été ouverte en 1900, et la première ligne du RER (Réseau Express Régional), reliant Paris avec sa banlieue sud-est, a été inaugurée en 1969.

Aujourd'hui, la ville de Paris et une grande partie de la Région Ile-de-France sont desservies par un système de transports urbains qui figurent parmi les plus développés et les plus modernes du monde. La France s'est distinguée dans la construction de ces systèmes. Depuis plus de 40 ans, les ingénieurs français participent au développement des transports urbains dans le monde. Ils ont apporté leur savoir-faire pour la conception, la construction et la rénovation des systèmes de transport de plus de 200 villes, sur tous les continents.

● L'énergie

En ce qui concerne les ressources énergétiques naturelles, la France est un pays pauvre. Son charbon est pratiquement épuisé et les mines de charbon dans le Nord, longtemps le gisement le plus important, ont cessé toute activité. En 1951, un gisement important de gaz a été découvert à Lacq (Pyrénées-Atlantiques). Pendant longtemps, le gisement de Lacq fournissait un tiers de la consommation nationale de gaz, mais il est maintenant menacé d'épuisement. La société Electricité de France (EDF), nationalisée en 1946, a construit beaucoup de barrages hydro-électriques sur les fleuves français, mais cette ressource naturelle est loin de produire suffisamment d'électricité pour satisfaire aux besoins nationaux.

La France n'a pratiquement pas de gisements de pétrole. Dans les années 1970, l'Etat a développé sa propre industrie de raffinerie pétrolière. Toujours est-il que la France doit importer tout le pétrole qu'elle consomme, souvent à un prix exorbitant. En 1973, la France, comme les autres pays occidentaux, a dû faire face à la crise pétrolière, quand les pays producteurs de pétrole ont réduit la quantité de pétrole disponible sur le marché mondial. A ce moment-là, la France importait la plupart de ses besoins énergétiques. Elle a donc été très touchée par cette crise.

La France a réagi à cette crise pétrolière de 1973 avec une grande détermination. Elle a mis en marche un programme d'indépendance énergétique et dans ce but elle s'est tournée vers l'énergie nucléaire. Depuis, tous les Gouvernements français ont vu l'investissement nucléaire comme la meilleure réponse au manque national de ressources énergétiques naturelles. La France a enregistré un progrès considérable en ce qui concerne l'indépendance énergétique. En 1973, elle produisait moins de 20% de l'énergie qu'elle consommait, mais dix ans plus tard elle en produisait 40%. L'énergie nucléaire ne fournissait que 1% de la consommation énergétique française en 1973, mais cette ressource avait atteint 65% en 1986. Aujourd'hui, une soixantaine de centrales nucléaires en service fournissent près des trois quarts (74%) de la production électrique totale du pays, ce qui représente la plus grande proportion du monde (aux Etats-Unis, où il y a à peu près le même nombre de centrales nucléaires, seulement 19% de l'électricité est fourni par l'énergie nucléaire). Bref, la France a le programme nucléaire le plus avancé du monde. Une des premières puissances

La France a le programme nucléaire le plus avancé du monde.

nucléaires, la France s'est embarquée dans un programme ambitieux pour construire des surrégénérateurs, qui produisent beaucoup d'énergie à partir de l'uranium et même plus d'énergie que nécessaire. C'est l'EDF qui gère toutes les centrales nucléaires (un monopole de l'Etat).

Les employés de ces centrales reçoivent tous la même formation à l'Ecole Polytechnique et ils peuvent travailler dans toutes les centrales, qui sont standardisées. La France a également développé des technologies pour traiter les déchets radioactifs, un service effectué par l'EDF pour les programmes nucléaires étrangers. Le programme nucléaire français est tellement efficace qu'il produit un surplus d'électricité qui est exporté vers les pays voisins (10% de la production française). L'EDF est un des plus grands producteurs d'énergie du monde et le plus grand exportateur en Europe. Pendant les années 1980, la consommation d'énergie en France a ralenti. Entre 1973 et 1989, la dépendance industrielle française en pétrole a baissé de 24 à 9 millions de tonnes (l'énergie nucléaire fournit actuellement la moitié des besoins industriels). Il y a vingt ans, les Français consommaient l'équivalent de 120 millions de tonnes de pétrole, et aujourd'hui, ils n'en utilisent plus que 71 millions (dont la moitié pour les transports routiers). A titre de comparaison, les Américains, qui représentent environ 5% de la population mondiale, consomment un tiers de l'énergie mondiale. La France, plus économe, consomme trois fois moins d'énergie par habitant que les Etats-Unis. Il y a eu des protestations parfois violentes par les groupes écologistes, surtout après l'accident de Three Mile Island en Pennsylvanie. Mais la résistance écologique est bien moins importante en France que dans les pays voisins. Peut-être à cause de la campagne publicitaire de l'EDF, la majorité des

Français acceptent l'idée que le programme nucléaire est une nécessité économique pour la France. «La France n'a pas de pétrole, disait la publicité, mais elle a des idées». Même l'accident nucléaire de Tchernobyl (Union soviétique) en 1986 a provoqué peu de réaction en France: l'EDF a déclaré que la sécurité des centrales nucléaires françaises était telle qu'un accident pareil ne pourrait jamais se produire en France. La réussite du programme nucléaire est un bon exemple de l'efficacité du dirigisme et de la centralisation de l'Etat français qui a la possibilité de prendre des décisions et de les appliquer sans attendre le consentement des électeurs. C'est à l'Etat de décider ce qui sera bon pour une Région et pour la France. Ainsi, malgré des émeutes violentes, l'Etat a poursuivi ses projets. De plus, le Parti Communiste Français et les syndicats, notamment la Confédération Générale du Travail (CGT), ont toujours favorisé le programme nucléaire parce que celui-ci avait créé de nombreux emplois. De même, l'opinion publique lui est largement favorable, parce que les Français semblent être conscients de la prospérité qu'une centrale nucléaire apporte à leur commune ou à leur Région. Le programme a été poursuivi par la gauche, quand elle est venue au pouvoir en 1981, ainsi que par tous les Gouvernements depuis. Cet enthousiasme pour l'énergie nucléaire ne s'exprime pas dans les autres pays européens, loin de là. A cause de la montée des pressions écologiques, ces pays ont abandonné la solution du nucléaire. L'Europe se trouve en manque d'électricité au début du XXIe siècle et certains pays, comme l'Allemagne, l'Italie et l'Angleterre, cherchent des fournisseurs à l'extérieur. La France est un des rares pays à produire une surcapacité, c'est-à-dire plus d'électricité qu'elle ne consomme.

Conscients de la nature limitée des ressources fossiles, qui seront épuisées d'après les experts avant 2100, un certain nombre de pays ont commencé à envisager un développement des énergies renouvelables. Contrairement au pétrole, au gaz et au charbon, les énergies renouvelables utilisent des ressources naturelles illimitées: le mouvement de l'eau des fleuves et des marées, la lumière solaire, le vent, la chaleur de la Terre. L'exploitation de ces énergies n'engendre ni déchets ni pollution. Ce sont les énergies de l'avenir. En France, pourtant, l'Etat a fait le choix du nucléaire, ce qui explique pourquoi la France avait accumulé du retard dans le domaine des énergies renouvelables par rapport à d'autres pays européens. Ce n'est plus le cas de nos jours. La France est actuellement le deuxième producteur européen d'énergie renouvelable. Déjà acteur dans la production d'électricité à partir d'éoliennes (moulins à vent), l'EDF a annoncé en 2008 une accélération de son développement de l'énergie solaire. L'objectif est de renforcer la puissance de l'EDF dans les énergies renouvelables et de faire de la France un acteur important de l'énergie solaire.

● L'environnement

Il est sûr que la science et la technologie ont amélioré les conditions de vie et les Français, malgré un certain scepticisme envers la technologie, en accueillent les progrès. Cependant, certains voient un côté négatif de la technologie en ce qui concerne la destruction de l'environnement et celle de la culture nationale: la pollution, les risques climatiques, les risques nucléaires, le développement des armes biologiques et chimiques, la mondialisation destructrice des cultures, et ainsi de suite.

La croissance industrielle et le développement de nouvelles technologies contribuent souvent à la pollution qui menace le monde dans lequel nous vivons. En France, comme dans les autres pays développés, les menaces portées à l'environnement sont jugées comme un problème de plus en plus important et la lutte pour la protection de l'environnement est un sujet fréquent dans les débats politiques.

Le Ministère de l'Environnement a été créé par le président Georges Pompidou en 1971, mais c'est surtout dans les années 1980 que l'écologie est devenue une grande préoccupation sociale et politique. Depuis une trentaine d'années, il y a une prolifération d'associations écologistes en France dont les membres (les «écolos») militent pour toutes sortes de causes. Les écolos encouragent le recyclage des déchets ménagers, cherchent à protéger les animaux sauvages et dénoncent la pollution chimique, ce qui les met souvent en conflit avec les industries et même avec l'Etat. Beaucoup d'écolos soutiennent le programme nucléaire, pourtant, parce que celui-ci, plus propre que les énergies de ressources fossiles, ne contribue pas à la pollution atmosphérique qui menace la couche d'ozone. Leurs campagnes publiques ont réussi à empêcher la construction d'une station de ski dans le Parc National des Alpes, à bloquer la construction d'une raffinerie de pétrole dans les vignobles de Bourgogne, à conserver une forêt en Alsace et à sauver certaines côtes de France de la pollution et du développement industriel. Depuis plusieurs décennies, l'opinion publique est donc devenue très sensible aux questions écologiques.

De nos jours, l'environnement est une grande préoccupation dans la politique des grandes villes. Depuis 2007, la ville de Lille (Nord, Nord-Pas-de-Calais) a une centaine d'autobus qui roulent au biogaz, un gaz produit par le recyclage des déchets organiques (épluchures de légumes, restes de repas, feuilles mortes). Le but est de faire fonctionner les transports publics d'une métropole d'un million d'habitants sans polluer, tout en recyclant ses déchets. De même, Strasbourg (Bas-Rhin, Alsace) revendique le titre de ville la plus cycliste de France: 850 places de parking pour les bicyclettes et un réseau de 480 kilomètres de pistes cyclables (plus long que celui de la capitale avec 371 kilomètres). Il va sans dire que le «vélo», «la petite reine» est un moyen de transport qui ne pollue pas. Dans la ville de Rennes (Ille-et-Vilaine, Bretagne), depuis 2006, des bacs spéciaux sont installés au pied d'un certain nombre d'immeubles. Les résidents peuvent y apporter leurs épluchures de légumes pour faire des composteurs collectifs. Dans la ville de Perpignan (Pyrénées-Orientales, Languedoc-Roussillon), plusieurs milliers de logement «écolos» seront construits dans les dix prochaines années, avec, par exemple, des chauffe-eau solaires, qui connaissent un grand essor depuis plusieurs années. Un des grands objectifs consiste également à éliminer les dépenses d'énergie liées à la climatisation.

Parmi les pays membres de l'Union européenne, la France occupe une place moyenne en ce qui concerne les préoccupations écologiques. Elle a pris du retard sur d'autres pays plus écologistes comme les Pays-Bas et le Danemark. Mais elle est en avance sur certains pays et à certains égards. En effet, la France a fondé, avant ses voisins européens, des agences pour protéger l'eau et l'air, pour surveiller le traitement des déchets ménagers, pour protéger les animaux à l'intérieur des parcs. Les autorités politiques ont imposé des taxes sur les activités polluantes. Ainsi, depuis le premier janvier 2008, l'acheteur d'un véhicule neuf parmi ceux les plus polluants doit payer un malus (une écotaxe) au moment de l'immatriculation du véhicule, alors que l'acheteur d'un véhicule parmi ceux les moins polluants bénéficie d'une réduction sur le prix du véhicule (un bonus). Pour l'année 2014, le montant maximal du malus était de 8 000€ et le montant maximal du bonus était de 6 300€ (source: www.developpement-durable.gov).

Sur le plan international, la France se révèle exemplaire dans ses efforts pour minimiser l'effet de serre, à travers l'énergie nucléaire et la conservation énergétique. Parmi les pays développés, la France contribue le moins aux émissions de gaz. Elle est le deuxième producteur européen d'énergies renouvelables. Elle se révèle prête à coopérer avec le mouvement écologiste sur le plan international. En 1987, elle a été parmi les 24 pays à signer le protocole de Montréal sur la protection de la couche d'ozone. En 1990, elle a ratifié la convention de Berne pour la protection des animaux menacés et de leurs habitats naturels. Suivant les directives européennes, la France a adopté une mesure exigeant que toutes les voitures en Europe soient équipées d'appareils anti polluants dès 1993, ce qui a réduit les émissions toxiques jugées responsables du réchauffement du climat terrestre.

En 1992, une conférence de l'Organisation des Nations Unies (ONU) sur l'environnement, appelée Sommet de la Terre, a réuni les représentants de 172 pays à Rio (Brésil). Le but de cette conférence était de mettre en place des politiques de «développement durable». Le développement durable est défini par l'ONU comme «un développement qui répond aux besoins du présent sans compromettre la capacité des générations futures de répondre aux leurs». Autrement dit, il s'agit d'éviter une croissance (démographique, industrielle, urbaine) qui serait destructrice de la planète. Lors d'une autre conférence en 1997 à Kyoto (Japon), les états ont décidé d'adopter un protocole par lequel les pays développés accepteraient un calendrier pour réduire les émissions de gaz à effet de serre, à l'échéance de 2020. Un grand nombre de pays, y compris tous les pays membres de l'Union européenne, ont signé le protocole de Kyoto. En 2001, le gouvernement américain de George W. Bush a annoncé que les Etats-Unis refusaient de signer le protocole parce que celui-ci nuirait à leur développement économique. Les Etats-Unis restent le plus grand producteur mondial d'émissions de gaz à effet de serre, suivis de la Chine.

Peu de temps après l'élection de Nicolas Sarkozy à la Présidence de la République, le gouvernement Fillon a annoncé le Grenelle Environnement, une série de rencontres politiques, syndicales et professionnelles qui ont été organisées en

France en automne 2007 (Wangari Maathaï et Al Gore, tous deux lauréats du prix Nobel de la paix, y ont été invités). Ces discussions, présidées par M. Sarkozy, visaient à prendre des décisions à long terme au sujet de l'environnement et du développement durable (le terme «Grenelle» renvoie aux accords de Grenelle de 1968; par analogie, il désigne de larges discussions des forces de la nation). Le président de la République a salué l'initiative du Grenelle qu'il a décrite comme «un moment important dans la prise de conscience par notre société qu'elle ne peut plus vivre dans le gaspillage, qu'elle ne peut plus négliger les conséquences sur l'avenir de la planète de sa façon de vivre, de produire et de consommer.» Les grands thèmes du Grenelle comprennent: la lutte contre le changement climatique en réduisant les émissions de gaz à effet de serre dans le bâtiment et dans les transports; la réduction de la consommation d'énergie; le développement de nouvelles énergies renouvelables; la préservation de la biodiversité et des milieux naturels; le passage prévu en 2017 à 8% des surfaces agricoles en agriculture biologique (1,8% en 2007 et 4,7% en 2012); la mise en place d'une fiscalité environnementale, en particulier sur les transports les plus polluants; la préservation de la santé et de l'environnement en réduisant l'usage des substances à effet nocif et en recyclant les déchets. En 2008, l'Assemblée nationale a adopté le premier volet du projet de loi du Grenelle Environnement dont l'essentiel était la reconnaissance renforcée de l'urgence écologique et la nécessité d'une diminution des consommations en énergie, eau et autres ressources naturelles. En 2009, le Ministère de l'Ecologie a annoncé un «éco-prêt», jusqu'à 30 000 €, à taux d'intérêt zéro, dans le but d'encourager les propriétaires à engager des travaux pour améliorer la performance énergétique de leurs logements. Pourtant, le Grenelle Environnement n'a pas été jugé un succès par tous. En 2010, trois ans après l'annonce du Grenelle Environnement par le président de la République, une dizaine d'associations écologistes ont publié un «bilan du Grenelle», dans lequel ils ont dénoncé l'absence d'applications concrètes et l'abandon des mesures efficaces par le gouvernement Fillon.

En 2013, le Gouvernement a voulu mettre en place une écotaxe poids lourds (pour les gros camions), et une vague de protestation est apparue aussitôt en Bretagne. Chaque camionneur devrait désormais payer une taxe dont le montant varie selon la distance parcourue par le véhicule et sa classe de pollution, des informations recueillies par des «portiques», des arches qui enjambent la route. L'application de l'écotaxe poids lourds a requis la construction de 173 portiques sur les routes françaises. Le mouvement de protestation contre cette taxe, «le mouvement des Bonnets rouges», a réclamé l'abolition de l'écotaxe poids lourds. Il y a eu plusieurs grandes manifestations en Bretagne, des occupations de ponts, et une dizaine de portiques endommagés ou détruits. Face à cette protestation, le gouvernement Ayrault a suspendu l'écotaxe qui devait être appliquée à partir du premier janvier 2014. En juin 2014, l'écotaxe a été remplacée, sous le gouvernement du nouveau premier ministre, Manuel Valls, et la ministre de l'Ecologie, Ségolène Royal, par un «péage de transit poids lourds», mis en place à partir du premier janvier 2015.

De façon générale, pourtant, les Français sont de plus en plus conscients des risques de la consommation sans limite. Le mouvement écologiste continue de se développer et les consommateurs sont de plus en plus exigeants envers les fabricants. Ils savent que les principales menaces qui pèsent sur l'environnement sont celles de la pollution agricole, des émissions de gaz à effet de serre, de la pollution atmosphérique par les transports automobiles, de la production de déchets ménagers et des déchets radioactifs produits par les centrales nucléaires. Comme ses partenaires en Europe et dans le monde, la France a compris que la planète est menacée, que nos ressources sont limitées et que la pollution n'a pas de frontières.

La mondialisation

Définir le mot «mondialisation» est difficile parce que la vision de ce phénomène diffère selon les individus. En général, le mot signifie un accroissement de l'interdépendance des pays du monde, du point de vue de l'économie, de l'environnement et de la culture. C'est aussi un processus d'internationalisation des économies et des sociétés. La mondialisation est incarnée par les entreprises multinationales et elle marque une nouvelle étape dans l'histoire du capitalisme. La mondialisation, enfin, est un débat qui s'est développé dans les années 1990, parallèlement à la construction européenne et au développement spectaculaire du commerce mondial. C'est un débat qui tend à opposer les pays du Nord (développés et riches) et les pays du Sud (en voie de développement et pauvres). Pour ceux qui s'y opposent, la mondialisation est conçue comme une victoire de l'économique sur le social, des riches sur les pauvres, des puissants sur les faibles. Un grand symbole de la mondialisation est le sommet annuel du G-8, les chefs d'Etat des pays les plus importants du monde (l'Allemagne, le Canada, les Etats-Unis, la France, l'Italie, le Japon, le Royaume-Uni et la Russie). Un autre symbole en est l'Organisation Mondiale du Commerce (OMC). Créée en 1995, l'OMC (qui a succédé au GATT, «Global Agreement on Tariffs and Trade») est une organisation internationale comprenant plus de 140 états-membres. L'OMC a pour mission de libéraliser le commerce mondial en supprimant tous les obstacles. Son postulat est que plus il y aura de commerce et de libre-échange, plus il y aura de croissance et de richesse pour tous. Ceux qui s'y opposent pensent le contraire, que le libre-échange profite essentiellement aux forts et qu'il ruine les faibles. A l'intérieur de l'OMC, il y a souvent des conflits, parfois entre les grands — surtout les Etats-Unis et l'Union européenne — et parfois entre les pays du Nord et les pays du Sud.

La mondialisation est tantôt présentée comme une panacée capable de résoudre les problèmes du monde, tantôt comme la source de tous les maux du monde. Elle est l'objet de critiques très diverses. Certains craignent la perte d'emplois, d'autres la perte de la souveraineté des nations. D'autres encore voient la mondialisation comme une menace contre l'environnement, comme une cause des crises écologiques telles que le réchauffement de la planète et le trou dans la couche d'ozone. Certains critiquent la culture des jeunes qui, dans les pays occidentaux, devient de plus en plus uniforme. Les jeunes voient les mêmes films, portent les mêmes vêtements, écoutent la même musique, consomment les mêmes produits. Le symbole de cette consommation homogénéisée est McDonald (dit «McDo»), la chaîne américaine de restauration rapide qui s'est implantée partout dans le monde. Un mouvement populaire qui s'appelle les «altermondialistes» s'est organisé à partir des années 1990. Ces militants d'un «autre monde» ont opposé leur vision du monde à celle des grands et des puissants. Ils dénoncent le marché de libre-échange et ils rendent l'OMC responsable d'une bonne part des maux de la planète. En France, le mouvement a attiré l'opinion publique grâce aux efforts d'un syndicat d'agriculteurs fondé en 1987 qui s'appelle la Confédération paysanne. La Confédération paysanne, dont le porte-parole est José Bové, remet en cause le développement d'une politique agricole en France qui favorise les intérêts de l'industrie agro-alimentaire, la baisse des prix et la baisse continuelle du nombre de paysans. Bové et ses alliés critiquent l'agrochimie, l'utilisation des organismes génétiquement modifiés (OGM), ainsi que la «malbouffe» (mauvaise nourriture) dont le symbole est, encore une fois, McDo. En 1999, Bové et son équipe ont attaqué et détruit un restaurant McDonald à Millau (Aveyron). Le procès et l'emprisonnement de Bové ont été très médiatisés et ont attiré l'attention du public sur la Confédération paysanne. Depuis lors, la Confédération porte son action au niveau international. Elle était très visible dans les manifestations et les émeutes à Seattle en 1999, lors de la convention de l'OMC. Chaque sommet du G-8, chaque réunion de l'OMC, est désormais une occasion pour les altermondialistes de manifester leurs désaccords sur la façon dont les «grands» dirigent la planète. Au sommet du G-8 à Evian en 2003, les militants ont crié: «Ils sont huit et nous sommes un milliard!» Les alter-mondialistes sont devenus un mouvement de contestation à l'échelle planétaire. Ils dénoncent la marchandisation de la société et une attitude libérale envers les mar-chés libres. Ils critiquent la question des dettes des pays pauvres envers les pays riches. Ils soulignent l'importance de l'environnement.

● Les entreprises françaises

En ce qui concerne l'économie de la France, celle-ci profite nettement de la mondialisation. Une grande part des échanges commerciaux de la France se font avec ses partenaires de l'Union européenne. La balance commerciale de la France est excellente: quatrième exportateur du monde, ses exportations excèdent ses importations. La France est parmi les dix premiers fournisseurs et les dix premiers clients des Etats-Unis, tandis que les Etats-Unis sont parmi les cinq premiers fournisseurs et clients de la France. Les Etats-Unis vendent à la France, en ordre décroissant: des machines et de l'équipement mécanique, des produits chimiques, pharmaceutiques et cosmétiques, et du matériel de trans-port aéronautique. La France vend aux Etats-Unis, en ordre décroissant: du matériel de transport aéronautique, des produits chimiques, pharmaceutiques et cosmétiques, et des machines et de l'équipement mécanique.

De nos jours, les grosses sociétés anonymes s'achètent les unes les autres et se fondent les unes dans les autres, devenant ainsi des entreprises multinationales. Toujours est-il qu'on peut identifier la «nationalité» d'une entreprise par la loca-lisation de son siège, son quartier-général. La France ne compte que neuf entre-prises parmi les cent premières mondiales. Fortune Global 500 est une liste des 500 entreprises mondiales classées selon l'importance de leur chiffre d'affaires, publiée chaque année par le magazine *Fortune*. En 2013, la France a été classée numéro quatre dans la liste, derrière les Etats-Unis, la Chine et le Japon, et légère-ment au-dessus de l'Allemagne et du Royaume-Uni. Dans certains secteurs com-merciaux, les entreprises françaises sont classées parmi les plus importantes en ce qui concerne les chiffres d'affaires. Le Tableau I (Les plus grandes entreprises françaises, page 293) montre une liste sélective de secteurs d'activité commer-ciale. Pour chaque secteur, il y a le nom des entreprises françaises dont le chiffre d'affaires les place parmi les plus grandes entreprises mondiales du secteur.

TABLEAU I: Les plus grandes entreprises françaises dans certains secteurs commerciaux

Automobiles	Mode	Télécommunications
Renault	L'Oréal	Vivendi
Peugeot	LVMH (Louis Vuitton Moët Hennessy) Christian Dior	Alcatel-Lucent

Banques	Pneumatiques	Publicité
PNB Paribas Crédit Agricole Société Générale	Michelin	Publicis Groupe

Aéronautique	Médias	Transports
European Aeronautic Defense and Space Airbus Industrie	Vivendi GDF Suez	Veolia Environnement SNCF

Energie	Cosmétiques	Distribution
Total	L'Oréal LVMH (Louis Vuitton Moët Hennessy)	Carrefour

Poste	Déchets	Matériaux
La Poste	Suez EDF Veolia Environnement	Saint-Gobain Lafarge

(Source: www.Transnationale.org)

Il y a certaines marques, surtout dans les produits de luxe, qui sont toujours reconnues comme françaises: Cartier, Chanel, Dior, Givenchy, Lancôme, Le Creuset, L'Oréal, Louis Vuitton, Moët et Chandon, Pierre Cardin, Yves Saint Laurent, etc. Mais les Américains ne se rendent souvent pas compte du fait que certains produits et certains services qu'ils connaissent bien et qu'ils utilisent dans la vie quotidienne sont fabriqués ou gérés par des entreprises françaises, surtout si les usines de celles-ci se trouvent aux Etats-Unis. Le tableau ci-dessous (Tableau II: Quelques entreprises françaises et leurs produits ou services) en donne une liste partielle.

La construction européenne a profondément influencé l'économie française de deux façons essentielles: elle a d'abord imposé aux entreprises le besoin d'augmenter leurs efforts de compétitivité; ensuite, elle a ouvert aux entreprises françaises un vaste marché de plusieurs centaines de millions de consommateurs. La libre circulation des marchandises et des capitaux a stimulé les entreprises. Près de 40% des filiales des entreprises françaises se situent dans les pays membres de l'Union européenne. L'UE a également adopté une série de mesures favorables aux entreprises françaises, et elle a encouragé l'internationalisation des petites et moyennes entreprises (PME) dans le marché européen. Alors que les grandes entreprises en France réduisent le nombre de leurs effectifs, les PME prennent le relais dans l'économie française. Près de la moitié des travailleurs de l'industrie en France travaillent dans des entreprises de moins de 500 salariés.

TABLEAU II: Quelques entreprises françaises et leurs produits ou services

Entreprise	Produit/Service
Michelin	pneus Michelin, BF Goodrich, Uniroyal
BIC	rasoirs, stylos, briquets
Hachette	magazines: *Car and Driver, Road and Track, Woman's Day*
Danone	yaourt, produits laitiers Dannon
Sodiaal	yaourt, produits laitiers Yoplait
Essilor	lunettes, produits optiques
Evian	eau en bouteilles
Fina	Essence
Total	Essence
Groupe SEB	cafetières Krups
Gemey	produits de beauté Maybelline
Accor	Motel 6, Novotel, Red Roof Inn, Sofitel
Aventis	Allegra (médicament pour les allergies)
Pernod Ricard USA	boissons alcoolisées (Chivas Regal, Glenlivet, Jameson Irish Whisky, Seagram's Gin, Wild Turkey Bourbon)
Vivendi	Universal Studios (films, musique, parcs à thèmes), Sierra Entertainment (logiciels, jeux électroniques)

I. Répondez aux questions suivantes.

1. Quelle est l'importance de l'Institut Pasteur? Expliquez.
2. Citez au moins cinq inventions françaises.
3. En quoi la SNCF joue-t-elle un rôle important dans l'économie mondiale?
4. Décrivez la performance de la France en ce qui concerne l'industrie aéronautique.
5. Quels sont les avantages du TGV?
6. La France est-elle riche en ressources énergétiques naturelles? Expliquez.
7. Pourquoi le programme nucléaire de la France est-il une réussite?
8. Les préoccupations écologiques sont-elles importantes en France? Expliquez.
9. Quel rôle la France joue-t-elle sur le plan international pour lutter contre la pollution et protéger l'environnement?
10. Qu'est-ce que le Grenelle Environnement? Expliquez.
11. Qu'est-ce que l'Organisation Mondiale du Commerce? Quelle est sa mission?
12. Qui sont les altermondialistes? Expliquez.
13. Quel est le rôle de la Confédération paysanne au sein du mouvement des altermondialistes?
14. Quelle est l'importance des entreprises françaises au niveau international?
15. Citez cinq entreprises françaises qui fabriquent des produits ou qui gèrent des services utilisés par les consommateurs américains.

II. Etes-vous d'accord? Sinon, justifiez votre réponse.

1. Ce sont les chercheurs français qui ont été les premiers à isoler le virus du SIDA.
2. Le CNRS est un centre de recherches médicales privé.
3. Médecins sans frontières est une organisation bénévole.
4. La SNCF exporte ses services en Asie.
5. La carte à puce peut servir de laissez-passer de sécurité.
6. Les avions de la société Airbus Industrie se vendent mal.
7. La France produit un surplus d'électricité.
8. La France est au deuxième rang mondial de l'industrie spatiale.
9. La France a du retard dans le développement des énergies renouvelables.
10. L'Electricité de France gère toutes les centrales nucléaires.

III. Identifiez les noms ou sigles suivants.

1. Louis Pasteur
2. Marie Curie
3. le Minitel
4. le Concorde
5. Ariane
6. bonus-malus
7. le G-8
8. le gisement de Lacq
9. José Bové
10. les OGM

IV. Discussion.

1. Que pensez-vous de la politique de protection de l'environnement dans votre pays? Votre Gouvernement fait-il suffisamment d'efforts pour le protéger? Quels efforts supplémentaires votre pays devrait-il faire?

2. D'après vous, est-ce une bonne idée pour un pays d'avoir des centrales nucléaires? Y voyez-vous des avantages ou des désavantages? Lesquels? Expliquez.

3. Est-ce que vous pensez que votre pays dépend trop d'autres nations pour ses besoins énergétiques? Y a-t-il d'autres solutions d'après vous?

4. Y a-t-il un parti politique ou un mouvement écologiste dans votre pays? Qu'est-ce que vous pensez des préoccupations écologistes en général? Sont-elles alarmistes ou justifiées?

5. Que pensez-vous de la mondialisation? Discutez-en.

V. Vos recherches sur Internet.

Afin de faciliter vos recherches et de répondre à ces questions, consultez le site du livre sur www.cengagebrain.com

1. Qui sont Nao et Roméo? En quoi contribuent-ils à la technologie française?

2. Que fait le Gouvernement pour protéger l'environnement? Quels conseils donne-t-il aux Français à ce sujet?

3. Quelles sont quelques innovations technologiques récentes en France? Donnez des exemples.

4. Quelles sont les diverses missions du CNRS? Quelles sont ses institutions?

5. Quels types de recherches la France poursuit-elle dans le domaine des sciences et technologies?

GALERIE
DE PHOTOS

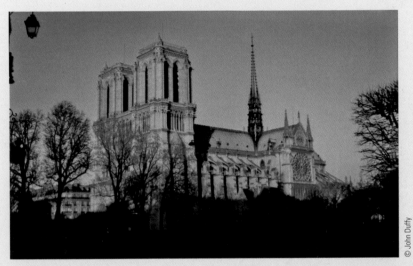

1. *La cathédrale de Notre-Dame de Paris*

2. *Le musée d'Orsay, Paris*

3. *L'Arc de Triomphe, Paris*

4. *Une station du RER*

Galerie de photos